本书由韩国 KYOBO 教保生命保险株式会社 资助出版

AVIVA

感谢英杰华（AVIVA）集团
对2006年“北大CCISSR（赛瑟）论坛”的大力支持！

致　谢

感谢对北京大学中国保险与社会保障研究中心提供支持与帮助的
各理事会员单位（2005—2006年度）

中国人保控股公司

中国人寿保险（集团）公司

中国出口信用保险公司

中国人寿保险股份有限公司

中国人民财产保险股份有限公司

中国人寿资产管理有限公司

中国人保资产管理有限公司

中国再保险（集团）公司

中国保险(控股)有限公司

中国平安保险（集团）股份有限公司

中国证券报社

太平人寿保险有限公司

泰康人寿保险股份有限公司

中国太平洋保险（集团）股份有限公司

全国社会保障基金理事会

中青旅尚洋电子技术有限公司

中国保险报业股份有限公司

国泰人寿保险股份有限公司

金融时报社

现代海上火灾保险有限公司

交通银行股份有限公司

中国银行股份有限公司

永诚财产保险股份有限公司

三星生命保险株式会社

海富通基金管理有限公司

风险管理与经济安全

金融保险业的视角

CCISSR

北大CCISSR论坛文集·2006

北京大学中国保险与
社会保障研究中心(CCISSR) 编

北京大学出版社
PEKING UNIVERSITY PRESS

图书在版编目(CIP)数据

风险管理与经济安全:金融保险业的视角/北京大学中国保险与社会保障研究中心编.—北京:北京大学出版社,2006.10
(北大 CCISSR 论坛文集·2006)
ISBN 7-301-11139-8

Ⅰ.风…　Ⅱ.北…　Ⅲ.金融-风险管理-研究　Ⅳ.F830.2

中国版本图书馆 CIP 数据核字(2006)第 122295 号

书　　　名:风险管理与经济安全:金融保险业的视角——北大 CCISSR 论坛文集·2006
著作责任者:北京大学中国保险与社会保障研究中心(CCISSR)　编
责 任 编 辑:贾米娜
标 准 书 号:ISBN 7-301-11139-8/F·1477
出 版 发 行:北京大学出版社
地　　　址:北京市海淀区成府路 205 号　100871
网　　　址:http://www.pup.cn　电子邮箱:em@pup.pku.edu.cn
电　　　话:邮购部 62752015　发行部 62750672　编辑部 62752926
出版部 62754962
印　刷　者:**河北三河新世纪印务有限公司**
经　销　者:新华书店
650 毫米×980 毫米　16 开本　23.75 印张　266 千字
2006 年 10 月第 1 版　2006 年 10 月第 1 次印刷
印　　　数:0001—4000 册
定　　　价:45.00 元

编者简介

北京大学中国保险与社会保障研究中心(CCISSR)成立于2003年9月,是一个致力于保险与社会保障研究的非营利性学术机构,其宗旨是充分发挥北京大学经济学院在风险管理与保险学教育和研究方面的优势,借助中外风险管理与保险以及社会保障领域的重要资源,加强学界、监管部门和业界的密切合作,促进保险与社会保障的理论、知识传播与实际应用。中心成立三年来,在学术研究、国内合作与国际交流等方面积极开展工作,在国内外产生了较大的影响。

一年一度的"北大CCISSR(赛瑟)论坛"是中心的一项重要学术活动。"赛瑟"二字源自中心英文简称CCISSR的谐音,"赛"字意指科学、竞争与交流,"瑟"取庄重、严谨、明洁之意,集中体现论坛汇集国内外学界专家、业界精英及政界高层人士,打造学术争鸣与信息共享的绝佳平台,提供思想碰撞和科学研讨之良机的目标。

内容简介

第三届“北大 CCISSR(赛瑟)论坛”于 2006 年 4 月 12 日在北京大学召开。本届论坛的主题是“风险管理与经济安全:金融保险业的视角”。来自国内外的学界、政界和业界的专家、学者在论坛上发表了精彩的演讲,数十位论文入选作者和与会者分享了自己的研究成果。

本书收录了大会主题演讲人的发言,同时精选出十余篇具有较高学术价值或创新理论的优秀论文,以飨读者。

该书适合保险与社会保障领域的学界、业界和政府部门的相关人士阅读,是读者了解中国保险与社会保障领域的理论前沿、政策动态和业界发展的理想参考读物。

目 录

防范化解保险风险　维护国家经济金融安全　吴定富/ 1

树立风险意识,加强风险管理,促进金融业健康发展　吴晓灵/ 12

加强金融创新,防范化解金融风险,确保国家金融安全　李伏安/ 21

创新经营管理模式,推进银行保险发展　王　滨/ 32

保险企业风险管理　刘京生/ 40

中国保险业"赶超发展模式"的反思及新模式构建的思考　孙祁祥/ 46

中国财产保险公司经营绩效的实证研究　黎晖晖　刘云波　韩　婷　郭甲子/ 62

中国保险业中长期增长潜力分析——基于世界保险业增长规律曲线　郑　伟　刘永东/ 83

缴费确定型企业年金的最佳领取方案　吴佳琦　于小东/ 112

企业年金投资监管分析　何树方　叶　捷/ 136

对 2005 年中国养老保险新制度的基本分析　杨再贵/ 144

财险公司经营绩效的灰色关联分析模式
熊志刚　韩天雪/ 155
论我国保险市场的区域均衡发展
——基于保险需求的理论与实证　肖志光/ 167
中国巨灾风险证券化的可行性分析　王　浩　刘新立/ 184
中国保险市场开放模式研究　王绪瑾　徐东炜/ 208
我国县域人身保险市场需求分析
——基于对13个省、市、自治区的问卷调查
庹国柱　朱俊生/ 232
海峡两岸"保险法"关于人身保险合同若干
法定除外责任的比较分析　郑　伟/ 253
运用套期保值理论进行投资基金的市场风险管理:
基于我国金融一体化趋势背景的研究　潘　涛/ 270
论中国社会养老保险制度的选择与完善
邱　波　朱铭来/ 282
中国经济转轨背景下企业风险与管理研究
李心愉　滕贞旭/ 299
全国社会保障基金投资风险管理研究　刘子兰　严　明/ 319
中国寿险需求的影响因素研究　蔡秋杰　李　毅/ 335
农业保险保险人主体探讨
——由商业保险公司实施的可行性研究
李明强　沈双莉　叶文嫣/ 355
后记　郑　伟/ 373

防范化解保险风险 维护国家经济金融安全

吴定富*

各位来宾、各位专家：

上午好！很高兴再次来到北大。这已经是我第三次参加"赛瑟论坛"了。三年来，保险界的理论工作者，包括北京大学中国保险与社会保障研究中心的各位专家，立足国际金融业发展的前沿，紧密结合我国保险业的发展实际，求真务实、开拓创新，取得了大量有价值的理论成果，为又快又好地做大做强保险业作出了积极贡献，在此，我代表中国保监会向保险界的理论工作者，以及

* 吴定富，中国保险监督管理委员会主席。

所有关心和支持中国保险事业发展的朋友们和同志们表示衷心的感谢!

本次论坛把“风险管理与经济安全:金融保险业的视角”作为主题,可以说是恰逢其时的。在中国日益融入全球经济的今天,我们面临着前所未有的发展机遇,也必须应对一系列严峻的挑战。能否在促进发展的同时维护国家的金融安全,关系着国家“翻两番”战略目标的实现,也关系着中华民族伟大复兴进程的推进。保险业是现代金融体系的重要支柱,防范化解保险风险,是构筑牢固的经济社会安全网的关键环节之一。准确评估保险业风险防范面临的形势,客观分析保险业风险防范化解工作的现状,采取切实有力的措施防范化解风险,是保险业必须面对的重大历史性课题。下面我主要谈四个方面的情况。

一、保险业风险防范面临日益复杂的环境

当前,我国保险业发展环境正在发生复杂而深刻的变化,给保险业的风险防范工作带来了越来越多的不确定因素。总体来看,在未来一段时间内,保险业防范化解风险必须面对四大挑战。

第一,经济全球化的挑战。当今世界,经济全球化逐步走向深入,各种物流、信息流和资金流的速度不断提高,不同国家和区域之间的联系日益密切,跨国家、跨区域、跨行业传递风险的可能性也越来越大。新兴市场频繁爆发的金融危机表明,发展中国家的金融体系很容易因为外部投机冲击和风险传递而受到损害。经济全球化意味着越来越多的风险因素将来自于国际市场,风险识别、预警和防范化解的难度也越来越大。特别是中国人保、中国人寿和中国平安三大保

险公司在境外上市后，必须同时面对国内和国际两个市场、两种监管体制和两种法律体系，对于长期适应国内经济金融环境的保险公司来说，无疑是一个重大的挑战。此外，在保险业全面对外开放的新阶段，越来越多的国际金融保险巨头将加入到中国保险市场的竞争中来，对我国保险市场的现有竞争格局产生冲击，从而带来了新的风险因素。

第二，利率市场化和汇率形成机制改革的挑战。近几年来，我国按照“先外币、后本币，先贷款、后存款，先长期、后短期”的改革思路，稳步推行利率市场化改革。2005 年，又按照“主动性、可控性和渐进性”的原则进行了汇率形成机制改革。可以预见，这两项改革还将进一步深入推进。利率市场化和汇率形成机制的改革使金融体系中最基础的两种价格，即资金的价格和不同国家货币的相对价格走向市场化，从而使金融体系运行的基础发生了根本性的变化。从保险公司的资产项目看，目前保险公司投资组合基本都属于利率敏感型产品，利率市场化将直接影响到保险公司的投资收益，同时，随着保险资金境外投资渠道的逐步放开，保险公司的投资还面临汇率变动的风险。从保险公司的负债项目看，利率市场化和汇率形成机制改革的推进，将改变保险产品的定价基础，加大保险产品定价的难度；增加保险产品与其他金融产品的相互替代性，进而使保险产品的销售面临更加激烈的竞争。如何在这样的环境下管理风险，对保险业来说是一个巨大的挑战。

第三，金融综合经营趋势逐步深化的挑战。当前，国际上金融综合经营方兴未艾，国内金融综合经营也在逐步发展。金融综合经营在产生规模经济和范围经济效应的同时，也大大提高了金融风险跨市场传递的可能性。中国和发达市场国家的金融综合经营在三个方面存在明显区别。

一是发达国家的金融综合经营是在市场充分发育和充分专业化基础上,由市场力量驱动的,而我国的金融市场还处在初级阶段,金融经营的专业化水平还不高,金融综合经营在一定程度上是对国际趋势的被动回应。二是发达国家金融企业公司治理和内控机制比较完善,金融综合经营具有比较坚实的微观基础,相比之下,我国金融企业还不够成熟,金融综合经营的基础不够牢固。三是发达国家的现代金融文化有比较深厚的积淀,法制建设和监管水平比较高,而我国信用体系建设滞后,金融综合经营立法尚未起步,金融综合经营监管还处在探索阶段,金融综合经营的外部环境有待进一步改善。

这些因素决定了在中国防范金融综合经营风险是一项艰巨的任务。"十一五"时期,保险业将稳步参与金融综合经营,与银行证券业的合作关系将逐步向深层次发展,对保险业风险防范工作提出了新的要求。特别是当前我国金融创新大量涌现,不断产生新的风险类型和新的风险传导方式,建立安全有效的金融"防火墙",防止系统风险的积累和爆发,是保险业必须承担的一项重要责任。

第四,保险业投资渠道不断拓宽的挑战。1995 年颁布的《保险法》,对保险资金运用作了严格规定,保险投资主要集中于银行存款和国债。近年来,随着保险业的快速发展和保险资金的大量增加,国务院开始逐步放宽保险资金的运用渠道,如允许投资证券投资基金和直接投资股票市场,允许保险公司自有外汇资金境外运用等。去年,国务院又相继批准保险资金间接投资基础设施项目和渤海产业投资基金。随着保险业投资渠道的进一步放宽,保险资金将开始涉足许多全新的领域。一般而言,新的投资渠道就意味着新的风险。例如,在发达国家,保险资金可以投资创业投资基金、金融衍生品等，这些都是高风险领域，对投资者风险管控能力要求很高。而我国保险公司对投资风险的管控能力还有待提高，即便是对基础设施和房地产这类在国外相对传统的投资项目，我们也十分陌生，对投资过程的关键环节和风险因素不甚了解。如果我们只看到投资渠道放开可能带来的投资收益改善，而看不到相伴而来的新的风险，那么，不断放开投资渠道对保险业来说将是十分危险的。如何在试点的基础上，根据保险业的风险控制水平，稳妥渐进地扩宽保险资金投资渠道，是我们必须妥善处理的一个重大课题。

二、保险业在维护国家经济金融安全方面肩负着越来越重要的责任

随着我国保险业的快速发展，保险在经济社会中的影响不断扩大，保险业风险防范化解工作的重要性也逐步超越了维护行业安全的范畴。研究保险业的风险防范问题，必须有时代的精神和历史的眼光。

首先，保险业风险防范关系着国家社会保障体系的安全。截至2005年底，我国65岁以上人口占全部人口的比重已经达到7.7%，我国社会保障体系建设面临着“未富先老”的格局，社会保障压力较大。从世界范围内的社会保障体制改革来看，多支柱的社会保障模式具有明显的优势，建立安全、高效和可持续的社会保障体系，必须充分发挥商业保险的作用。2005年底，我国商业保险为人民未来养老和医疗积累的准备金已经达到1.2万亿元，是全国社保基金的6倍。随着我国保险业发展水平的提高，商业保险的覆盖面必将进一步扩大，成为社会保障体系不可或缺的重要组成部分。如果商业保险出了问题，就会对社会保障体系产生重大

影响。我们必须站在维护社会保障体系安全、促进社会长治久安的高度,高度重视保险业风险防范化解工作。

其次,保险业风险防范关系着经济社会的平稳运行。一个国家发展水平越高,保险业在保障人民生产、生活方面发挥的作用就越大。在美国近年来的重大灾害事故,如“9·11”事件和“卡特里娜”飓风中,保险赔款占全部赔款总额的比重都超过50%。随着我国经济社会的进步和保险业发展水平的提高,越来越多的风险将通过保险机制得到保障和补偿。如果保险风险不能得到及时有效地分化化解,那么,在出现重大灾害事故时保险业就有可能无力赔付,从而影响社会的稳定和经济的运行。

第三,保险业风险防范关系着国家的金融安全。“十六大”以来,保险业总资产保持了年均34%的高速增长势头,截至2005年底,保险业总资产已经达到1.5万亿元,是证券业总资产的3倍多。保险公司持有国债3 588亿元、金融债1785亿元、企业债1 208亿元,分别占其发行余额的12.6%、13.4%和67%;持有银行次级债805亿元,占发行余额的44.6%;直接和间接投资股票市场846亿元。保险公司已经成为债券市场第二大机构投资者和股票市场重要的机构投资者。未来二十年是保险业发展的重要战略机遇期,保险业总资产的规模将迅速扩大,保险资产占金融资产的比重将逐步提高,保障保险业安全对维护国家金融安全的重要性也将不断提升。

三、对保险业风险防范化解工作现状的基本评价

“十六大”以来,我们深刻认识到保险业在维护国家经济金融安全方面所肩负的重任,把风险防范作为行业发展的

“生命线”，居安思危、常抓不懈，全行业保持了健康快速的发展势头。对当前保险业的风险状况，我们有如下三个基本评价：

第一，风险防范化解工作取得重大进展，全行业没有大的系统性风险。

在保险公司改制上市前，保险业整体面临着资本金短缺、偿付能力不足、不良资产难以消化、历史包袱沉重等困难，保险业风险防范的任务十分艰巨。针对这些情况，我们把发展作为提高抵御风险能力的根本途径，把改革作为防范化解风险的有效措施，把加强改革监管作为防范风险的重要保障，取得了明显成效。

“十六大”以来，保险业保持了年均17%的增长速度，2005年底，全国保费收入和资本金总量分别达到4 927亿元和1 097亿元，是2002年的1.6倍和2.6倍，全行业防范和抵御风险的整体实力明显提高。“十六大”以来，我们对国有保险公司进行了股份制改革，中国人保、中国人寿、中国平安先后在境外上市。通过改制上市，募集资金487亿元，从根本上改变了保险业整体偿付能力不足的状况；优化了股权结构，促进了保险公司治理结构的完善和风险管控水平的提高；引进了先进的理念，提升了公司核心竞争力，带动了行业整体经营水平的提高。保险公司改革的深入推进，为全行业风险防范化解工作奠定了坚实的基础。“十六大”以来，根据国际保险监管发展的潮流和我国保险业发展的实际，建立了以偿付能力监管、市场行为监管和公司治理结构监管为三大支柱的现代保险监管体系，保险监管的有效性不断提高，为防范化解风险提供了有力的支撑。

保险业在快速发展的过程中，存量风险得到有效化解，没有出现新的、大的风险隐患，同时较好地防范了其他金融行业风险向保险业的传递。目前,保险业整体偿付能力充足,没有大的系统性风险。

第二,风险防范化解体系逐步健全,风险防范的长效机制逐步建立。

长期以来,保监会把风险防范作为一项系统工程来抓,坚持以公司内控为基础,以偿付能力监管为核心,以现场检查为重要手段,以资金运用监管为关键环节,以保险保障基金为屏障,努力构筑保险业风险防范的五道防线。

在这五道防线中,第一道防线就是保险公司自身的内部控制,通过强化公司内控,将绝大多数风险消灭在萌芽状态,大大增强了风险防范工作的主动性,提高了风险防范的效率。第二、三、四道防线是监管部门的外部监管,通过加强监管,及时纠正和化解保险市场的不正常和不健康因素,保证市场的平稳运行。第五道防线是保险业的风险自救机制,通过建立保险保障基金,在出现市场主体退出时可以保护被保险人的利益,防止因为个别公司的经营失败引发行业的整体危机。“五道防线”的形成,表明保险业已经初步建立了全过程、立体化的风险防范化解体系,说明保险业防范化解风险的长效机制已经逐步建立。

第三,各种潜在风险因素不容忽视,风险防范化解任重道远。

我们深刻地认识到,保险业风险防范化解工作虽然取得了一定的成绩,但与国际先进水平相比,与快速发展形势的要求相比,还存在较大的差距。

我们清楚地看到,在保险业快速发展的过程中,会不断出现新的风险因素。当前,保险市场秩序还不够理想,诚心建设有待加强,部分公司投资管理环节存在明显漏洞,部分公司在快速发展过程中可能会出现偿付能力状况恶化等,这些现象如果不能够得到及时有效地遏制，就会演变成为阻碍行业发展的风险因素，必须妥善加以处理。

在保险业发展中有四类风险应该重点关注，即资产类风险、负债类风险、资产负债匹配风险以及经营管理风险。其中，资产类风险主要集中在投资风险，负债类风险主要集中在定价风险和巨灾风险，资产负债匹配风险主要集中在流动性风险和价值波动风险，经营管理风险主要集中在决策风险和股东关联交易风险。要有效地防范和化解这些风险因素，促进保险业又快又好地发展，还需要付出艰辛的努力。

四、立足防范、标本兼治，进一步提高防范化解保险风险的能力

"不谋全局者，不足以谋一域；不谋万世者，不足以某一时。"我们必须着眼于国家经济金融安全的大局，着眼于保险业的全面、协调、可持续发展，以对国家、对人民、对历史高度负责的态度，既要防范短期的现实风险，更要注重防范长期的潜在风险，努力建立更加完善的风险防范体系。总体来讲，保险业风险防范体系的建设，要做到"四个依靠"：

第一，依靠先进的理念防范化解风险。先进理念的指导是风险防范化解工作取得实效的重要保证。保险业的实践证明，加快发展、深化改革和加强监管"三位一体"的风险防范思路是先进的、行之有效的。这个总体思路，我们必须长期坚持。在发展方面，要坚持科学发展观的理念，统筹兼顾、协调发展，切实转变增长方式，处理好速度、结构、质量和效益的关系。在改革方面，要以治理结构改革为重点，充分发挥董事会的核心作用，促使保险公司真正建立科学的决策机制和有效的执行机制，为防范风险提供体制保障。在监管方

面,要逐步实现从以业务规模为基础的静态监管向以风险为基础的动态监管转变,从以监管外力为动因的监管向以保险公司自身风险管理为内在需求的监管转变,从结果性的事后监管向过程性的事前、事中连续监管转变。

第二,依靠完善的制度防范化解风险。保险业在快速发展的过程中,会不断出现新的风险因素,如果没有完善的制度作保证,风险防范化解工作难免会顾此失彼,挂一漏万。在公司层面,要通过建立健全的制度来规范公司的经营管理和业务操作,特别是要完善内控制度,强化对关键岗位、关键业务流程和关键环节的监督;在监管层面,要在完善各项监管规章制度的基础上,重点抓好责任追究制度建设,对造成重大经营风险以及因监管不到位而造成严重后果的,严肃追究相关人员的责任。要通过在行业和公司两个层面推进制度建设,使两个层面的制度相互衔接、互为补充,构建防范化解风险的长效机制。

第三,依靠先进的技术防范化解风险。在防范化解风险指导思想对路的情况下,要提高风险防范化解工作的效率,增强防范化解风险的能力,必须不断提升防范化解风险的技术手段。要加大信息化建设力度,充分运用现代信息技术,提高对信息的收集、处理和分析能力,对保险风险进行动态地监控和预警。要不断学习国际先进的风险管理经验,引进先进成熟的风险管理技术,提升全行业的风险管理水平。

第四,依靠高素质的人才队伍防范化解风险。领先的理念、完善的制度和先进的技术要充分发挥作用,最终还需要依靠高素质的人才队伍。在过去的几年中,保险业风险防范化解工作之所以取得成效,关键就在于我们有一支比较坚强的人才队伍。要应对形势的各种挑战,必须建设好以监管人才、经营管理人才、专业技术人才和保险营销人才为主体的四支人才队伍，为保险业的风险防范工作提供智力支持和人才保证。

同志们，保险业作为经营风险的行业，防范化解风险是一个永恒的话题。回首过去，我们成效明显，但只是刚刚起步，展望未来，我们责任重大，但更加充满信心。我们相信，保险业完全有能力做好风险防范化解工作，在维护国家经济金融安全方面承担起自己应尽的责任。

最后，预祝论坛取得圆满成功。谢谢大家！

树立风险意识，加强风险管理，促进金融业健康发展

吴晓灵*

一、金融是现代经济的核心

金融的核心作用在宏观上体现为中央银行的宏观调控，为社会经济的发展提供一个稳定的货币环境；在微观上体现为资金替代了指令性计划，成为生产要素配置的龙头。在世界经济日益全球化的今天，金融的发展程度对提升一个国家经济和企业的竞

* 吴晓灵，中国人民银行副行长。

争力有着重要的作用，因而金融是现代经济的核心。

中国以银行业为代表的间接金融发展得比较好，直接金融和金融衍生产品的发展远不能适应经济发展的需要，可以说在某种程度上制约着实体经济的发展，究其原因是对风险的认识和管理还缺乏社会共识，因而在金融产品的发展上，还存在着某种程度的金融压抑现象。我们只有树立风险意识，加强风险管理，落实风险责任才能促进金融业的稳健发展。

金融压抑实际上就是用货币供应量占 GDP 的比重，或者金融资产占 GDP 的比重来衡量。如果从这个数量上来看，中国当前的金融业已经很发达了，我们的 M2 已经占到了 GDP 的 160% 多，前几年更高一些，最近稍微跌了一点，我们对国民生产总值进行了调整。

但应该认识到金融压抑不仅仅表现在数量上，还表现在品种上。应该说我们企业融资的渠道是很窄小的，可以说有的时候是一分钱难倒英雄汉。有很多企业明明看到很多好的项目，但是由于没有筹资的渠道，只能够望洋兴叹，甚至把很好的项目、很好的企业拱手让给别人，作为一个投资者能够选择的品种很少，从这个意义上来讲，我们国家还存在金融压抑的现象。

二、金融是经营风险的行业

金融是一个经营风险的行业，它只能识别风险、度量风险、管理风险，在为客户管理风险中获取收益，因而我们不能够要求金融业不出风险，关键的问题是要明确风险责任，让风险的承担与收益相匹配，从而促进社会资金的有效流动与配置。这句话说起来大家都承认，但是做起来还存在一定的难度。比如贷款,对于信贷员终身责任追究,这样的话一个信贷员可能就无法去干了;如果不实行信贷员终身责任追究,成立信贷委员会作决定,那么可能又会走到另一个极端,无法追究责任。之所以每一个银行有1%的普通贷款损失准备金,就是说风险概率至少为1%,在制度规定的范围内,一个人按规则去运作,出现的风险不应该追究这个人个人的责任,而是由这个机构承担风险。

再有,我们对于债券现在不敢发行,而是过度严厉的债券审批,就怕企业发了债偿付不了,谁买债券谁负责任。但是我们总把企业偿付不了的责任,主动地担在了自己的肩上。20世纪90年代,我们的债券发行是企业发债银行负责,结果惯下了一个坏毛病,企业发了债,国家要负责任。所以到现在为止,我们对企业债券发行实行极其严格的额度审批,这个额度还是报国务院批下来的。对于企业直接融资规模的问题,反映了对风险的认识,而在对风险的认识上,我们大家有不太统一的地方。

关于衍生产品,因为出了327国债这个期货风险,于是到现在,很多衍生产品不能够出台。金融是一个经营风险的行业,它出风险是正常的,我觉得社会对此还缺乏共识,关键的问题不在于有风险,而在于我们要识别风险、度量风险、承担风险、管理风险。

三、加强风险管理,促进金融稳健发展

风险管理可以包括五个层次,第一是树立风险意识;第二是充分揭示风险;第三是落实风险责任;第四是强化合同观念;第五是加强风险管理。

（一）树立风险意识

融通资金是财产所有者运用、处置财产的形式之一，所有者有获益权，但要承担财产运用、处置的风险；国家对经营失败的金融机构的个人债权承担过多的风险偿付责任，淡化了个人的风险意识，酿成了极大的道德风险；收益与风险相匹配是金融活动的基础，必须树立高收益与高风险同在的意识。

我讲的这三点可能大家都觉得在金融学上来说那简直是ABC，但是在我们的实际生活当中，有些人运用了他们的资金，但是不愿意承担风险。我们从1998年开始关闭金融机构，到去年11月份关闭了金鑫信托，应该说在关闭金融机构、处置金融风险的过程当中，我们遇到的最大的一个问题就是老百姓觉得国家办的金融机构，我的钱存在这里，我买了这个金融机构的产品，国家就要对我负责。为什么呢？这是因为我们在1998年开始处置金融风险的时候，100%地偿付了个人的债务，一直到2004年11月份我们公布了四部委的债券收购意见，当时就说，十万元以下100%的偿付，十万元以上打九折，很多人都不愿接受损失。人民银行的丹东营业部，遭到了6000多人的围攻，说这个政策是你们人民银行出的，实际上这是四部委联合出的。我们当时说，9月30号以后的个人债权实际上不管了。但是到去年11月关闭金鑫信托时，还有大量的930以后的违规个人债权。在这种情况下，尽管我们打了更多的折扣，但是还是不能不管。政府这种对个人债权过多承担责任的做法，使得我们的投资人没有风险承担的意识。实际上，我们应该知道，高收益必然伴随着高风险。

有一些金融产品将没有风险识别能力的小额投资人排

除在外,是对投资人的保护而不是歧视。我们现在的很多理财产品其实有点误导消费者,让他们认为理财产品是高收益的,是没有风险的,我们建议金融机构一定要把那些不具备风险承受能力的人排除在外,但是他们担心这样老百姓会说存在小额歧视。有一些法规已经明令规定了,有些产品只有资金在10万元或者100万元以上的才能够购买,本来就是想把小投资人排除在外,因为他承担不了这个风险,最后他们大家还集合在一起去干这件事情,出了风险还不想承担。我想小额投资人一定要意识到你的理念就是以保本为原则,不要追求在金融市场上的收益。金融市场是一个风险的市场,为了保本,你应该选择银行存款,国债、保险、基金也比较好一点。当然保险和基金都有一定的风险,存款其实也有风险,只有国债基本上是零风险的。因而为了要防止这些风险我们设立了存款保险制度、投资人保护制度和投保人保护制度,这些只保护小额投资人,因为这些人缺乏风险意识和识别能力。

(二)充分揭示风险

统一的会计标准和不断强化的信息披露要求,是让社会识别风险的制度保证。监管的首要责任是要求金融机构的经营者披露信息,管好风险,向投资人、存款人揭露风险、市场准入、警示控制风险,监管者的首要手段是防止欺诈。至于这个竞争机构,他经营的利润是多少并不是主要的,只要他没有欺诈,那么他倒闭了,投资人就应该自担风险。监管者对机构的市场准入,是想把竞争限制在一定的范围之内,让合格的经营者来管理机构,不要在恶性竞争当中产生大的风险,不要让那些不适宜管理的人来管理机构,造成经营的失败,我想这是监管者的一个职责。

另外，区分有风险识别能力的人和风险识别能力不强的人，给合格的投资人以更多的金融产品的选择权，鼓励面对不同需求和不同风险偏好的金融创新应该是金融监管者的另一项重要职责。关键的问题是风险揭示到位、风险责任明确，也就是说我们的监管当局要作好投资人的市场准入规定，就是说让不同的投资人进入到不同的市场当中去，要让一些高风险承担能力的人进入到高风险市场当中去，这样才能为创业者提供融资的渠道。

（三）落实风险责任

在间接的金融活动中，客户购买的是机构的债券产品，比如存款保单，客户要承担金融机构的信用风险，就是在金融机构倒闭了以后承担风险。在直接金融机构当中，客户承担的是金融产品发行人的信用风险，比如股票、债券或其他收益凭证。应该对这些产品实行注册、发行和真正意义上的核准发行，这样权利和义务才是对称的。直接金融就是一个愿打一个愿挨的市场，只要信息是真实的，那么投资人就应该自担风险。如果投资人没有充分的自主权，却让他去承担风险，他绝对不愿意，认为这是你们监管当局审批过的东西，所以我们想还是注册发行比较好，如果不行的话要进行核准。因为现在整体的信用环境还不好，就是搞核准发行的话也应该是真正的核准发行，而不应该是一种变相的审批。这样，我们的直接金融市场才能够发展起来。在信托、委托产品中，客户要承担该产品的风险责任，把信托、委托产品当成间接融资工具对待，是当前理财市场最大的风险隐患。现在证券公司搞了集合资产管理计划，尽管证券公司也认购了其中的10%，或者10%以上的的份额，用这个份额来承担风险，但是风险也有可能会超过这个认可额度，如果超过这个认购额度之外的话,投资人还是要承担风险的。比如说证券公司认购了10%的份额,那么他就应该在这个产品亏损到5%、6%的时候停止这个产品的运作,让这个产品退市才能够保住这份集合计划的本金,因为亏损都在这个证券公司的份额之内。如果没有这种止损的安排,很有可能会突破机构认购的份额产生亏损,这种风险也应该充分地向客户揭示,要让客户认识到他是要承担风险的。

(四)强化合同观念

金融是资金的融通,是民事行为,通过合同界定双方的权利和义务,并通过司法保证合同的执行,是早期金融活动的运行环境。为了减低社会成本,必须引入监管机制,不应该改变金融活动的基本特征,金融产品是一种标准化的合同,我们应该重视合同法在金融业的贯彻实施,监管部门审批新产品或者新产品报备的审核,也应是对标准合同或主协议的审查、审核:权利与义务是否明确、对称,风险是否充分揭示,金融机构内部是否建立了内控制度,我们不要怕有风险,只要金融机构承认承担风险就行,因而有再大风险的产品也应该放行。只要风险充分揭示,只要将投资人限定在一定的范围内,并且投资人有识别风险的能力,承诺承担风险。合同意识不强,不注重金融产品的合同,只相信金融产品的推介,只相信私下签订的补充合同,是酿成金融风险的重要原因。我们现在处置的很多金融风险,都是老百姓买这个风险的时候,把这个金融产品的预计收益率当成金融机构的一种承诺,他不去认真地审人家给他的合同到底是什么。监管当局为了规避风险,要求在这个标准合同上写上风险承担。金融机构为了违规经营,又和客户签第二份合同,表面上第一份合同是标准合同,第二份合同就虚拟假设说如果怎么着我就给你什么，实际上他的虚拟假设的第二份合同是一个真正意义上的保本的合同，就是保分红的一个合同。那么我们在处理金融风险的时候，很多人都有第二份合同，而这第二份合同实际上是拿不到桌面上来的，是没有法律保护作用的。这是金融机构的违规行为，但是政府也没有办法，在关闭金融机构的时候，不得不对金融机构的违规行为承担责任，这其实也淡化了客户对金融机构合同的审视意识。

(五) 加强风险管理

风险是客观存在的，它只能管理不能消除，因而风险管理应该包含两层含义：风险的控制和风险的补偿。资产定价、责任准备金等都是风险补偿的资金准备。按照风险补偿的承担方式形成了互助金融，保险也有合作制的保险，信贷都有合作制的。这里的风险是在特定人群中平等分摊。政策金融，政府承担特定的风险补偿责任，就是政府认为在哪个方面要办事情，就要在这个特定的范围之内承担责任。商业金融用价格覆盖风险，各种金融衍生工具，通过锁定价格和费用控制风险，只看到衍生工具的风险而认识不到其控制风险的功能，将使我们的企业、金融机构面临更大的风险，极其慎重地发展衍生工具市场是加强风险管理的制度保证。

随着利率、汇率的放开，市场上开始出现一些利率和汇率方面的衍生产品。我们过去认为，衍生产品风险太大，实际上是我们在衍生产品的止损管理这个方面，没有很好地执行制度，最后把这些工具都停掉了，就使得我们的金融机构和客户在面临更多的市场风险的时候，没有了风险管理的工具。

现在，金融衍生产品在逐渐地推出，而且全国人大已经启动了期货交易法的立法程序，这个期货交易法里原来只涵盖商品期货,现在要涵盖金融衍生产品,就是金融期货。所以理论界的同事们应该关注立法的进程,因为法律其实就是对于我们改革进程的一种书面的承认,也是我们今后市场运行的一个重要规范。如果法律不好会对未来的发展造成更多的制约。我希望在关注期货法的时候,能够关注这个法调控的产品范围和它调控的市场范围,因为这个期货交易法更多的是规范期货交易所的行为。我们希望能够给场外交易以活动的空间,因为任何的金融产品在场内的交易量和场外的交易量比较起来,应该是场外的交易量比场内的交易量要大。场内交易是撮合交易,场外交易是询价交易,它们的区别并不在于交易是在交易所内还是在交易所外进行的。建立多层次的资本市场,对于我们的金融业的发展是至关重要的。

加强金融创新，防范化解金融风险，确保国家金融安全

李伏安*

一个健康、高效、稳定的金融体系是整个社会最重要的安全保障体系。而现在银行改革不彻底、不到位，不能从根本上解决问题是我们最大的不安全隐患。不改革是最大的不安全，不解决这些根本问题是最大的不安全。建立一个高效的金融体系，尤其是一个高效、健康、安全的银行体系，是整个社会最重要的安全保障体系。

* 李伏安，中国银监会业务创新监管协作部主任。

一、十年来主要金融危机回顾

近半个世纪以来,世界上有许多国家爆发了金融危机,并对其经济产生了很大的影响。从这些金融危机的情况来看,表现形式多种多样,引发的原因多种多样,但是有几个基本的特征是谁也逃避不了的,那就是在整个社会的资金融通中,监管当局的松弛,监管标准的不到位,这是导致危机的根本原因。

很多书、很多文章把它分析得很神秘、很玄妙,甚至还带有情绪化,说是外部谁来炒了,或者说对冲基金怎么来炒的,或者是哪个政府怎么干预了,但是有一条,就像疾病去袭击一些病人一样,有这么多人在世上,为什么这个病不找别人就找你呢?找到谁有偶然传播的原因,但是更主要的还是个人的抵抗力问题。发生这么多金融危机,他自身的脆弱无疑是其产生危机的先决条件。

为什么这个金融危机跟我们的国家安全和社会保障有关系呢?金融危机最大的表现形式就是货币通货膨胀,货币贬值,企业和社会的支付体系倒闭,银行丧失支付能力,最后国家不得不发行新的货币来解决赤字问题。在整个过程当中,受害最深的是广大的中低收入阶层。中国13亿人,要是按照中低收入阶层来分的话,80%都是中低收入阶层。金融体系脆弱、破坏,最后出了问题导致整个银行体系的失败和国家支付体系的失败,货币贬值,最受害的是80%的中低收入阶层。我们应该建立什么样的社会保障体系?从保险的角度上,很难对这么大一个风险进行保障。解决这个问题最关键的还是要建立健康、安全、高效的金融体系。很多人到今天,仍然没有认识到,一个内部健康的金融体系,是我们现在最大的金融安全保险体系,建不好这个东西是我们现在最大的金融不安全因素。

表1　金融危机回顾

金融危机	时　间	主要原因	后　果
墨西哥金融危机	1994—1995 年	开放过快、政局不稳	比索汇率累计下跌 115%;同期股市下跌 40%,资本外流 100 亿美元,国际外汇储备减至 35 亿美元;国内大批企业破产,失业人数上升,经济损失达 700 亿美元。
亚洲金融危机	1997—1998 年	开放过快、银行不良贷款过高、金融监管过度放松	各国货币下跌幅度:印尼盾 80.6%、泰铢 54.1%、韩元 42%、马来西亚林吉特 41.9%、菲律宾比索 36.5%、新加坡元 16.7%、新台币 17.6%;
			同期股市大幅下跌:韩国 47%、香港 38%、新加坡 36%、印尼 33%、菲律宾 30%、马来西亚 24%、日本 19%、中国台湾地区 10%、泰国 6.5%;
			印尼苏哈托辞职;泰国总理差瓦立辞职;韩国总统金泳三大选失败;日本自民党大选失败,首相桥本龙太郎辞职。
俄罗斯金融危机	1998 年	外债比例过高、政府调控能力不强	卢布贬值超过 200%;政府宣布延缓清偿外债 90 天,信用完全丧失;影响全球市场,美国长期资本管理公司濒临破产。
土耳其金融危机	2000 年	银行业经营不善、政府处理经验不足	100 家最大企业的股票价格下跌 46%,市值损失近百亿美元;国内银行发生大规模客户挤兑现象,在半个月内中央银行向市场投放 75 亿美元现金,银行贷款利率由 45% 骤升至 1200%。

从俄罗斯金融危机到韩国金融危机,从亚洲金融危机到墨西哥金融危机、土耳其金融危机,产生这些危机的关键原因不管是银行、股票市场,还是民间的借贷市场,都是由过度的借贷、过度的缺乏市场约束所导致的。我们的银行体系在20世纪70年代、80年代甚至90年代改革的过程当中,积累了大量的不良资产,使得我们的银行事实上从技术上已经破产。中国虽然在亚洲金融危机的时候没有发生金融危机,但事实上金融危机爆发的几个主要条件,我们已经基本具备,只是缺乏一些必要的导火索。经过最近几年的努力,我们刚刚离开这个危险区,有很多人就忘记了这个危险的存在。今天我们甚至可以说,发生金融危机的因素并没有从我们身边彻底消除掉,随时都在影响我们银行和金融体系的安全和健康。怎样去解决这些问题?不去解决这些问题会产生怎样的后果?这是我们现在最不应该忘记的一项内容。

二、我国银行业面临的风险

我国当前的银行业主要面临三大方面的风险:第一是信用风险;第二是操作风险;第三是市场风险。

第一,信用风险。信用风险说白了就是大量的银行借贷,或者是民间借贷,最后无法偿还,借款人不负责任地去借钱,不负责任地去花钱,最后浪费、损失、破产,导致银行收不回来。从图1可以看出,我们从1998年、2000年的不良贷款30 000多亿元,刚刚降到了15 000多亿元以下,这10 000多亿元的不良贷款的比例,刚刚从35%左右降到了去年年底的10%以下。需要注意的是,这35%还是不准确的,当时按照国际的标准判断,中国银行业的不良贷款甚至达到40%、50%,占整个GDP的比重已经达到了60%、70%,这样的银行体系，在国际上来讲应该早就已经破产了。我们刚刚把这些问题解决掉，但是更重要的是产生这些不良贷款的机制、内部的原因、体制的原因、管理上的原因，我们还没有消除。若稍有松懈，则随时都有可能回到这个不良贷款比例上去，所以信用风险是我们最大的一个风险。

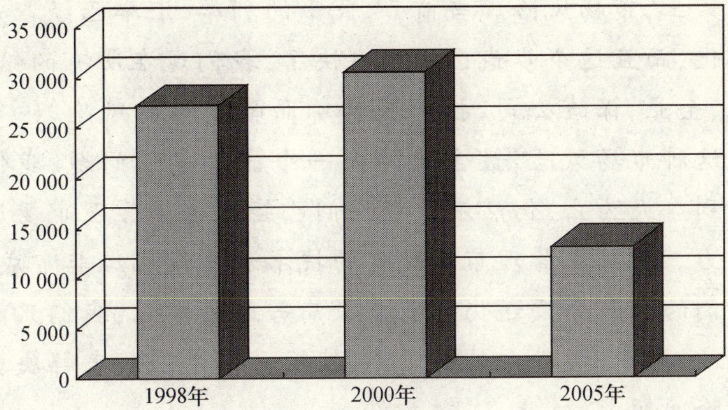

图 1　不良贷款变化

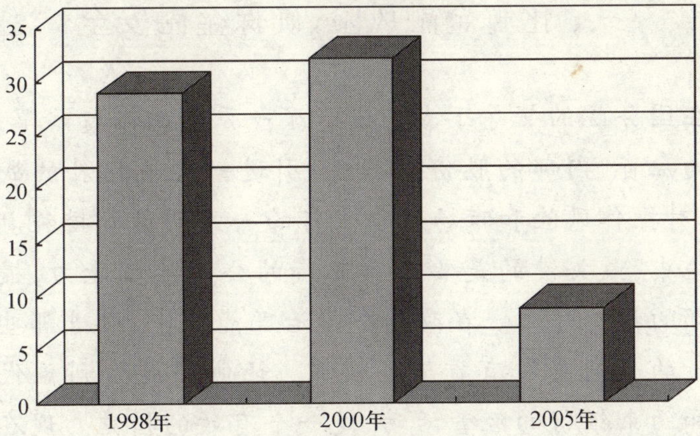

图 2　不良贷款率的变化

第二，操作风险。银行发生的一系列大案要案，表面上看是一两个人的问题，深层次地看却是一个银行的治理和管理的问题。解决这个问题的关键是公司治理，要有人真正对这个银行的经营管理负责。说起来非常简单,但是做起来是非常难的,我们现在采取的一系列措施都是希望达到这个效果,但是现在有些人对采取这些措施的方法、动机、目的仍然不清楚,对此进行了一些不正确的、不恰当的批评或是一些错误的判断。

第三,市场风险。当前,人民币的利率、汇率已经在走向市场化,而且这个步伐已经相当快了,我们现在所有的银行、个人、企业、保险公司、投资机构都面临这样的风险,银行要管理这种市场风险,最主要的是一个能力建设问题,我们的银行到今天为止,仍然不敢说他们已经学会了管理市场风险的能力。国际上管理市场风险的技术和手段已经非常成熟,而我们的银行今天还仍然需要很痛苦地去学习,我们只能通过开放、竞争、引进向外面学习,然后再通过创新来解决我们的风险问题。

三、化解金融风险、确保金融安全

在国务院的领导下我们进行了一系列的银行改革,包括国家的注资、内部的股份制改造、引进一些境内外的战略投资者、对操作风险和市场风险实行的一系列监管措施。在这些措施中,最关键的是要改善银行的公司治理能力,提高银行内部的控制能力。在改善公司治理能力中,引进那些真正对银行的长期发展有贡献的股东,让他们成为利益代表来规范和约束银行的经营活动,是一个有效的措施。现在学术界或者实业界有很多的争论和批评,有争论和批评是好的,但是有一点应该认识到:帮助我们解决银行的风险管理能力问题,从根本上降低银行的整体风险,是我们现在最需要的事情。有人在说引进战略投资者会带来一些其他的问题,比如说控制权的问题,或者信息安全的问题。但是从国际上普遍的经验来看,发生金融危机很少是因为控制权的问题,绝大部分,甚至99%以上,都是银行内部管理无效、管理不善的问题,金融体系失效的问题以及监管当局监管不力的问题。所以我们要强调的是,帮助银行提高和加强内控,提高管理能力,加强有效的公司治理,应该是我们选择的第一个目标。这些外国投资者的引入,从技术上和管理上看,能够帮助国内公司解决一些公司治理上的问题。另外,从国际上一些大的银行比如花旗银行、美洲银行、汇丰银行来看,这些银行最大的控股权不超过5%,而且这些最大的股东基本上都是财务投资者,而不派人参加董事会,所以对一个银行最大的控制和绝对的控制是管理团队和股东利益的架构,而不是一个简单的控制权的问题。反过来出现金融危机的这些国家,大部分都是由这些国家自己控制的,甚至是由一个集团一个家族控制的,在这样的情况下,市场机制、市场约束是很难建立起来的,大量的内部借贷、企业关系借贷、家族借贷是导致这些问题的更关键的因素。

四、在新形势下加快推进金融创新

现在我们的银行除了解决风险问题、加强控制外,更重要的是提高能力的问题,因为我们的经济、社会发生了很大的变化,过去简单的借贷银行,已经不能完全满足经济金融发展的需要了。

我们可以简单地看一看如今的形势变化。在1998年以前,或者在1999年、2000年以前,中国在改革开放二十多年中,一直是一个资金紧缺型的国家,银行的主要功能、金融的主要功能是动员储蓄,为企业提供金融支持,但是我们可以看到从1998年开始,银行的资产负债结构已经发生了明显的变化,就是存款明显超过贷款,存款总量明显高于贷款,中国开始逐步由一个资金稀缺型的国家变成资金平衡或者资金充裕型的国家,而且这个趋势基本上是一个既定的方向,下一步这种存款大于贷款的形势会进一步加强。

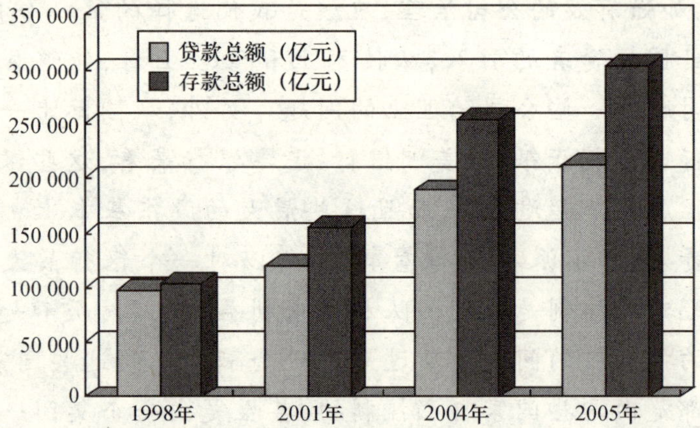

图3　存、贷款变化

在这种趋势下,中国的银行必须由过去简单的借贷银行变成借贷加上财富管理的银行,而我们的银行现在最缺乏的是财富管理问题。今年底,WTO的承诺都要实现,意味着国内的金融业对于国际金融要全面开放,我们的银行在下一个发展的趋向上,能不能有效地向整个社会提供财富管理,很重要的就是我们现在的金融机构的能力建设问题。大家可以看到,个人的人均储蓄总量已经达到了12 000元左右,按照我们现在的财富分配概念来看,这些钱很大一部分是集中在20%—30%的中产阶级和富有人群的手上。这些是中国社会这么多年的发展积累起来的社会财富,只有这些财富用好了,才能为让更多的人富裕起来提供一个基础条件,能不能有效地利用、管理、服务好这一部分财富资源,是我们下一步经济、金融发展的重要挑战。所以我们要通过改革,通过风险控制,使我们的银行建立一个健康的能力、自我发展的能力、自我完善的能力来进一步提高新形势下银行创新服务的能力。

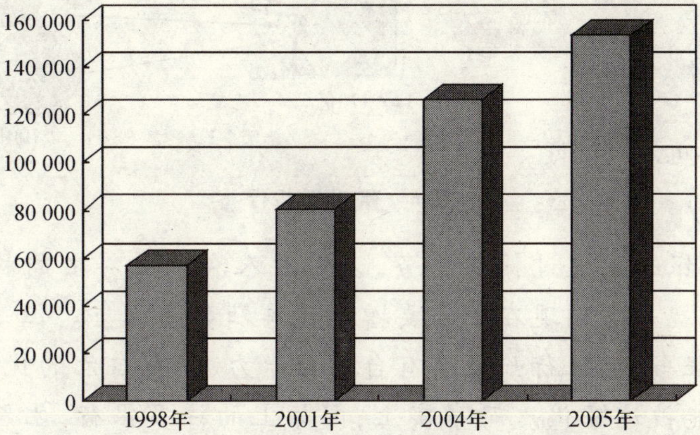

图 4　个人储蓄存款

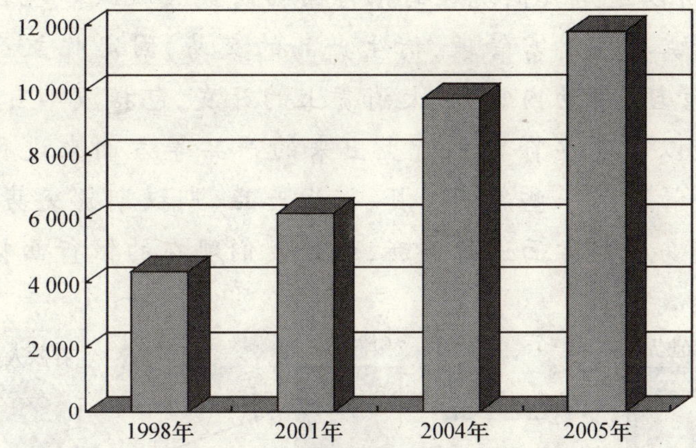

图 5　人均储蓄存款(13 亿人)

我们现在的管理职能要求我们的银行必须从过去一个简单的借贷银行,变成一个借贷加上管理的银行。图 6 就是过去的银行的一个基本模式,简单地吸收存款然后向企业发放贷款,但它已经不能满足今天我们的需要了。今后更重要

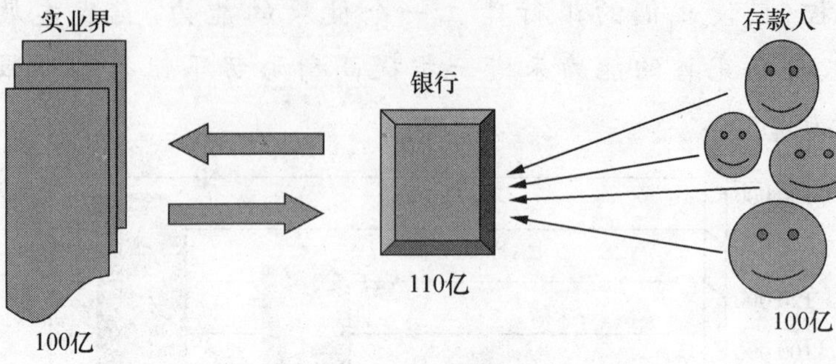

图 6　存、贷款银行

的是,银行要通过提供服务,为存款人和实业界之间构架桥梁,也就是我们现在讲的要增加直接融资的比重。但是在这个过程当中,银行如果没有自己的能力、没有自己的优势,就有可能被边缘化。而事实上,国际上的许多银行,已经主动地渗透到这一部分业务中,而且大部分已经在承担这方面的职能,所以这是我们现在的银行面临的最大挑战。现在的银行创新需要在财富管理,衍生产品的交易,固定收益产品的开发、管理,推动内需、扩大消费上的开发,包括汽车贷款、住房贷款以及这些贷款再衍生出来的产品等方面来进行。要在风险管理的一些新的工具、衍生产品、期权期货交易、金融衍生交易这些方面进行创新,这是我们现在的银行面临的最大的挑战。

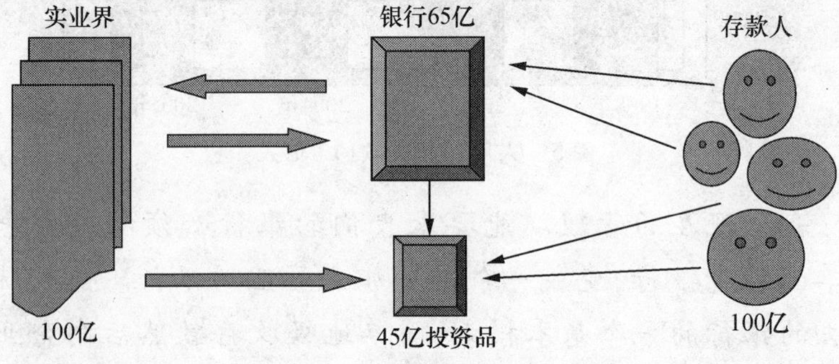

图 7　新式银行

所以简单地概括一下,不改革是我们最大的风险,不发展是我们最大的挑战,没有一个健康的金融体系,总体上就谈不上社会的安全保障问题。

创新经营管理模式，推进银行保险发展

王　滨*

现代银行保险是一种融产品、服务及组织创新为一体的金融创新，发展现代银行保险，既有利于金融资源的深度开发，也有利于满足社会对金融服务的需求。面对中国加入 WTO 后的过渡期即将结束、外资金融机构即将全面进入国内金融市场的新形势，我国商业银行和保险公司都应该认真思考，积极把握时机，加快现代银行保险业务的发展。

* 王滨，交通银行副行长。

一、发展银行保险业务，对我国银行业的战略转型，具有十分重要的积极意义

从狭义上理解，银行保险是指银行与保险公司合作，通过共同的销售渠道，向客户提供保险产品与服务；就广义而言，银行保险是指商业银行和保险公司通过创新业务方式，向客户提供产品和服务，从而进入对方的业务领域，即商业银行和保险公司通过金融产品、服务和组织的整合，充分利用银行的信息、网络、产品服务和资本优势，共同参与金融市场的运作。

从理论上看，对商业银行相关资源的充分挖掘和利用，将使银行在开展保险业务时获得一系列优势：

一是范围经济优势。如果实现银行与保险的融合，就有可能产生显著的范围经济效益。

二是公信力优势。公信力是衡量金融企业品牌的一个重要量纲，也是金融产品赢得市场的重要基础条件之一。通过与银行品牌的成功嫁接，保险产品可以借助银行的信用和实力，迅速提升市场的公信力，从而节省客户认知保险品牌的时间成本和保险品牌推广的财务成本，大幅度地提升保险产品的覆盖面和渗透度。

三是业务机会优势。银行业务与保险业务，通常具有较高的关联性，保险产品与银行产品之间有着天然的联系，保险需求往往是银行客户对银行产品需求得到满足后的衍生需求，因此通过银行经营保险，容易获得较多的业务机会。

四是多元化的效应。当商业银行所拥有的金融运作经验和丰富的硬件资源被应用到保险市场中时，就可以产生多元化的效应，从而大幅度地提升资源配置的效率。随着金融

体制改革的不断深化,资本市场的健康发展和利率市场化的进一步推进,商业银行在获得新的发展机遇的同时,也面临着传统金融方式难以适应新的环境、资本约束强化以及新的信用风险和操作风险等一系列挑战,实施战略转型是商业银行应对严峻挑战、把握发展机遇的一个现实训练。

开展现代银行保险,对我国银行业的战略转型具有十分重要的积极意义。开展银行保险业务,有助于改变商业银行单独的赢利模式。"十一五"期间我国经济仍将保持较高的发展速度,我国保险市场也将高速发展,据不完全估算,到2010年,我国保费收入将突破1万亿元,年寿险保费收入将突破7000亿元,保险密度将超过人均600元。宏观经济与保险市场良好的发展态势,为商业银行实现利润多元化奠定了一个坚实的基础。中间业务发展是商业银行战略发展的主要方向之一,由保险银行产生的代理等收入是中间业务的重要构成部分,开展银行保险业务,将有助于促进商业银行中间业务的发展。

开展银行保险业务有助于保持客户群体的稳定性。在竞争日趋激烈的情况下,银行往往需要想方设法地提高客户的忠诚度,客户关系管理已经成为一个十分重要的经营策略。如果银行能够为客户提供广泛的金融产品,客户能在银行丰富的产品中,获得满意的服务和回报,那么客户的忠诚度就会大大提高。可见银行向客户提供保险产品,将对提高银行客户群体的稳定性起到非常好的作用。

开展银行保险业务,有助于提高银行经营管理效率。在发达国家保险销售带来的收益是许多银行能够维持其他业务经营的重要保证之一。近年来,保险业务的利润占银行全部利润的比例不断扩大,由于保险产品与银行产品比较相近,使银行的业务人员能够在短时间内掌握保险产品的特点并开展营销,这样能够使银行的机构网点和员工得到更有效的利用,从而提高经营效率,降低业务成本。

二、我国商业银行蕴藏着极其丰富的保险业务资源

在当今分业经营的体制下,人们通常较少关注和研究银行拥有的保险资源和业务机会,但是事实上商业银行拥有的保险业务资源,就好像是一座尚未开发的金矿,取之不尽、用之不竭。

一是品牌资源。国内银行在广大消费者中拥有良好的公众形象和信誉,能够唤醒公众的保险意识,提高保障的信心,把银行的品牌资源和保险服务实现有效对接,借助银行的品牌,形成对客户的传导力、辐射力和渗透力,就可以有效地促进保险业务的进一步发展。

二是渠道资源。我国的金融市场结构是典型的银行主导型,无论从网点和服务人员的数量,还是从营销服务体系的完整性来讲,银行的渠道资源都对保险产品的销售具有较强的助推力,对挖掘新的客户、新的保险业务机会,更深层地接触高端客户以提升保险服务的价值方面,更是一笔宝贵的财富。

三是客户资源。长期以来我国银行积累了大量的客户资源。截至2005年末,我们银行业拥有法人客户800多万,个人客户数亿之众,银行与客户之间,建立了长期稳固的合作关系,其中具有一定经济实力和理财需求的优质银行客户,构成了保险业务的主体客户资源之一。

四是关联性业务资源。企业客户的经营活动,有融资结算需求,必然会产生保险需求。

五是人才资源。商业银行的知识化人才队伍,是银行介入保险领域的优势资源。银行的人才大多接受过良好的高等教育,稍加培训,就能够掌握良好的营销技能,尤其是银行的客户经理队伍,他们一旦掌握保险知识和保险营销技能,其拥有的复合型拓展能力就是保险公司营销员所难以相比的。银行拥有的高素质金融综合人才,能为保险资产管理提供各种规避风险和增加效益的方案安排。

三、银行投资保险公司是银行保险发展的较高层次的合作模式

根据银行和保险一体化由浅到深的顺序,国外银行发展模式一般分为四类,即销售协议、战略联盟、合资企业和金融控股集团。作为层次较高的运作模式,银行投资保险公司将有助于银行保险业务的开展:一是在这种模式下,银行往往会在利益的驱动下,改变对银保合作不十分投入的状态,利用自身的网络平台,积极配合旗下的保险公司,大力发展银行保险业务;二是银行会把自有财产保险,转向旗下的保险公司,并通过股东优势,实现贷款融资等金融服务保单的捆绑销售;三是银行会鼓励旗下机构和客户经理代理其保险产品;四是银行通过融资渠道的纽带,与大量的企业建立良好的关系,使这些企业成为保险公司的潜在客户;五是银行可以为客户提供综合、全面的个性化金融服务,发挥银行、保险业的协同效应;六是借助银行资源优势,开展低成本的竞争。

在我国现有的金融监管体制下,银行投资保险公司,属于商业银行综合经营的范畴。在现阶段,我国大型商业银行,已经具备了良好的综合经营基础。随着金融体制改革的深化,我国大型商业银行从事综合经营的条件不断改善:一

是大型商业银行具有较强的资本实力和良好的融资功能;二是银行在风险管理和控制建设方面具有明显的优势;三是由于银行在我国金融体系中起主导融资渠道的作用,因此能够以较低的融资成本获得资金,容易实现对保险子公司的增资。

综上可见,我国大型商业银行通过投资方式,在保险领域内开展综合经营的条件基本具备。

四、积极创新体制、机制,大力发展银行保险业务

2001 年,银行保险业务在我国悄然兴起,之后获得了迅速发展。从 2001 年到 2005 年,银行代理的寿险收入,由 45 亿元增加到 803 亿元,在当年人身保险保费收入中所占的比重由 3.17% 上升为 22%。尽管 2004 年、2005 年银行代理保费收入增长放慢,所占的比重有所下降,但不可否认的是,银行保险已经成为人身险业务的三大支柱之一。

但迄今为止,银行保险基本上仍处于低层次的代理业务上。我国银行保险的发展,存在着一系列不可忽视的问题:一是银保关系尚未理顺,合作有时呈现短期化;二是银行对保险业务的重视不够,发展动力不足;三是同质化程度高,代理技术手段落后,而且存在较高的风险;四是银行保险的发展,在一定程度上受到分业经营体制的制约;五是法规建设还需要进一步健全。

当前有必要采取针对性的措施,大力推进银行保险业务的发展。首先应进一步深化保险体制改革,加快保险自身的发展。在国际上,银行与保险的融合是建立在保险业健康发展的基础之上的,因此深化保险体制改革、加强保险宣传以

提高国民保险意识,是我国保险业健康发展的根本举措。具体来说,保险公司应提高服务质量和管理水平,完善风险管理体系,树立优良的企业文化和良好的信誉品质,从而获得合作银行及消费者的充分信赖,这也是银行保险业务发展的十分重要的条件。

其次,大力营造有利于银行保险业务发展的制度环境,加快银行保险业务相关的法规制度建设,尽快出台银行保险产品创新和产权创新的相关管理办法及监管制度,从制度上保障银行保险的健康、稳定发展。

第三,加强银行保险业务的风险控制。首先对银行保险销售人员的资格进行严格认定,实行持证销售的制度和严格的行业监督和惩罚机制,其次建立银行保险渠道风险管控机制,建立风险发现、追踪和评估机制。

第四,进一步加强对银行保险业务的协调监管。当前银行与保险公司的业务分别受银监会和保监会的监管,监管的主要内容为银行和保险公司各自的传统业务。

第五,积极推进商业银行投资保险公司的综合经营试点工作。“十一五”规划纲要明确提出,稳步推进金融业综合经营试点。综合经营是我国商业银行应对金融脱媒、提高国际竞争力的重要举措。通过股权竞争方式,介入保险业,是银行综合经营重要的具体形式之一,也是我国银行保险业务发展的重要途径,为此应加快步伐出台有关规定,实质性地启动银行投资保险公司的试点工作。

在完全重组、引资和上市的三步曲以后,交通银行的改革和发展进入了一个新的阶段。当前交通银行正在加大力度,推进战略转型。在业务经营上,交通银行将努力打造一流的零售银行,加快发展中间业务和各类创新业务。与此同时,交通银行具备了从初级形态的保险业务,向高级形态转型的基础和条件:一是我行已经成为了国际公共持股银行,公司治理日趋完善;二是我行曾经投资设立了太平洋保险公司,积累了较为丰富的综合经营经验,并拥有一批人才;三是我行在管理太保时就制定了一系列管理制度;四是我行具备了重组的资本实力;五是战略合作伙伴汇丰集团将为我行进一步开展综合经营提供全面有力的支持,交通银行将积极推进银行保险组织形式的创新,加快银行投资保险公司的步伐。

交通银行将加大力度发展银行保险业务:一是与保险公司紧密合作,加快银行保险产品的开发和创新;二是加强与保险公司在信息技术领域的合作,提高银行保险的信息技术水平;三是加强对银行保险市场的培育和宣传力度,建立专业销售队伍,促进银行员工销售保险产品的主动性;四是积极拓展银保合作新领域。

保险企业风险管理

刘京生*

一、保险公司核心风险的特征和管理

我们现在处于一个充满了不确定性和风险的世界，自然灾害、事故频发、决策失误、管理失控等风险，随时都能将精心制订的发展规划毁于一旦，致使企业的战略管理、运营管理的功能化为泡影。从保险业的角度来讲，我们对风险的认识，一方面认为其具有负面的影响，比方说危害、事故、损失，这是每天都能碰到的，在这方面保险的作用就是如何控制风险、规避风险、补偿损

* 刘京生，中国再保险集团总经理。

失、事后管理。它的管理功能往往是因为它作为一个补偿的机制，具有事后风险管理的效果。风险还有一些正面的影响，这也是我们保险业为什么能经营、能得到收益的一个主要的方面。风险有价值，可以经营，可以获取收益，因此保险的作用就是如何正确评估、合理定价、经营风险。这种风险管理属于事前的，这也是我们保险业在风险管理和整个灾害损失等方面，所具有的一个独特作用。

保险公司的核心风险，从风险的角度来讲，可以罗列出许多，而从风险管理的角度来讲，我们的高管人员并不是不懂也不是没有学过风险管理，而是拥有丰富的风险管理知识，运用起来也是非常娴熟的。但是在现实过程当中，如何来确定一个公司，或者一个行业的核心风险到底是什么，这是非常重要但又非常困难的。把保险公司的核心风险列为四大类：市场风险、政策风险、价格风险、管理风险，在一定程度上能够涵盖公司在经营过程当中的各类风险。

保险公司的核心风险的主要特征是差异性、动态性、经营性、评估性、收益性。之所以具有差异性，从保险业的角度来讲，财险、寿险肯定是不一样的。另外，一个公司在本行业当中可能存在一种核心风险，比方说理财险的风险是这家公司比较大的一个核心风险，但是对于这个行业来讲，或者说对于整体来讲往往不是一个特别核心的风险。当然从直保公司和再保险公司的角度来讲，差异也是存在的。另外，核心风险对于一家公司来讲是动态的，有的时候是可控的，有的时候是不可控的。这种情况下非市场化的这些风险，保险公司必须要想尽办法把它转移出去，通过不同的方式转移出去。只有这些市场化的风险才有可能进行经营，而对于保险公司而言，通过经营和正确的定价，管理风险、管控风险，最后达到它的收益性，这是顺理成章的。

对于一家保险公司的领导者来说,必须做到:一是要公开承认我们的核心风险是什么;二是要正确地识别核心风险;三是要知道如何评估核心风险,管理和监控核心风险。如果领导者对公司的核心风险不认识,或者对主要的风险无法采取措施管控,这对经营风险来讲是非常危险的。

监管约束的多样化,竞争手段的多元化,资本运作的复杂化,风险管理的国际化这种新的市场经营的环境,要求公司管理者在面对经营风险的时候,需要纵观整个风险的构成,要正确识别自己公司的核心风险。比方说我们作为一家再保险公司,由于不是直接面对客户,所以四大风险中的价格风险应该不是再保险公司比较突出的一个核心风险,因为我们再保险的性质,在定价方面,有一定的管控能力,虽然对于市场上的直接价格是无法调控的。我们应该认识到,再保险公司的许多核心风险和直保公司的核心风险实际上是不同的。

保险公司对核心风险管控绩效的好坏直接影响到公司风险管理的质量和收益的水平。对国内保险公司而言,如何按照国际的先进做法建立核心风险与核心资本匹配的风险管理机制,是国内保险公司需要认真研究的。从国内的角度来讲,不论是直保公司还是再保公司,对风险都非常重视,而且风险管理也是下一步经营和发展当中一个非常重要的领域。

二、保险集团公司的核心风险和管理原则

保险集团公司的核心风险和管理原则包括四点:透明度、合规性、多元化和政策性。从中国再保险集团公司的角度来讲,在多主体法人的治理结构下,怎样把其他子公司的

经营和整个治理结构通过集团公司管控管好，把风险防范住，我们是有深刻的教训的。在很大程度上来讲，并不是说我们的制度或者内控的所谓的办法不多不够，而恰恰是在执行过程当中，或者说在公司运作方面缺乏这种透明度。透明度风险对于集团公司的经营是一个非常大的核心风险，因为在很大程度上，外部是看不清楚集团公司到底要干什么的。当然从合规性的角度来讲，需要制订内控制度标准。同时作为一家集团公司，风险高度集中，多元化经营，如何在集团公司内整合这些风险，也是一个非常大的问题。

关于政策性，中国再保险集团是一个综合性的经营集团，目前从法律、制度的角度来讲，对于集团化的公司还存在一些监管真空和法律法规不到位的问题。

从集团公司的角度来讲要建立合理的内控体系，形成三者制衡的关系，其中透明度是化解集团公司风险的关键。保监会已经充分认识到这个问题，在风险方面，保监会的领导问责制是我们新近出台的法规当中，最严格的一条规定。

当然在良好的基础上，如何建立内部的审计和全面风险管理是非常重要的。作为一家集团公司，必须把所有的风险看成一个整体来进行风险管理和控制。你不能说子公司的风险跟集团公司无关，或者集团公司不去关注子公司的经营风险，而任其蔓延发展。集团公司下一步的发展目标肯定是全面集中管理、全面成本控制、全面风险防范、全面客户服务、全面面向未来。作为国内的保险集团公司，未来的发展模式肯定是综合经营、跨国经营、竞合经营和集团化经营，这种业务模式需要建立不同的防火墙，如果没有防火墙的建立，风险随时可以蔓延和传递，对一家集团公司来说是非常危险的。

三、再保险在行业体系管理当中的作用

赢利是保险业经营风险的目的。作为一家再保险公司,除了经营自身的各类风险,还需要经营保险业集聚的各种行业风险,并力争在经营过程当中获取收益,这对于中国再保险集团来讲是非常重要的。当前,监管部门对我们这么一个复杂和多元的保险市场和经营主体,实际上是很难制定一个统一的监管标准来进行有效的监管。再保险公司和直保公司的核心风险是不同的,如果用一个统一的标准进行监管肯定有问题。因此我们从再保险这个角度来讲,希望政府用看得见的手来进行监管,同时建议通过市场这双看不见的手,也就是利用再保险的机制来推动保险业的风险管理。

首先,再保险可以作为保险业防范风险五道防线的闸门和运作平台。保险业防范风险的五道防线仅仅从监管部门、政府部门去操作管理,对于一个整体的保险市场来讲,力度显然是不够的。我们建议也要通过一些市场的手段,比方说通过再保险这种机制,以市场的手段来监控保险公司的内控制度、偿付能力、现场检查、资金运用、保险保障这五方面的工作。

第二,可以起到督促保险公司、完善治理结构的作用。因为从再保险公司的角度来讲,对内控制度中的风险管理质量和水平,我们是非常敏感的,哪家公司经营得好,哪家公司经营管控到位,在实际工作当中是有深刻体会的。再保险公司完全可以通过价格手段杠杆来影响公司改善,完善治理结构和内控制度。

第三,再保险拥有行业风险经营的数据,既可以保障直保公司经营的稳定和安全,同时可以对直保公司审慎经营、

市场行为进行全面的直接监督,防范保险业可能出现的系统性风险。

第四,控制直保公司经营风险,通过再保是一个有效的手段。再保险公司可以通过不同的保险安排,提高保险公司的承保能力和偿付能力。

第五,再保险可以规避直保公司创新产品产生的风险,因为再保险可以提供信息支持和再保险保障。

第六,再保险公司当然希望得到更多直保公司的信息披露和风险管理方面的资讯。对于直保公司核心风险如何进行管控是再保公司更加关注的资讯,提高信息的透明度,实际上对于直保公司具有高效的保护作用。

中国保险业“赶超发展模式”的反思及新模式构建的思考

孙祁祥[*]

2006年《政府工作报告》明确提出“要深化保险业改革”的战略要求，《“十一五”规划纲要》在部署“全面深化农村改革、促进服务业加快发展、加快金融体制改革、加快完善社会保障体系”等方面的工作时都明确提出要大力发展保险业，凸显出在新的发展时期保险业发展的战略意义。过去二十多年，中国保险业取得了有目共睹的成就，特别是“十五”时期，保险业更是在制度建设、市场培育、国际化进程等方面取得了实

* 孙祁祥，北京大学经济学院副院长、北京大学中国保险与社会保障研究中心主任。本文合作者：北京大学经济学院郑伟。

质性的进展，这一点是毋庸置疑的。但同时我们也应当看到，中国保险业的发展模式还存在诸多问题，它对中国保险业未来的健康可持续发展构成了掣肘因素，如果这些问题不解决，“深化保险业改革”的战略要求就无法实现。因此，在“十一五”开局的2006年，对过去二十多年中国保险业的发展模式进行系统的回顾、总结和反思，客观分析国内、国际环境，在此基础上，制定未来中国保险业的发展战略、形成新的发展模式，具有非常重要的现实意义。

一、对中国保险业发展模式的回顾与反思

从某种意义上来说，将中国保险业二十多年的发展模式定格为一种模式是有一些难度的，因为随着中国经济体制改革和对外开放的深入以及国内外客观形势的变化，保险业本身也在发生变化，特别是“十五”以来，这种变化还相当的显著。但我们认为，从总体来看，这个时期保险业的整体发展特征仍然具有许多相似性，因此，可以从战略的层面将其概括为某一种发展模式，即“赶超发展模式”。这种赶超发展模式呈现出以下三个重要特征：第一，重规模增长、轻“生态”保护。在过去较长的一个时期内，特别是在上个世纪的90年代，我们可以看到，中国的保险业在保费规模快速增长的同时，伴随的是企业成本的增加、风险的积累和行业形象的不佳，由此在一定程度上造成了保险“生态环境”的恶劣，扩大了保险业既存的需求与供给之间的矛盾。第二，重引进借鉴、轻自主创新。过去我们更多强调的是对国际新产品和国际惯例的引进借鉴，而较少花大力气深入研究中国本土国情，“南桔北枳”问题严重，自主创新动力不足，创新成果乏善可陈。第三，重市场监督、轻公司治理。过去我们更多强

调的是对保险公司市场行为的监督,而较少采取实质行动解决深层次的公司治理的种种问题,“头痛医头、脚痛医脚”现象突出,公司治理改革缓慢,改革进程时断时续。

规模增长、引进借鉴和市场监督属于“短平快”策略,容易在短期内显现其实施效应;而相对而言,生态保护、自主创新和公司治理的实施则需要比较长的时间,其效果不大容易显现出来,这就在一定程度上诠释了“赶超发展”模式形成的原因。

那么,中国保险业在发展过程中为什么会形成这种以“三重三轻”为特征的“赶超发展模式”呢?这是一种巧合,还是有着深刻的背景和渊源呢?我们认为,这是因为,中国保险业与所要“赶超”的国际保险业(特别是发达国家保险业)相比,在初始目的、发展起点、成长路径和配套环境等四个方面存在明显不同,它们成为“赶超发展模式”形成的内力。

第一,初始目的不同。从历史上来看,中国的保险业之所以于1980年恢复,在很大程度上是源于国家希望通过保险业来替代计划经济体制下的财政经济补偿功能,由此适应以“放权让利”为特征的经济体制改革的需要。1979年10月18日,中国人民银行、财政部、中国农业银行发出《关于恢复办理企业财产保险的联合通知》,指出“全民所有制企业和集体所有制企业的财产,包括固定资产和流动资金,都可以自愿参加保险。参加保险的财产一旦发生保险责任范围内的损失,由保险公司按照保险契约的规定负责赔偿,国家财政不再核销或拨款。”这一通知明确地体现了保险业在中国改革开放之初所具有的一种财政替代功能的特点,它与西方国家保险业发展的初始目的有着很大的不同,后者是为了满足市场经济条件下的个体和机构所具有的风险转移的需要,而不是为了满足政府特定的目标和需要。

第二,发展起点不同。如果说,当西方主要国家在发展它们自己的民族保险业的时候,还可以以一国为经济单位、关起门来慢慢发展的话,那么,这一背景条件已经完全不适应当今的中国保险业了。中国是在一个经济全球化、竞争白热化和联系网络化的背景下开始起步和发展自己的民族保险业的。[①] 而与此同时,中国的保险业脱胎于中国经济体制,后者在增长方式上一直具有“外延增长”的赶超特征。毫无疑问,脱胎于这种“母体”的“孩子”不可能不被打上这种体制烙印。

第三,成长路径不同。由于发展起点不同,因此,当20世纪80年代初中国开始恢复发展保险业时,面对当时已经相对发达的世界保险市场,在发展路径上就不可避免地采取“移植嫁接”的思路,这和西方发达国家保险业在历史上的“自发发展”思路有着很大的不同。“移植嫁接”思路与“自发发展”思路相比,有利有弊。好的方面是能够发挥“后发优势”,在发展过程中少走弯路,用更短的时间走完别的国家需要很长时间才能走完的发展道路;但另一方面,如果不顾客观环境,一味追求移植发展,则发展道路有可能走偏。

第四,配套环境不同。中国保险业和国际保险业在初始目的、发展起点和成长路径方面的不同,催生了中国保险业以“三重三轻”为特征的“赶超发展模式”,当然如果仅此而已,或者说,如果中外保险业在发展中配套环境方面基本相同,问题也不至于太严重。但重要的是,中国保险业和国际保险业(特别是发达国家保险业)在发展的配套环境方面,也有着相当大的差异,由此加剧了中国保险业“赶超发展模式”的负面影响。

---

① 孙祁祥,《中国保险业:矛盾、挑战与对策》,中国金融出版社2000年版。

中外保险业在发展的配套环境方面的不同主要表现在以下三个方面:第一,经济发展阶段不同。纵观世界,保险业发达的国家也都是经济发达国家,而中国过去属于中下等收入的发展中国家,目前正处于从中下等收入的发展中国家向中等收入的发展中国家的平均水准过渡的阶段。[①] 不同的经济发展阶段对保险业自然有着不同的要求和影响。第二,微观基础不同。保险业发达国家的企业制度几乎无一例外都属于"自由企业制度",市场中的保险企业都是自主经营、自负盈亏的;而中国的保险企业最初全是国有保险企业,后来虽然成立了许多股份制保险企业和中外合资保险企业,但其中很多保险企业的主要股东仍是国有企业或拥有国有企业的背景。因此,在发达国家根本不存在的国有企业改革和企业产权改革问题,在中国则成为一个对保险业发展有着显著影响的重要问题。第三,制度环境不同。这里的制度环境包括许多方面,如资本市场制度、社会保障制度、医疗卫生制度、民事法律制度和三农制度等,这些制度对于保险业中的许多方面,如新型保险产品、养老保险、健康保险、责任保险和农业保险等都有着直接的影响。在保险业发达国家,这些配套制度相对健全;而在中国,这些配套制度中的每一项都存在缺陷和问题,由此对中国保险业的发展产生了极大的制约和阻碍。

这种以"三重三轻"为特征的"赶超发展模式"存在明显的偏颇,因为它没有处理好保险业发展中的三个基本关系,即数量与质量的关系,国际与本土的关系,表象与内核的关系。需要指出的是,我们绝不是认为在中国保险业中,规模增长不重要、引进借鉴不重要、市场监督不重要,恰恰相反,

① 刘伟,《经济发展和改革的历史性变化与增长方式的根本转变》,《经济研究》,2006年第1期。

这些都是十分重要的，但我们强调的是不能偏颇，不能顾此失彼，不能迷失方向，不能舍本逐末。第一，保险业的规模增长固然重要，但如果这个规模增长是以掠夺性开发保险资源为代价的，那就“顾此失彼”了。第二，保险业的引进借鉴固然重要，但如果我们只是一味地引进借鉴国际惯例，而不注重结合中国国情进行自主创新，那就“迷失方向”了。第三，保险业的市场监督固然重要，但如果这个市场监督没有完善的公司治理作为微观基础，那就“舍本逐末”了。

二、未来5年面临的国内、国际环境及对保险业的要求和启示

任何一个行业的发展都离不开特定的外部客观环境，这个环境一方面对该行业的发展构成外部约束条件，另一方面也提供其发展的机遇，保险业也不例外。因此，在构建未来中国保险业发展新模式的时候，除了必须对我们既存的模式的特征有一个深刻的、清醒的认识以外，还必须对国内、国际环境进行全面、客观的分析，以明确其外部约束条件与发展机遇。我们可以从改革环境、开放环境和竞争环境三个方面来分析这个客观环境。

从改革环境看，经济社会改革进入攻坚阶段，深层体制矛盾逐渐显现。暴露出来的问题主要表现在以下三个方面：第一，保障体系衔接出现真空。在从计划经济向市场经济的体制转换时期，针对个人、家庭和企业的旧的经济保障体系逐渐瓦解，新的经济保障体系尚未建立健全，保障衔接出现真空。面对灾害风险，缺乏分担机制；面对未来收支，缺乏稳定预期。第二，经济优化发展遭遇瓶颈。在从农业为主向工业和第三产业为主的经济转轨时期，粗放型经济增长方式没

有得到根本转变,经济结构不够合理,自主创新能力不强,经济社会发展与资源环境的矛盾日益突出。第三,社会和谐建设受到挑战。在从温饱型向小康型以及全面小康型的社会转型时期,城乡区域发展很不平衡,"三农"问题十分严重,就业压力沉重,贫富收入差距拉大。

从开放环境看,世界经济一体化逐步走向深入,互利共赢战略确立实施。《"十一五"规划纲要》明确提出要实行互利共赢的开放战略,并在此基础上提出实现国际收支基本平衡。中国经济规模不断扩大,在世界经济中的比重不断提高,国际贸易顺差不断扩大,外汇储备数量不断增加,但与此同时,中国在国际经济交往中面临的外部环境也日趋复杂,围绕纺织品出口、知识产权、人民币汇率、能源资源、金融市场等方面的外部压力逐步加大。在这种情况下,中国要想获得更加和平稳定的国际经济环境,必须实行一种比较明智的互利共赢的对外开放战略。①"十一五"期间乃至今后相当长时期,中国将在这一战略原则的指导下安排对外开放的各项政策,可以预见,未来中国对外开放力度将进一步加大,中国经济融入世界经济的程度将进一步加深。

从竞争环境看,金融业综合经营日益呈现,市场同业竞争日趋激烈。在金融业国际竞争日益激烈的大背景下,金融业综合经营的优势不断显现出来,金融业综合经营逐渐成为当今世界金融发展的趋势。《"十一五"规划纲要》明确提出要稳步推进金融业综合经营试点。稳步试点、综合经营是"十一五"期间提高我国金融业竞争力的必然选择。我国在法律上虽然尚未明确提出金融综合经营,但实践中已在不同金融业之间出现了不同程度、不同形式的综合经营组织和交

① 王长勇,《透视"十一五":改革不动摇》,《财经》,2005年3月6日。

易行为。[①]在金融业综合经营的大背景下，可以预见，在金融业内，银行业、证券业和保险业之间的市场竞争将日趋激烈。

总体而言，国内、国际大的环境对中国保险业的发展具有积极意义。一方面，经济社会改革进入新阶段，深层体制矛盾逐渐显现，经济和社会发展对保险业提出了迫切要求，因为保险业对国民经济和社会发展具有重要意义，在完善经济保障、优化经济发展、增进社会和谐等方面能够发挥重要而独特的作用。[②] 其一，保险业不仅可以通过构建风险分担机制来应对灾害损失，而且还可以通过塑造稳定收支预期来增加消费和拉动经济发展，从而充分发挥保险业在“完善经济保障”方面的作用。其二，保险业不仅可以通过担当资金融通媒介来促进经济增长，而且还可以通过发展金融服务产业来推进经济结构调整，从而充分发挥保险业在“优化经济发展”方面的重要作用。其三，保险业不仅可以通过促进社会公平分配来协调社会矛盾冲突，而且还可以通过承担社会道义责任来建设一个负责任的社会，从而充分发挥保险业在“增进社会和谐”方面的作用。

另一方面，对外开放和市场竞争表面上看似乎对中国保险业发展有所冲击和挑战，但从长远看，它将十分有利于中国保险业的健康发展。事实上，中国保险业过去二十多年的发展正是在“以开放促发展，以竞争促发展”的轨道上前行的。保险企业率先海外上市的实践不仅作为金融业改革的先行者，为中国金融体制的改革贡献了经验和智慧，而且享受了开放所带给保险业的发展动力。可以说，没有对外开放，中国的保险业不可能取得今天这样的成就。

但与此同时，我们也可以看到，中国保险业在发展过程

---

① 周小川，《“十一五”期间金融体制的改革》，《学习时报》，2005年11月18日。
② 郑伟，《从政府工作报告看保险和社会保障》，《中国保险报》，2006年3月8日。

中面临许多问题,具体来说,我们面临“投资陷阱”、“人才陷阱”和“制度陷阱”三大“陷阱”。如果不能跨越这些“陷阱”,则会形成保险业的“发展悖论”,即发展速度越快,风险将会越大,保险业的可持续发展将面临极大的挑战。

首先,“投资陷阱”。从保险业发展的特点来看,保费规模越大,保险投资的需求就越大。虽然保险资金也可以投向基础实业部门,但根据保险业资金的特点,它首先是对资本市场形成一种极大的依赖。但如果资本市场无法满足这种需要,这种快速增长就会累积很大的投资风险,长久而言,必然影响保险业的偿付能力,由此影响保险业的可持续发展。

其次,“人才陷阱”。保险业的快速发展必然对人才提出极大的需求。例如,仅2004年一年,中国保监会就批准筹建22家保险公司。而按照中国保险监管部门的要求和公司的一般组织架构,设立一家保险机构,至少需要1名董事长、1名总经理、3名副总经理以及市场、产品、核保核赔、投资等关键部门的数位部门经理。按此计算,仅该年设立的22家保险公司就至少需要200人以上的高管。此外,入世过渡期结束以后,随着外资保险公司经营地域限制的取消,它们势必会加快开设分支机构的进度。而在从业人员本地化的趋势下,人才的需求缺口会更加扩大。据中国保监会的粗略统计,目前我国保险业人才年缺口约为16 000人左右,供需比例约1:4。①在业务增长的同时如果没有相适应的人才,那么,这种发展就会进一步造成保险资源的掠夺式开发,由此破坏保险生态环境。

再次,“制度陷阱”。保险业是一个具有很强的前向联系和后向联系的产业,其发展也涉及许多政府部门的改革协调。保监会近年来倡导大力发展的几个主要领域,如健康保

① 刘涛,《外资进入与中国保险业绩效研究》,北京大学博士论文,2006年。

险、责任保险和农业保险就至少涉及与医疗卫生、安全生产、农业等许多部门的改革协调。如果政府各相关部门主导的各个行业的改革能够相互协调、同步推进，那么保险业发展的制度环境就会好得多；反之，如果政府部门间的工作协调机制存在缺陷，部门之间的关系没有理顺，配套制度改革不能同步推进，那么必然会产生不少改革发展的阻力，对保险业的可持续发展构成障碍。比如，如果医疗卫生制度、责任法律制度、安全生产制度、农业支持制度的改革不能同步推进（如医疗费用控制机制不健全、法律责任分配不合理、安全生产规则不落实、农业支持体系不完善），那么，保险业增长速度越快，在健康保险、责任保险和农业保险等方面产生的问题就可能越严重。

三、中国保险业发展新模式的目标和思路

基于以上分析，我们认为，未来中国保险业发展的新模式应当是："以完善的公司治理为基础、以强劲的自主创新为动力、以严格的生态保护为约束的长期可持续的产业发展模式"。

首先，以完善的公司治理为基础。公司治理是现代企业制度中最重要的内容。狭义而言，公司治理主要是指公司的股东、董事及经理层之间的关系；广义而言，公司治理还包括与利益相关者（如员工、客户、供应商、债权人及社会公众）之间的关系，以及有关法律、法规和上市规则等。

在中国保险业发展新模式下，公司治理是核心内容，中国保险业的未来发展必须以完善的公司治理为基础。改革开放二十多年来，中国保险业在监督保险公司市场行为、规范保险公司市场竞争等方面做了大量艰苦的工作，这对中国

保险业的规范发展起到了重要作用,但同时,我们必须清醒地看到,不规范的市场行为更多地只是问题的表象,其内核往往涉及更深层次的公司治理结构。在这一点上,我们必须处理好表象与内核的关系,不能舍本逐末。

从国际保险业看,保险公司治理结构存在的风险和问题越来越受到监管部门的高度关注,国际保险监督官协会和经济合作与发展组织等先后发布了一系列相关的指导文件,并提出了治理结构、偿付能力和市场行为三支柱的监管模式,保险公司治理结构监管成为加强和改善保险监管的重要内容和国际保险监管的新趋势。[①]中国保监会于2006年2月发布了《关于规范保险公司治理结构的指导意见(试行)》,这为中国保险业发展新模式的构建奠定了重要基础。

从世界范围看,公司治理运动最具有代表性的文件是经济合作与发展组织(OECD)推出的《OECD公司治理准则》(1999年版和2004年版)。《OECD公司治理准则》(2004年修订版)提出了公司治理结构的六个基本准则:[②](1)公司治理结构应促进市场的透明化和高效率,并对法律的规范以及监管权、制定规则权和执行权各自责任的明确界定之间进行协调。(2)公司治理结构应保护和促进股东权利的行使。(3)公司治理结构应保证所有股东的公平待遇,包括少数股东和国外的股东。所有的股东都应该在他们的权利受损时获得有效的补偿机会。(4)公司治理结构应认可法律和互相协商赋予利益相关者的权利,并且鼓励企业和利益相关者在创造财富、工作机会和持续推动企业财务健康等方面积极合作。(5)公司治理结构应保证公司所有重大事件及时地、

---

① 吴定富,《吴定富主席就〈关于规范保险公司治理结构的指导意见(试行)〉答记者问》,中国保监会网站,2006年2月7日。

② OECD,《OECD公司治理准则》,上海证交所陆一译,2004年。

准确地得到披露，包括财务状况、业绩、所有权和公司治理的情况。(6) 公司治理结构应确保董事会对公司的战略指导和对经营管理层的有效监督，同时确保董事会对公司和股东的责任和忠诚。这些准则，对于我们构建中国保险业发展新模式，对于我们完善公司治理改革具有重要借鉴意义，值得我们认真研究思考。

当然，需要强调的是，解决中国的公司治理问题必须充分考虑中国自身的特殊性，而不能照搬西方发达国家开出的公司治理“药方”，那样不仅于事无补，而且会产生新的更严重的问题。①

其次，以强劲的自主创新为动力。自主创新，包括原始创新、集成创新和引进消化吸收再创新。② 提高自主创新能力作为一项国家战略，应当贯彻到各个产业和行业，保险业作为在国民经济和社会发展中能够发挥重要作用的行业，当然必须大力提高自主创新能力，以更加充分地发挥完善经济保障、优化经济发展和增进社会和谐的作用，为提高国家整体竞争力贡献力量。

在中国保险业发展新模式下，自主创新是关键内容，中国保险业的未来发展必须以强劲的自主创新为动力。改革开放二十多年来，中国保险业引进了大量的新型产品服务、新型市场制度、新型经营技术、新型管理经验，这对提高中国保险业的整体发展水平、促进国民经济和社会发展都起到了

---

① 比如，在经济学经典激励理论和国外实践经验的指导下，我国开始在国有企业中积极推行“管理者股权激励”，但是，由于经典激励理论没有考虑“合谋”行为的存在，加上中外具体制度背景的迥异，使得以经典激励理论和国外实践经验作为依据来推行“管理者股权激励”无疑难以取得预想的结果，公司内部人合谋攫取公司利益的行为仍然比比皆是。因此，在这种背景下，研究国外公司治理实践经验在中国发挥有效作用的条件，以此作为解决中国公司治理问题的重要基础，就显得十分必要了。参见俞鸿琳，《合谋行为与管理者股权激励效应》，北京大学博士论文，2006 年。

② 国务院，《国家中长期科学和技术发展规划纲要(2006—2020 年)》。

重要作用。但同时,我们也必须清醒地看到,如果只引进借鉴国际经验而不注重根据本土经验进行消化吸收再创新、不注重根植于本土经验进行集成创新和原始创新,那么,中国保险业的许多难点问题就不可能有新突破,不可能有新思路。在这一点上,我们必须处理好国际和本土的关系,不能迷失方向。

从国际保险业看,虽然各国保险业的发展存在诸多共性,但还是形成了各自的发展模式,差异化也非常明显。比如,在市场结构上,有些是寿险主导,有些是产险主导;在资本构成上,有些是内资主导,有些是外资主导;在产品形态上,有些是传统型产品主导,有些是新型产品主导,更多倚重资本市场;在营销渠道上,有些是代理人主导,有些是经纪人主导,有些是银行保险主导,有些是直销模式主导;在监管制度上,有些以市场行为监管为主,有些以偿付能力监管为主,有些更多地依靠市场自律,有些则更多地依靠政府监督。再如,在当前制约中国保险业发展的若干具体关键领域,如养老保险、健康保险、责任保险和农业保险等,各国有各国的具体模式,造成这种现象的原因皆是因为各国保险业的发展起点、成长路径、配套环境(如经济发展阶段、微观环境和制度环境)等均存在很大差别。

可见,国际保险业并没有统一的发展模式,事实告诉我们,在关系中国保险业发展的关键领域,真正适合中国的发展模式不是引进借鉴来的,而只能是根植于本土经验自主创新探索出来的。因此,中国保险业要在激烈的国际竞争中掌握主动权,就必须提高自主创新能力,在市场结构、资本构成、产品形态、营销渠道、监管制度等方面以及在养老、健康、责任和农业保险等若干具体关键领域,探索出一条真正适合中国经济发展阶段、适合中国企业制度性质、适合中国相关制度环境的保险业发展道路。

在中国保险业的自主创新发展道路上，我们必须始终支持、鼓励保险企业成为创新主体，进一步创造条件、优化环境、深化改革，切实增强保险企业自主创新的动力和活力。比如，要发挥经济政策的导向作用，使保险企业成为研究开发投入的主体；要建立健全保险业创新保护机制、知识产权激励机制和知识产权交易制度；要加快现代保险企业制度建设，增强保险企业自主创新的内在动力；要营造良好的创新环境，扶持保险企业的自主创新活动。

再次，以严格的生态保护为约束。保险业生态环境通常可以理解为保险组织赖以生存和发展的各种外部政治、经济、法律、社会、文化环境因素在相互联系和动态演化中形成的有机整体。正如自然界中任何生物的生存和发展都是由其自身条件和所处的外部生态环境共同决定的一样，保险组织作为社会经济体系中的一员，其生存和可持续发展的实现也离不开其所处的保险业生态环境。

在中国保险业发展新模式下，生态保护是重要内容，中国保险业的未来发展必须以严格的生态保护为约束。如前所述，改革开放二十多年来，中国保险业在规模上取得了长足进展，这对提升中国保险业在国民经济和社会发展中的地位、提升中国保险业在世界保险业中的地位都起到了重要作用，但与此同时，我们也必须清醒地看到，中国保险业为"数量扩张型"增长付出了不菲的代价，保险业的行业形象和行业声誉不佳，保险业的资源和生态环境遭到严重破坏。与所有生态环境一样，保险业生态环境一旦遭到破坏，其修复成本十分高昂，修复时间相当漫长。在这一点上，我们必须处理好数量和质量的关系，不能顾此失彼。

《中国保险业发展"十一五"规划纲要》明确指出要"科

学开发利用保险资源”,这对于当前及未来中国保险业的发展,对于中国保险业发展新模式的构建,都具有十分重要的战略意义。中国保监会已经表示,对保险经营中不计成本、不讲效益、不顾长远发展、破坏保险资源的恶性竞争行为,一定要依法严肃处理,决不姑息迁就。在这方面,我们建议,在保险业发展规划中,除了设定“预期性指标”外,还应设定“约束性指标”。预期性指标是预计和期望达到的指标,主要通过引导市场主体行为来实现;而约束性指标则是必须实现的目标,主要通过依法加强管理和提供服务来实现。在保险业生态保护方面,我们建议考虑设定保单退保率和万元保费投诉率等若干约束性指标,以强化保险业的生态保护约束,为中国保险业长期可持续发展打下坚实基础。

综上所述,如果我们能够处理好保险业发展中的数量与质量的关系、国际与本土的关系、表象与内核的关系,同时,如果我们能够建立完善的公司治理基础,能够激发强劲的自主创新动力,能够实施严格的生态保护约束,那么我们就能够建立长期可持续的保险产业发展模式,为国民经济和社会发展作出其应有的贡献。

参考文献

1. OECD,《OECD 公司治理准则》,上海证交所陆一译,2004 年。
2. 国务院,《国家中长期科学和技术发展规划纲要(2006—2020 年)》。
3. 刘涛,《外资进入与中国保险业绩效研究》,北京大学博士论文,2006 年。
4. 刘伟,《经济发展和改革的历史性变化与增长方式的根本转变》,《经济研究》,2006 年第 1 期。
5. 孙祁祥,《中国保险业:矛盾、挑战与对策》,中国金融出版社 2000 年版。
6. 王长勇,《透视“十一五”:改革不动摇》,《财经》,2005 年 3 月 6 日。
7. 吴定富,《吴定富主席就〈关于规范保险公司治理结构的指导意见(试行)〉答记者问》,中国保监会网站,2006 年 2 月 7 日。
8. 俞鸿琳,《合谋行为与管理者股权激励效应》,北京大学博士论文,2006 年。

9. 郑伟,《从政府工作报告看保险和社会保障》(上、下),《中国保险报》,2006年3月8日和3月15日。

10. 周小川,《“十一五”期间金融体制的改革》,《学习时报》,2005年11月18日。

中国财产保险公司经营绩效的实证研究

黎晖晖　刘云波　韩　婷　郭甲子*

内容提要：本文主要从统计学和经济学的角度出发，对2003年度国内14家具有代表性的财产保险公司的经营绩效进行了分析研究。文章首先利用搜集到的财产保险公司经营的相关数据，运用数理统计工具在资产流动性、赢利能力、承保偿付能力方面对14家财产保险公司进行了排序，计算出相关的指标，并对公司进行分类。之后，根据这些统计结果，应用经济学和保险学原理，从公共因子指标和保险公司的相似性两方面分别进行分析，说明2003年国内财险公司的经营绩效的基本情况，并探讨产生这一结果的相关原因，进而提出

* 黎晖晖、刘云波、韩婷、郭甲子，北京大学元培计划实验班学员。

一些具有现实意义的政策建议。

关键词:财产保险　中国财产保险公司　经营绩效

近年来,随着中国保险业的逐步发展和壮大,财产保险也得到了迅速发展,不断有新的财险公司在市场中出现,财险保费收入也逐年增加。但是,在经历了几十年的粗放式的发展后,保险公司将面临以经营绩效为核心的生存竞争。那么,目前国内财险公司的经营绩效究竟如何?它们能否从容地应对激烈的市场竞争?我们希望在下面的分析中回答这个问题。

这个看似简单的问题实际上并不容易回答。尽管反映财险公司经营绩效的指标非常之多,但目前仍然缺乏一套得到广泛认同的评价指标体系,加之指标与指标之间存在着相关关系,这就使绩效问题的研究变得更加复杂。而且,很多指标缺乏定量的数据描述与支持,缺乏可行的评价方法。

我们希望从以下几方面着手进行分析。首先,在回顾2003年我国财险市场基本运行情况的基础上,通过2003年财险公司经营状况的数据构建出一个评价体系,力求将分析建立在真实数据和事实的基础上;同时,我们将数理统计分析与经济、保险原理分析相结合,从统计和经济两个角度来分析2003年国内主要财险公司的经营情况;最后,我们将通过对各项指标的具体分析和对保险公司的分类研究,得出结论。

一、2003年我国财险市场运行概况

2003年,我国非寿险业共实现保费收入869.41亿元,比

上年增加89.9亿元,同比增长11.71%,[①]比上年同期的增幅下降了1.85个百分点。其中中资保险公司保费收入为860.6亿元,同比增长11.31%;外资保险公司保费收入为8.80亿元,同比增长38.80%。2003年我国财产险业累计赔款支出476.32亿元,比去年同期增加71.4亿元,同比增长17.63%,高于保费收入增幅5.92个百分点;简单赔付率为54.79%,高于上年2.76个百分点。赔款趋势与保费收入增长趋势相一致,基本上是基于业务发展原因所形成的相对比较正常的趋势。

财产险承保金额和责任限额共计34.8万亿元,同比增长46.8%;保险密度65.5元,保险深度0.75%。全国财产保险公司总资产达到1165.38亿元,资本金总计达223.2亿元,同比增长13.1%。财产保险市场的平均费率为3.07‰,同比下降0.22‰;承保利润16.42亿元,同比下降60.48%;投资收益12.13亿元,同比下降13.51%。[②]

从特点上来说,2003年财险业务保持稳步增长,但增幅有所趋缓。2003年,全国财产保险业务克服了因车险改革费率总体下降、业务结构战略调整和"非典"等因素的影响,继续保持了稳步增长的态势,突破800亿元,同比增长11.71%,但与2002年13.56%的增长速度相比,增长速度有所放缓。

同时,财险市场主体不断增加,市场格局有所变化。2003年底,全国共有产险公司25家,其中中资产险公司11家、外资产险公司14家。在全国范围内,中国人民财产保险股份有限公司、中国太平洋财产保险股份有限公司、中国平

---

① 数据来自国家信息中心中国经济信息网编著,《CEI中国行业发展报告(2003)——保险业》,中国经济出版社2004年版,第109—113页。

② 数据来自中国保险监督管理委员会主管、中国保险监督管理委员会办公厅主办,《中国保险年鉴2004》,中国保险年鉴编辑部,2004年。

安保险(集团)股份有限公司3家最大的产险公司的市场份额分别为69.84%、12.23%、9.60%。3家公司占据了财险市场90%以上的市场份额,其他21家中外产险公司所占市场份额则不足10%。其中,各中资财产险公司所占市场份额情况与上年相比变化不大,3家最大的产险公司所占市场份额略有下降。外资保险公司所占市场份额有所增加,总保费收入占财产保险市场份额的1%,同比增长35.96%,大大高于中资保险公司和产险市场的平均水平。值得注意的是,外资保险公司在开放较早的上海、广州地区已经占有重要地位。

总的来说,在未来的一段时期内,我国的保险行业间的竞争将进一步加剧,主要面临着以绩效竞争为主的生存竞争,因为绩效往往代表着一个公司在市场中的竞争能力,是保险公司综合实力的集中体现。因此构建一套客观的评价指标体系,分析财险公司的经营绩效问题显得颇具现实意义。

二、模型建立[①]

(一)样本和指标的选择

1. 公司样本的选择

截至2003年底,我国共有财产保险公司24家(政策性保险公司1家)。选取样本时,我们舍弃了合计财险和寿险数据的中国平安保险(集团)股份有限公司和其他数据资料不全的财险公司,最终选取了14家比较具有代表性的中资、外资保险公司进行经营绩效的比较分析,如表1所示。

---

① 本部分用到的所有原始数据均来自中国保险监督管理委员会主管、中国保险监督管理委员会办公厅主办,《中国保险年鉴2004》,中国保险年鉴编辑部,2004。

表1　进行经营绩效比较分析的14家财产保险公司

样本序号	公司名称	简　称
1	中国人民财产保险股份有限公司	人保财险
2	中华联合财产保险公司	中华联合
3	中国太平洋财产保险股份有限公司	太保财险
4	华泰财产保险股份有限公司	华泰
5	天安保险股份有限公司	天安
6	大众保险股份有限公司	大众
7	华安财产保险股份有限公司	华安
8	永安财产保险股份有限公司	永安
9	太平保险有限公司	太平
10	美亚保险公司上海分公司	美亚上海
11	丰泰保险(亚洲)有限公司上海分公司	丰泰上海
12	皇家太阳联合保险公司上海分公司	皇家太阳
13	美国联邦保险股份有限公司上海分公司	美国联邦
14	三井住友海上火灾保险公司上海分公司	三井住友

其中除了美亚上海、丰泰上海、皇家太阳、美国联邦、三井住友5家财产保险公司为外资保险公司外,其余9家均为中资财产保险公司。

2. 评价指标的选择

我们知道,反映一家保险公司经营绩效和综合实力的指标非常多,包括公司规模、公司经营状况、财务质量、理赔能力、发展战略等许多方面,各种可量化与不可量化的评价指标可以多达几十种,但在保险业界、学界中对各种指标的使用尚未达成广泛认可的统一标准。因此,在这次的财产保险公司经营绩效比较分析中,我们根据目前可获得的数据与一般普遍认可的一些财务评价惯例,采用2003年的12项指标对这14家保险公司进行衡量和比较,如表2所示。

表 2　选取的评价指标

指标代号	评价指标	计算方法①
X_1	资产收益率	净利润/平均总资产
X_2	投资收益率	投资收益/平均总资产
X_3	承保利润率	运营(承保)利润/保费收入
X_4	人均净利润	净利润/员工人数
X_5	人均保费收入	保费收入/员工人数
X_6	流动比率	流动资产/流动负债
X_7	现金比率	现金/流动负债
X_8	固定资产比率	平均固定资产/平均总资产
X_9	赔付率	赔款支出/保费收入
X_{10}	现金资产比率	现金/总资产
X_{11}	净资产收益率(ROE)	净利润/所有者权益
X_{12}	肯尼系数	自留保费/所有者权益

各公司 2003 年的相应初始数据如表 3 所示。

(二) 因子的提取

因子提取的主要目的在于综合原始数据中的信息,寻求数据中相似的基本结构,用较少的几个新的变量尽可能地包含原先多个变量中的信息,简化观测评价系统,将原本错综复杂的变量关系变得更加清晰和易于分析,同时也便于更好地对样本进行分类。

在本文中,我们利用 SAS 软件进行因子分析,可以得到 12 项指标的相关系数矩阵(如表 4 所示)。在此基础上可以用主成分分析法提取出四个因子 F_1、F_2、F_3 和 F_4。表 5 显示了转轴前后的因子载荷矩阵相关系数矩阵的特征值和贡献率。

① 鉴于数据的可得性,部分评价指标没有采用通用的财务会计计算方法计算。

表 3　14 家财产保险公司 12 项指标的初始数据

公司名称	X_1	X_2	X_3	X_4	X_5	X_6	X_7	X_8	X_9	X_{10}	X_{11}	X_{12}
人保财险	0.0185	0.0100	0.0237	0.0197	0.9114	0.8294	0.4646	0.2394	0.4763	0.3275	0.0789	2.9466
中华联合	0.0258	0.0067	0.0219	0.0227	0.9437	1.3087	0.5532	0.0712	0.2439	0.3778	0.0907	3.2587
太保财险	0.0412	0.0229	0.0769	0.0257	0.5303	1.2939	0.0426	0.1459	0.5500	0.0262	0.1206	2.3646
华泰	0.0179	0.0219	-0.0113	0.0760	0.6204	0.4002	0.1038	0.0454	0.5829	0.0727	0.0613	0.3430
天安	0.0081	0.0045	0.0125	0.0032	0.3526	0.5988	0.2848	0.0548	0.2781	0.2049	0.0311	3.2734
大众	-0.1112	-0.0136	-0.1189	-0.1302	0.9994	1.1911	0.4790	0.0568	0.4534	0.2914	-0.3355	2.5041
华安	-0.1666	0.0072	-0.1264	-0.0512	0.4038	0.8788	0.2980	0.2469	0.2864	0.2219	-0.8303	5.1984
永安	0.0315	0.0162	0.0251	0.0113	0.3892	0.6269	0.2800	0.0247	0.3057	0.1704	0.0717	2.3487
太平	-0.2325	0.0015	0.1965	-0.1007	0.3598	1.2801	1.0768	0.0532	0.3481	0.5336	-0.5175	1.6582
美亚上海	0.0868	0.0236	0.1501	0.1096	0.8080	1.7660	0.7831	0.0167	0.0919	0.2728	0.1258	0.3764
丰泰上海	0.0417	0.0113	0.1161	0.1568	0.9732	3.5939	2.3028	0.0143	0.1970	0.6286	0.0572	0.2887
皇家太阳	0.0277	0.0073	0.0850	0.0880	0.7631	1.7208	1.5093	0.0114	0.1174	0.6629	0.0497	0.7476
美国联邦	0.1110	0.0078	-1.1290	0.5444	0.5083	3.7632	2.8442	0.0399	0.0645	0.3661	0.1276	0.1233
三井住友	0.1812	0.0086	0.5630	0.4819	1.0642	2.5072	2.1948	0.0132	0.2127	0.6582	0.2347	0.6092

（数据来源:中国保险监督管理委员会主管、中国保险监督管理委员会办公厅主办,《中国保险年鉴 2004》, 中国保险年鉴编辑部,2004。）

表 4　12 项指标的相关系数矩阵

	X_1	X_2	X_3	X_4	X_5	X_6	X_7	X_8	X_9	X_{10}	X_{11}	X_{12}
X_1	1.0000											
X_2	0.4797	1.0000										
X_3	-0.0176	0.1310	1.0000									
X_4	0.7583	0.2136	-0.3105	1.0000								
X_5	0.4096	-0.1732	0.3165	0.2263	1.0000							
X_6	0.4404	-0.0374	-0.3350	0.7468	0.3431	1.0000						
X_7	0.4103	-0.1473	-0.2795	0.7975	0.3024	0.9357	1.0000					
X_8	-0.3771	-0.0041	-0.0859	-0.3513	-0.1648	-0.3881	-0.4541	1.0000				
X_9	-0.3364	0.0520	0.2184	-0.5248	-0.0894	-0.6362	-0.6846	0.4464	1.0000			
X_{10}	0.1091	-0.3687	0.2369	0.3613	0.4728	0.5980	0.7516	-0.3870	-0.5847	1.0000		
X_{11}	0.9050	0.4684	0.0497	0.5463	0.3756	0.2925	0.2652	-0.4630	-0.1558	0.0621	1.0000	
X_{12}	-0.5362	-0.2997	0.0504	-0.6028	-0.2965	-0.5995	-0.6320	0.7366	0.3123	-0.3902	-0.5850	1.0000

表 5　转轴前与转轴后的因子载荷矩阵与相应贡献率

	转轴前				转轴后				因子解释能力
	F_1	F_2	F_3	F_4	F_1	F_2	F_3	F_4	
X_1	0.73436	0.57823	−0.00522	0.24783	0.34349	0.87391	0.21992	−0.07071	0.93507
X_2	0.12768	0.81211	−0.18595	−0.12197	−0.23774	0.76475	−0.27153	−0.10099	0.72528
X_3	−0.14062	0.19367	0.86267	−0.15479	−0.56196	−0.00305	0.62190	−0.35054	0.82544
X_4	0.85697	0.10040	−0.29612	0.20921	0.76675	0.53219	0.03721	−0.05841	0.87593
X_5	0.44512	−0.01853	0.65767	0.49736	0.19817	0.20081	0.89215	0.05325	0.87837
X_6	0.85592	−0.29971	−0.19056	0.13892	0.89971	0.15961	0.14342	−0.15006	0.87804
X_7	0.88650	−0.39353	−0.12963	0.04955	0.92595	0.07016	0.17647	−0.25801	0.96001
X_8	−0.64670	−0.04742	−0.19655	0.63723	−0.27013	−0.20231	−0.05740	0.86485	0.86517
X_9	−0.67313	0.35839	0.18402	0.16052	−0.72405	0.02380	0.01699	0.34068	0.64117
X_{10}	0.62228	−0.57161	0.42484	−0.03347	0.57714	−0.27089	0.57352	−0.40023	0.89559
X_{11}	0.63516	0.66730	0.11319	0.08862	0.14772	0.86952	0.21976	−0.20783	0.86938
X_{12}	−0.79986	−0.21123	−0.06054	0.33380	−0.42406	−0.47783	−0.08844	0.61929	0.79948
特征值	5.3281	2.2338	1.6216	0.9654	3.9163	2.8018	1.7465	1.6843	
贡献率	44.40 %	18.62 %	13.51 %	8.04 %	32.64 %	23.35 %	14.55 %	14.04 %	
累计贡献率	44.40 %	63.02 %	76.53 %	84.57 %	32.64 %	55.98 %	70.54 %	84.57 %	

（提取方法:主成分分析法;转轴方法:方差最大旋转）

分析计算结果表明,提取的4个因子分别对应12项指标的相关系数矩阵最大的4个特征值,即 $\lambda_1 = 5.3281$, $\lambda_2 = 2.2338$, $\lambda_3 = 1.6216$, $\lambda_4 = 0.9654$。4个因子一共可以解释所选12项指标的84.57%的标准差(变动),即4个因子变量包含了原12项指标数据的大部分信息。因此根据一般要求(累计贡献率≥80%),在这次分析中提取4个因子是合适的。

从表5中进行转轴后的因子载荷表中的数据可以看出,F_1 因子在 X_4(人均净利润)、X_6(流动比率)、X_7(现金比率)、X_{10}(现金资产比率)指标上有较大的载荷,F_2 因子在 X_1(资产收益率)、X_2(投资收益率)、X_4(人均净利润)、X_{11}(*ROE*)指标上有较大的载荷,F_3 因子在 X_3(承保利润率)、X_5(人均保费收入)、X_{10}(现金资产比率)指标上有较大的载荷,而 F_4 因子在 X_8(固定资产比率)、X_{12}(肯尼系数)、X_9(赔付率)指标上有较大的载荷。

而根据一般经济学和财务会计知识,结合保险行业,特别是财产保险公司自身的经营特点,同时便于更好地分析和解释目前中国财产保险公司经营绩效的情况,我们对提取出的4个因子作如下的调整:

(1) F_1 因子包括 X_6(流动比率)、X_7(现金比率)、X_{10}(现金资产比率)共3个指标,因此 F_1 综合反映了财产保险公司资产流动性的情况,故可以把 F_1 定义为资产流动性因子;

(2) F_2 因子包括 X_1(资产收益率)、X_2(投资收益率)、X_4(人均净利润)、X_{11}(ROE)共4个指标,因此 F_2 因子综合体现了财产保险公司的经营赢利能力,故把 F_2 定义为赢利能力因子;

(3) 将 F_3 因子与 F_4 因子进行综合,包括 X_3(承保利润率)、X_5(人均保费收入)、X_8(固定资产比率)、X_{12}(肯尼系数)、X_9(赔付率)等 5 个指标,这几个指标反映了财产保险公司的业务规模以及承保赔付能力,故把 F_3 与 F_4 一起定义为承保业务因子。

表 6　标准化因子得分模型

	F_1	F_2	F_3	F_4
X_1	0.03692	0.33105	0.11133	0.16900
X_2	-0.13431	0.31863	-0.18739	-0.08474
X_3	-0.29790	-0.01464	0.37492	-0.29565
X_4	0.21623	0.16490	-0.03053	0.18253
X_5	0.01617	0.07684	0.58999	0.28760
X_6	0.26076	-0.01045	0.01499	0.09997
X_7	0.25184	-0.06385	0.01444	0.00591
X_8	0.09658	0.05025	0.14652	0.65747
X_9	-0.18265	0.10115	0.11843	0.15687
X_{10}	0.10257	-0.20337	0.26969	-0.15603
X_{11}	-0.05750	0.32285	0.09540	0.01015
X_{12}	0.01340	-0.08763	0.08696	0.37015

根据提取出的 4 个因子和统计结果,我们可以得到 14 家财产保险公司在 4 个因子上的得分与排名情况(如表 7 所示)。

表 7　14 家财产保险公司在四个因子上的得分及排名

公司名称	F_1 得分	排名	F_2 得分	排名	F_3 得分	排名	F_4 得分	排名
人保财险	-0.41701	10	0.39175	7	1.04494	2	1.91325	1
中华联合	-0.14167	6	0.00629	8	0.80260	5	0.46671	5
太保财险	-1.00652	13	1.16053	1	-0.50698	9	0.80769	3
华泰	-1.21322	14	1.09735	2	-0.65675	10	-0.41581	8
天安	-0.54723	11	-0.17048	10	-0.75958	11	-0.23562	7
大众	-0.22297	8	-1.39186	12	0.88928	4	0.39969	6
华安	-0.10071	5	-1.56955	13	-0.79057	12	1.63404	2
永安	-0.79480	12	0.43078	6	-0.98803	13	-0.68267	11
太平	-0.29360	9	-1.93103	14	-0.49962	8	-1.35838	14
美亚上海	-0.17722	7	0.93400	3	-0.13369	7	-0.92861	12
丰泰上海	1.00916	2	0.00206	9	0.93942	3	-0.66610	10
皇家太阳	0.42045	4	-0.33388	11	0.47816	6	-1.11685	13
美国联邦	2.72842	1	0.57885	5	-1.67192	14	0.60600	4
三井住友	0.75691	3	0.79518	4	1.85273	1	-0.42334	9

（三）对14家保险公司进行统计聚类分析

通过SAS软件的CLUSTER过程，我们采用离差平方和(Ward)系统聚类法对此次进行经营绩效比较分析的14家财产保险公司进行分类（如图1所示），以比较不同公司之间经营绩效的相似性。

根据分析结果，按照半偏R^2统计量和伪t^2统计量的评价准则，可以将14家保险公司根据相似程度分为三类或四类，根据实际情况，最后确定分为三类较为合适，这三类公司分别为：

(1) 人保财险，中华联合，太保财险，天安，大众，永安，华安；

(2) 华泰，美亚上海，皇家太阳，太平；

(3) 丰泰上海，美国联邦，三井住友。

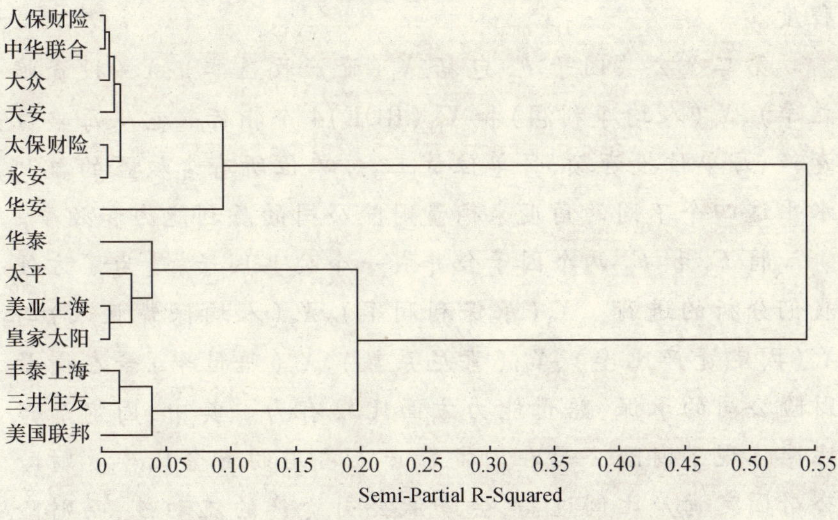

图1　SAS的CLUSTER过程在聚类过程中产生的谱系树①

① 关于谱系图的说明：在每两次合并之间的水平线段的长度表示的是被合并的两类之间的差异程度。从谱系图中我们也可以看出，人保财险、中华联合、太保财险、天安、大众、永安这6家保险公司有着很大的相似程度，后面将对这三类保险公司的经营绩效情况作分析。

三、公共因子解释及分析

(一)因子的解释

如表5所示,我们根据正交载荷阵中的高载荷提取了4个公共因子,经过旋转之后的因子载荷矩阵可以得到比较明确的经济含义。

第一个公共因子 F_1 包括 X_6(流动比率),X_7(现金比率)和 X_{10}(现金资产比率)3个指标,我们将其概括为流动性因子。因为3个指标中,流动比率反映了流动资产对流动负债的比率,它是短期偿债能力的重要指标,体现了一个财险公司在资产和负债两方面对流动性的安排。现金比率、现金资产比率也分别体现了财险公司的现金等流动资产的充裕程度。

第二个公共因子 F_2 包括 X_1(资产收益率)、X_2(投资收益率)、X_4(人均净利润)和 X_{11}(ROE)4个指标。它从每单位资产、每单位投资额、每单位员工、每单位所有者权益的盈利水平这四个不同的角度来衡量财险公司的赢利能力和效率。

将 F_3 和 F_4 两个因子合并成一个公共因子,是为了方便我们分析的进行。X_3(承保利润率)、X_5(人均保费收入)与 X_8(固定资产比率)、X_{12}(肯尼系数)、X_9(赔付率)等在衡量财险公司的承保、赔付能力方面比较有力。其中,固定资产比率体现了财险公司在固定资产上占用的资金比率。财险公司固定资产比例过高,会降低公司资产的流动性,而财险公司的业务基本都是短期险种,流动性的降低会在一定程度上增加偿付能力风险。另外,X_{12} 指标也称为承保能力比率,是由美国保险新闻记者罗杰·肯尼(Roger Kenney)提出的,因此美国保险界常称其为“肯尼系数”。肯尼系数是一个关于财产保险公司偿付能力的指标，反映了对保险公司经营的放大效应。而赔付率则是保险公司特有的财务指标之一，对保险公司的偿付能力有着很大的影响，因此也是保险公司承保偿付水平的重要体现。

（二）公共因子分析

根据前面的模型，我们可以看到14家财产保险公司在4个因子上的得分及排名（如表7所示）情况。从 F_1 得分可以看出，14家中的大部分保险公司都低于平均值（得分为负），而美亚上海、丰泰上海、皇家太阳等几家外资公司则高于平均值。从排名来看，整体上中资财产保险公司排名靠后，而外资财险公司居于前列。原因在于，国外财险业有着相对悠久的发展历史，市场已进入成熟的发展阶段，外资财险公司在资产流动性管理方面都很到位，更加正规化。相比之下，我国的财险业起步晚，经验少，而且目前保险市场正处于快速发展的阶段，故而中资财险公司的资产流动性管理问题比较突出。

在 F_2 得分和排名中，同样是中资财产保险公司，太保财险和华泰排在最前，天安、大众、华安则排在最后。综合来看，14家财险公司的盈利效率参差不齐，没有出现规模收益递增的特点，也没有看出中外资公司在盈利情况上有明显的不同。特别是，大众由于在2003年业务扩张战略失败，导致当年的投资收益迅速下滑，而华安亦是效益不佳，因此在表3中，大众和华安两家公司在资产收益率、人均净利润两个指标上都出现了负值。

具体到ROE和投资收益率两项指标，可以发现一个现象：成立较早、经营时间较长的公司，如中国人保（1950）、太保财险（1991）、美亚上海（1992），其ROE相对较高；而成立较晚、经营时间较短的公司,如华安(1996)、大众(1995)、太平财险(2001)等,其 ROE 则普遍要低一些。因为,对这些新近成立的保险公司来说,保险业务发展初期的大量费用支出是其资本回报水平较低的一个重要因素。同时,根据表 3 中的数据显示,在 2003 年这 14 家公司的投资收益表现普遍良好。

将 F_3 和 F_4 综合起来看这些公司的承保业务表现,粗略而言,规模较大的公司,其承保赔付指标排名较前,而规模稍小的公司实力则相对要弱一些。这里着重分析其中的肯尼系数。从表 3 可以看到,华安的肯尼系数达到了 5.1984,即自留保费超过了所有者权益的 4 倍。所以,相对于自有资本而言,华安的承保规模偏大,为了保证偿付能力,需要补充资本金。同时,外资财险公司的肯尼系数一般都小于 2,相对于公司自有资本而言,这些公司的承保规模仍然较小,还有较大的承保业务空间。

另外,从保费收入来看,目前外资公司的承保规模也普遍小于中资公司,也说明了外资公司在承保业务上还有较为广阔的发展余地,而且在承保赢利能力方面,外资公司也略好于中资公司。

四、保险公司分类分析

(一) 第一类:人保财险、中华联合、太保财险、天安、大众、永安、华安

这 7 家财险公司都是中资公司,它们的背景、经营方式和理念在一定程度上有着相似之处,这也在一定程度上解释了这 7 家公司在某些指标上相似的原因。

资产流动性方面:这 7 家公司基本排在中等或中等偏下

的位置上,尤其是其中规模较大的人保财险和太保财险,说明这些中资公司的资产流动性普遍不强。究其原因,我们认为,这些公司的规模较大、总资产较大,但相对来说其现金资产较少,从而导致这些公司的资产流动性受到一定的抑制。

赢利能力方面:这7家公司的得分差别较大,表明是否为中资公司对公司的赢利能力影响不大。而同时,与其他公司相比,这7家公司的员工人数较多,而过多的员工,会对公司的赢利效率造成一定的不利影响。因此,在一定程度上减员增效,对于中资保险公司是有必要的。

承保偿付能力方面:从几个因子来看,这7家公司的相似性具体表现在:首先,较之于这7家公司较高的保费收入,其运营利润并不高(尤其是大众和华安,出现了负值),这说明中资公司在承保、运营方面还存在着一定的问题;其次,由于这7家公司都是中资公司,在国内的分支网点、办公设施等较多,这是其固定资产比例较高的主要原因;同时,赔付率指标上的得分也反映出中资公司在保单的设计、核保等方面可能还存在一些问题。

(二)第二类:华泰、美亚上海、皇家太阳、太平

这3家公司中,华泰是股份制保险公司,中资占主要股份,美国ACE集团2002年5月的参股给该公司带来了新的经营理念;太平保险是成立于1929年的上海、在2001年从海外归来的"华侨"公司;美亚上海和皇家太阳分别为美国国际集团下属的美亚保险公司和英国皇家太阳联合保险公司在中国开办的财险分公司。这4家公司的共通之处在于它们或多或少地均有外资背景,先进的管理经营理念以及外资背景是这四家公司的共有强项,而不同点在于华泰的总资产远远超过其他3家,其他3家规模都较小。

资产流动性方面:4 家公司中皇家太阳处于较高水平,美亚上海和太平处于中等位置,华泰则较低。参考对第一类保险公司的分析,可以看出,中资公司和外资公司在资产流动性上确实存在较大差别。同时,可以发现,规模越小的公司资产流动性越好。我们认为,外资公司资产流动性上具有优势的原因可能在于其体制较为灵活、规模较同期的其他中资保险公司小,而华泰在 2003 年不高的现金资产和过高的流动负债导致了其在资产流动性方面表现不佳。

赢利能力方面:这 4 家公司呈现两极分化的趋势,华泰和美亚上海排名靠前,而皇家太阳和太平则比较靠后。究其原因,太平财险 2003 年在车险业务上的亏损,很大程度上导致了其赢利能力上非常不佳的表现,而同时 2003 年皇家太阳和太平在投资上的不成功,也对其赢利水平产生了负面影响。另外,通过人均净利润指标的比较,美亚上海和皇家太阳由于规模较小、人员有限,表现出良好的赢利效率,同时华泰在该指标上较好的成绩也使得其有别于其他的中资财产保险公司。综合来看,除太平外的 3 家公司,都已经度过了刚起步的阶段,进入了一个较为稳定的赢利上升时期,同时我们也可以得出这样的结论:投资收益与中资、外资基本无关,仅归结于该公司的个体行为。

承保偿付能力方面:这 4 家公司都处于中下的水平。从诸项指标的比较可以看出,外资公司在承保赢利能力相对于中资公司而言更高。而这几家公司的共同特点在于:规模不大,固定资产少,自留保费较少,投资资金主要来源于保费收入,而资本金较为充足,承保业务的效率和利润都较高。另外,美亚上海和皇家太阳作为外资公司,保单设计和赔付监督都比较成熟,对赔付方面的控制相对于同一类中的华泰和太平来说更为出色。

(三)第三类:丰泰上海、美国联邦、三井住友

丰泰上海来自瑞士,美国联邦来自美国,三井住友来自日本,这三家保险公司均是外资在华设立的公司,规模较小,也比较年轻。

资产流动性方面:3 家公司位居前三名。高流动率、充足的现金,是这 3 家公司共有的特点,这是因为 3 家公司的规模比较小,效率也比较高,同时有实力雄厚的母公司支持,流动资产上可以得到充分的保障。

3 家公司的赢利能力:总体来说居于中等偏上的位置。在较小的规模上获得较高的利润,展现出了这三家公司良好的运营效率。同时,这 3 家公司并不很高的投资收入,反映出其利润的主要来源不是投资而是承保。

而在承保偿付能力方面:综合看来这 3 家公司的承保偿付能力都表现得较为稳健,这与它们刚进入中国市场,从而抱着较为谨慎的态度从事业务不无关系,同时也是由于这 3 家公司承保业务的选择都在北京、上海等国内发达地区这些较为成熟的保险市场。

五、建 议

综合对 14 家中国财产保险公司绩效的实证分析,我们可以得出下面的一些建议:

(一)从政府角度来看

政府应该放宽保险公司的资金投资渠道、完善中国国内资本市场、提高保险公司的资金运用能力、重视对保险公司的引导与监管。

目前我国保险市场竞争激烈,经营成本的大幅上升使得承保利润明显下降,此时充分有效的资金运用成为保险公司利润的重要来源。保险公司资金运用形式的多样化,有利于保险公司提高投资收益,增强偿付能力。多元化的投资渠道可以促进公司的资产优化配置,实现合理有效的资产负债匹配管理,从而大大增强保险公司防范和化解风险的能力,增强市场竞争能力,保持公司的财务稳定和中国财产保险市场的健康发展。而且,在放开保险公司资金投放渠道的同时,政府相关部门还应加快中国国内资本市场与投资环境的建设与完善,为保险公司的资金投放和未来的发展提供一个良好有序的外部金融空间。

政府还应进一步完善保险行业的监管体系,重视对新企业、新产品的引导性管理。同时,从对不同公司的经营绩效分析的结果可以看到,国内诸家保险公司都有着各自不同的特点,在主要险种、业务市场、经营管理水平上存在着明显的差异性,因此,在监管上应当作到对产品市场进行有效的细分管理,针对不同企业的具体情况实行分类管理,而不是采用单纯的“一刀切”式的监管措施。

(二)从公司的角度来看

我们认为,通过多种途径实现公司自身特别是中资公司的绩效增进是主题。

首先,财险公司应减员增效、节约费用。中资公司要加强核保、理赔两个环节上的风险管理力度,控制赔付率,争取由过去一味通过降低运营费用来增加利润的运行模式,转变为在控制费用的同时通过切实降低赔付率来实现赢利水平的进一步提高。

其次,目前国内财产保险市场上的产品同质化现象比较严重,产品缺乏特色与创新以及对客户的吸引力、亲和力。所以,加快产品的更新换代、设计出适合消费者需求的保险产品、避免单一化、增强产品的竞争力和生命力,是实现财产保险公司经营绩效提高的有力手段。

再次,保险公司应当进一步完善保险代理人制度,规范产品销售渠道,重视人力资源的开发与培育,提高保险从业人员的业务素质,加快培养保险精算师等高级人才,建立一批专业的保险从业人员队伍,从而提高公司的运行效率,提升整个保险行业的内在品质。与此同时,强化保险公司的内控建设、财务分析和经营风险控制,实现企业管理的信息化等都是目前中国财产保险业发展的重要课题。

六、结　语

通过以上从数理统计和经济理论两个方面,以及公共因子和保险公司分类两个角度的分析,我们得出了一些关于2003年国内主要14家财险公司经营绩效的结论。综合来看,以下几个结论是比较明显的:外资公司资产流动性好于中资公司;中外资公司赢利能力参差不齐,赢利能力总体来说与是否为外资关系不大;成立较早的公司的ROE好于成立较晚的公司;投资收益情况普遍表现良好;外资公司承保规模小于中资公司,发展空间较大;承保赢利能力外资公司略好于中资公司。

参考文献

1. 高惠璇,《应用多元统计分析》,北京大学出版社2005年版。
2. 李林子、鲁炜,《财产保险公司绩效的因子分析》,《管理科学》,2003年第16卷第3期。
3. 桑强,《国内财产保险公司经营绩效分析》,《财经界》2004年11月。

4. 桑强,《今年美国财险业经营绩效演变》,《中国保险》,2005 年 4 月。
5. 王福新,《国内财险公司分险种模拟绩效分析》,《变革中的稳健:保险、社会保障与经济可持续发展》,北京大学出版社 2005 年版。
6. 肖芸茹,《构建优良的"评价保险企业"的指标体系》,《南开经济研究》,1999 年第 2 期。
7. 余劲松,《我国财产保险公司经营绩效的实证分析》,《西南政法大学学报》,2005 年第 7 卷第 2 期。
8. 于奎、张露,《从偿付能力看寿险公司的竞争力》,《金融理论与实践》,2005 年第 6 期(总第 311 期)。
9. 郑宇、余文玉,《我国寿险需求影响因素的实证分析》,《变革中的稳健:保险、社会保障与经济可持续发展》,北京大学出版社 2005 年版。
10. 朱道元、吴诚鸥、秦伟良,《多元统计分析与软件 SAS》,东南大学出版社 1999 年版。

中国保险业中长期增长潜力分析
——基于世界保险业增长规律曲线

郑　伟　刘永东*

内容提要：中国保险业中长期增长潜力究竟有多大？这是一个争议很大的问题。本文通过对大量历史数据的分析，探寻"世界保险业增长规律曲线"，并以该规律曲线为参照，结合中国国民经济和保险业发展的具体现实，量化分析未来5—15年中国寿险业、非寿险业和保险业总体的中长期增长潜力。在此基础上，本文还量化分析了保险业三类增长方式的分类贡献率。本文的基本结论是：在2006—2020年期间，在GDP年均增长7%—9%的假设下，中国保险业保持一个比同期GDP高

* 郑伟、刘永东，北京大学经济学院。作者特别感谢孙祁祥教授对本文写作的启发。作者还要特别感谢瑞士再保险公司（特别是Clarence Wong先生）为本文研究提供的数据资料。

2—3个百分点的增长速度比较容易,保持高3—5个百分点的增长速度也很有可能,但保持高5个百分点以上的增长速度则比较困难。此外,在中国保险业总体增长中,常规式增长是主要力量,但内生超越式增长和外生深化式增长也不容忽视。

关键词:中国保险业　中长期　增长　世界保险业

一、引　言

中国保险业中长期增长潜力究竟有多大?这是一个争议很大的问题。一方面,国内外已有的许多研究认为,中国保险业的增长潜力十分巨大,许多国际保险金融机构也是在这样的判断下进入或等待进入中国保险市场的;然而另一方面,近几年来中国保险业增长速度明显放缓,许多国内外保险机构明显感觉中国保险市场竞争十分激烈,甚至认为有些地区已出现市场饱和端倪。正是这样一个"矛盾悖论"现象,引起我们极大的研究兴趣,并决定在这样一个大的现实背景下,对中国保险业增长潜力问题进行较为系统的研究,量化分析中国保险业中长期(未来5—15年)的增长潜力。

在讨论中国保险业的增长潜力问题时,"世界平均法"被广泛使用。例如,通常将中国保险业直接与世界平均保险深度水平进行比较,得出关于中国保险业增长潜力规模的预测。[①] 这种分析具有一定的合理性,但也存在严重缺陷,它过于简化,抹杀了不同国家由于处于不同经济发展阶段而往往具有不同保险深度这一特点。我们知道,反映一国经济发展阶段的重要变量,或者说决定一国保险深度的重要因素不是

---

① 比如,2005年世界平均保险深度为8%,按照这一世界平均保险深度水平,考虑中国当年的GDP为182 321亿元,所以2005年中国保险业保费规模应该为14 585.68亿元,而实际上2005年中国保险业保费规模仅为4 927.3亿元,所以得出中国保险业至少还有66%的增长潜力空间的结论。

该国的 GDP 总量,而是人均 GDP 水平。近年来,虽然中国 GDP 总量位居世界前列,但是中国人均 GDP 水平仍然排在世界 100 名左右。因此,在未来 5—15 年,对应于中国远远低于世界平均水平的人均 GDP,中国保险深度也将大大低于世界平均水平。如果按照传统的"世界平均法"进行分析,一定会大大高估中国保险业增长潜力的规模,从而使政策制定出现偏差。

本文研究的创新之处主要有三点:第一,本文利用"基于世界保险业增长规律曲线"这一思路对中国保险业中长期增长潜力进行测算和分析,此前未见此类研究。第二,本文在世界保险业增长规律曲线的基础上,提出"保险相对增长度"这一新指标,该指标衡量一国(或地区)保险业的相对增长水平,包含了该国国民经济和保险业发展的国别特殊性的大量信息,对于测算一国保险业中长期增长潜力具有重要意义。第三,本文提出任何一国保险业增长依其动力来源可以分解为三类:常规式增长、内生超越式增长和外生深化式增长,并在此基础上对 2006—2020 年期间中国保险业三类增长方式的贡献率进行量化分解分析,这有利于认清保险业中长期增长的具体类型,为相应的政策制定提供理论基础。

本文的研究框架如下:第一部分是引言,阐明本文的研究动机和目的;第二部分在大量历史数据的基础上,探寻"世界保险业增长规律曲线";第三部分根据中国国民经济和保险业发展的具体现实,对中国 GDP、保险相对增长度、汇率、价格指数等相关变量进行假设;第四部分以世界保险业增长规律曲线为参照,结合中国国民经济和保险业发展的具体现实,量化分析中国保险业中长期(未来 5—15 年)的增长潜力;第五部分进行相关变量的敏感性分析;第六部分对保险业三类增长方式的贡献率进行量化分解分析;第七部分是结论和几点说明。

二、世界保险业增长模型

(一) 模型建立

1. 概述

从已有的研究文献看,保险业的增长模型多种多样,但大致可以归为三类:第一类是普通线性模型,第二类是对数线性模型,第三类是 Logistic 模型。这三类模型各有利弊,但相对而言,前两类模型缺陷较大,Logistic 模型较为适合。

在普通线性模型和对数线性模型中,不论其因变量指标选取保费收入、保险密度和保险深度中的哪一个,也不论其解释变量是仅选取 GDP 或人均 GDP 设立一元线性方程,还是同时选取了其他经济社会指标设立多元线性方程,都存在明显缺陷。对于普通线性模型,其隐含的假设通常为:(1) 保费收入随 GDP 同比增长,即保险深度为常数,或(2) 保费收入随 GDP 的平方同比增长,而这两种结果都与现实不符。对于对数线性模型,其隐含的假设通常为:(1) 保费的收入弹性(即保费的变化率相对于 GDP 的变化率)为常数,或(2) 保险深度的收入弹性(即保险深度的变化率相对于 GDP 的变化率)为常数,这两种结果在一国 GDP 增长的某个阶段有可能存在,但作为一个通用模型,未免过于简单。

在现实中,一国保费收入与该国国民经济之间存在什么样的关系呢?从图 1 和图 2 可以看出,保险深度(保费/GDP)随人均 GDP 的增加而增加,但在人均 GDP 的不同阶段,保险深度的增速不同,在人均 GDP 较低的阶段,保险深度增速较慢,而后逐渐加快,到了一定阶段之后,增速又逐渐放慢。这意味着,随着人均 GDP 的增加,保费将以一种超越 GDP 增长的速度增长,其超越幅度在人均 GDP 较低阶段较小,而后逐渐加大,到了一定阶段之后,又逐渐变小。换言之,在经济增长的不同阶段,保费的收入弹性会发生变化。对于这种情形,使用 Logistic 模型较为合适,因为 Logistic 函数具有 S 型特征,可以较好地对该现实进行抽象刻画。

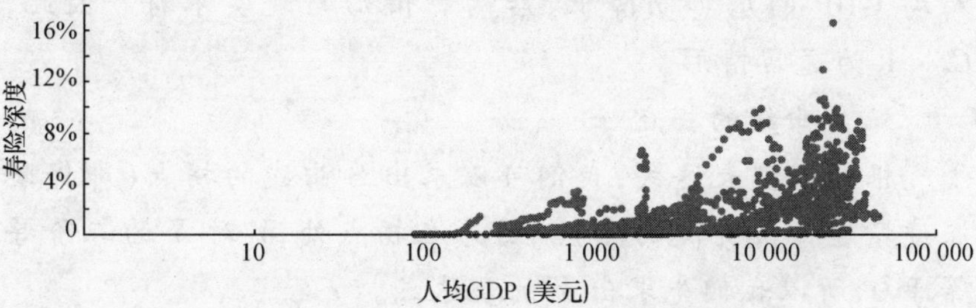

图 1　寿险深度与人均 GDP 关系的散点图

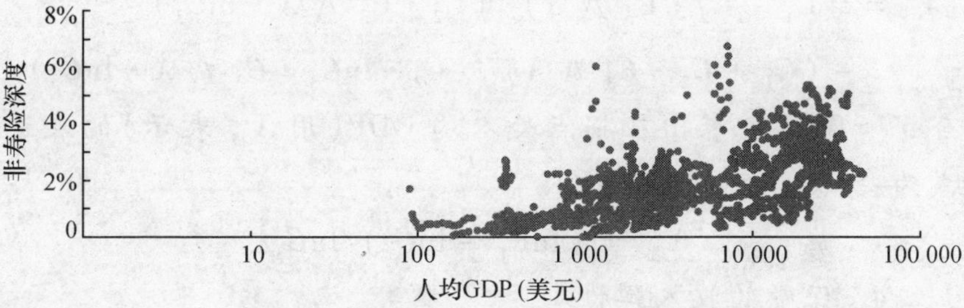

图 2　非寿险深度与人均 GDP 关系的散点图

Enz(2000)建立了一种较为理想的刻画保险深度和人均 GDP 关系的 Logistic 理论模型(因根据该模型绘制的曲线呈"S"型,因此以下将该模型简称为"S 曲线模型")。本文将在该模型的基础上,利用世界各国保险业和经济增长的大量最新的历史数据,估算出世界保险业的增长模型。

2. 模型表达式

S 曲线模型的表达式为:

$$Y = \frac{1}{C_1 + C_2 \cdot C_3 \wedge X}$$

式中,Y 为保险深度,X 为人均 GDP,C_1、C_2 和 C_3 分别为模型的三个参数。我们预期 $C_3 < 1$,因为 $C_3 < 1$ 意味着保险深度随人均 GDP 的增加而增加,而 $C_3 = 1$ 意味着保险深度为常数,不随人均 GDP 的变化而变化,$C_3 > 1$ 意味着保险深度随人均 GDP 的增加而降低,后两种情形与现实不符。因此,$C_3 < 1$ 为通常情形。

3. S 曲线的拐点

根据模型表达式,我们可以求出 S 曲线的拐点(即保险深度增速由快变慢的点)。因为在拐点处,Y 对 X 的二阶导等于 0,所以我们先求出 Y''的表达式。

$$Y' = -(C_1 + C_2 \cdot C_3 \wedge X)^{-2}(C_2 \cdot C_3 \wedge X \cdot \ln C_3)$$

$$Y'' = 2(C_1 + C_2 \cdot C_3 \wedge X)^{-3}(C_2 \cdot C_3 \wedge X \cdot \ln C_3)^2 - (C_1 + C_2 \cdot C_3 \wedge X)^{-2}(C_2 \cdot \ln C_3 \cdot C_3 \wedge X \cdot \ln C_3)$$

令 $Y'' = 0$,便可求出在拐点处人均 GDP(用 $X_{拐}$ 表示)的表达式为:

$$X_{拐} = (\ln C_1 - \ln C_2)/\ln C_3$$

4. 保费的收入弹性

根据模型表达式,我们可以求出保费的收入弹性 e(即人均保费的变化率相对于人均 GDP 的变化率)。用 P 表示人均保费,我们有:

$$e = \frac{\mathrm{d}P/P}{\mathrm{d}X/X} = \frac{\mathrm{d}P}{\mathrm{d}X} \cdot \frac{X}{P}$$

因为 $Y = P/X = (C_1 + C_2 \cdot C_3 \wedge X)^{-1}$,所以 $P = X \cdot (C_1 + C_2 \cdot C_3 \wedge X)^{-1}$,据此可以求出保费的收入弹性为:

$$e = 1 - (C_2 \cdot C_3 \wedge X \cdot X \cdot \ln C_3)(C_1 + C_2 \cdot C_3 \wedge X)^{-1}$$

由此,我们还可以求出保费收入弹性最大值的点。因为在该点处，e 对 X 的一阶导等于 0，所以令 $e'=0$，便可求出在保费收入弹性最大处人均 GDP（用 $X_{弹}$ 表示）的表达式为：

$$1 + X_{弹} \cdot \ln C_3 + (C_2 \cdot C_3 \wedge X_{弹})/C_1 = 0$$

（二）样本数据

本文选取 93 个国家和地区过去 25 年（1980—2004 年）的数据作为观测样本。寿险业的观测样本量为 1 870 个，非寿险业的观测样本量为 1 868 个。各国 GDP、人口数、人均 GDP 等数据来自联合国“National Accounts Main Aggregates”数据库，各国总保费收入、寿险保费收入、非寿险保费收入、寿险深度、非寿险深度等数据来自瑞士再保险公司 *Sigma* 世界保费数据库。直接用于模型估计的变量有保险深度和人均 GDP。人均 GDP 数据按照 1990 年可比价格以美元计价，保险深度数据是相对值（保费/GDP），不涉及价格问题。

根据搜集的样本数据，我们既可以不区分寿险业和非寿险业作一个笼统的关于中国保险业总体的估计，也可以分别针对寿险业和非寿险业进行分解的估计。考虑到寿险业和非寿险业各自具有不同的特点，我们决定采取分解估计的方法，分别估计“世界寿险业增长模型”和“世界非寿险业增长模型”，这样的估计应该比笼统的估计更为准确。需要特别说明的是，在我们使用的样本数据中，寿险和非寿险的区分采用欧盟（EU）和经济合作与发展组织（OECD）的标准惯例，健康保险和意外伤害保险划入非寿险业务。

（三）模型估计结果

表 1 列出了世界寿险业和非寿险业增长模型的估计结果。根据该估计结果，图 3 和图 4 分别为世界寿险业和非寿险业的增长曲线图（即前述“S 曲线”）。

表 1　世界寿险业和非寿险业增长模型估计结果①

	寿险业	非寿险业
C_1	23.07***	34.70***
	(14.95)	(50.11)
C_2	111.42***	63.34***
	(11.04)	(19.10)
C_3	0.8814***	0.8271***
	(75.82)	(59.62)
R^2	0.2514	0.3779
调整 R^2	0.2506	0.3773
样本量	1 870	1 868
拐点处人均 GDP(1990 年美元)	12 473	3 169
保费收入弹性最大值	1.799	1.435
弹性最大处人均 GDP(1990 年美元)	14 250	7 558

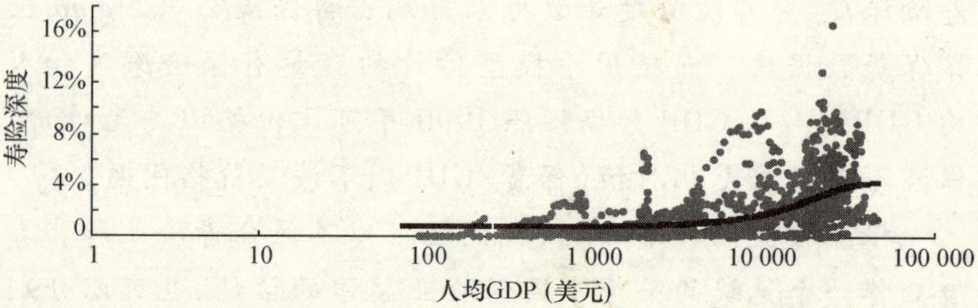

图 3　世界寿险业增长曲线图

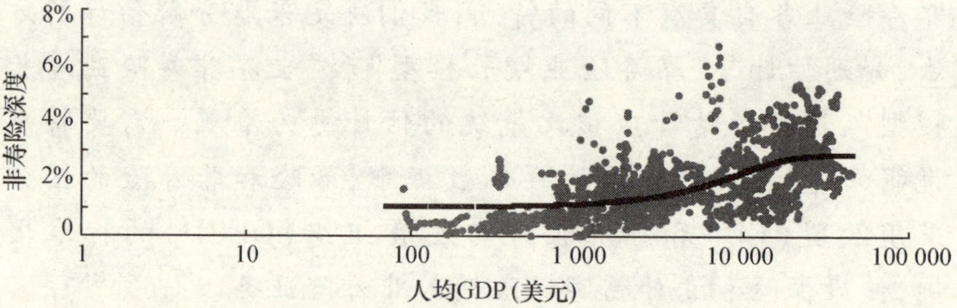

图 4　世界非寿险业增长曲线图

先看寿险业。从寿险深度增速看,在人均 GDP 达到 12 473 美元之前,寿险深度的增速不断加快;在人均 GDP 达到 12 473 美元之后,寿险深度的增速逐渐放慢。从寿险保费

① 括号内为 t 统计量。*** 表示在 1% 置信水平下统计显著。

收入弹性看，在人均GDP达到14 250美元处，寿险保费的收入弹性达到最大值1.799，该值意味着当人均GDP增长1%时，人均寿险保费增长1.799%。

再看非寿险业。从非寿险深度增速看，在人均GDP达到3 169美元之前，非寿险深度的增速不断加快；在人均GDP达到3 169美元之后，非寿险深度的增速逐渐放慢。从非寿险保费收入弹性看，在人均GDP达到7 558美元处，非寿险保费的收入弹性达到最大值1.435，该值意味着当人均GDP增长1%时，人均非寿险保费增长1.435%。

三、相关变量假设

欲对未来5—15年中国保险业的增长进行测算，必须先对该期间中国的相关经济变量进行合理假设。与本文分析直接相关的经济变量包括：GDP、保险相对增长度（包括寿险相对增长度和非寿险相对增长度）、汇率和价格指数等。

（一）GDP

对于未来5—15年中国GDP的增长，有许多不同的估计。2002年11月中共十六大报告《全面建设小康社会，开创中国特色社会主义事业新局面》在谈到全面建设小康社会的目标时提出"国内生产总值到2020年力争比2000年翻两番"。根据这一目标，加上已知2000年中国GDP总量为11 292亿美元（1990年可比价格），[①]可以推算2020年中国GDP总量为45 170亿美元（1990年可比价格）。按照这一目标，在2006—2020年期间GDP的年均增长率为6.0%。

这个"2020年GDP总量比2000年翻两番"是一个相对

① 数据初始来源为联合国"National Accounts Main Aggregates"数据库，作者根据国家统计局2006年1月9日公布的《我国国内生产总值历史数据修订的结果》进行了相应调整。

保守的目标,中央在2005年末提出调高2010年的GDP增长目标,[①]使得我们有理由相信今后若干年也极有可能调高2020年的GDP增长目标。根据目前的发展态势,我们认为一个更可能实现(同时留有较大余地)的目标是"2020年人均GDP比2000年翻两番"。按照这一目标,在2006—2020年期间GDP的年均增长率为7.1%。

许多研究者也对中国未来5—15年GDP的增长进行了测算。刘伟(2006)认为,如果没有极为特殊的国际、国内不可控制的社会政治、经济、文化、军事和自然的意外发生,从经济增长的可能性来说,预计中国经济增长率2001—2010年平均为8%—9%,2011—2020年平均为7%—8%。邱晓华等(2006)采用三种不同的方法测算了未来15年中国经济的潜在增长速度,认为应将7%—9%定位为今后一段时间中国经济增长的适度区间。

基于以上讨论,本文对2006—2020年期间中国GDP的增长假设了三种情形:一是保守情形,GDP年均增长7%;二是中间情形,GDP年均增长8%;三是乐观情形,GDP年均增长9%。在保守情形下,2020年GDP总量为52 149.12亿美元(1990年可比价格),人均GDP为3 571.86美元(1990年可比价格)。[②] 在中间情形下,2020年GDP总量为59 957.53亿美元(1990年可比价格),人均GDP为4 106.71美元(1990年可比价格)。在乐观情形下,2020年GDP总量为68 847.43亿美元(1990年可比价格),人均GDP为4 715.58

① 1995年《中共中央关于制定国民经济和社会发展"九五"计划和2010年远景目标的建议》和2000年《中共中央关于制定国民经济和社会发展第十个五年计划的建议》提出的关于2010年的GDP增长目标是"实现国民生产总值比2000年翻一番",而2005年10月《中共中央关于制定国民经济和社会发展第十一个五年规划的建议》将2010年的GDP增长目标调高为"实现人均国内生产总值比2000年翻一番"。

② 根据国家人口和计划生育委员会的预测,2020年中国人口数为14.6亿。数据来源:《中国人口》,国家人口和计划生育委员会,2005年11月。

美元(1990 年可比价格)。

(二) 保险相对增长度

1. 保险相对增长度的含义

"保险相对增长度"(Relative Growth Degree of Insurance, RGDI)衡量一国(或地区)保险业的相对增长水平,具体而言,它衡量的是一国实际保费收入水平与相应经济发展阶段上世界平均保费收入水平的相对关系。如果我们将"相应经济发展阶段上世界平均保费收入水平"称为"理论保费收入",那么某年某国保险相对增长度为:

$$某年某国保险相对增长度 = \frac{该年该国实际保费收入}{理论保费收入} \times 100\%$$

由于保险深度 = 保费收入/GDP,实际保险深度 = 实际保费收入/GDP,理论保险深度 = 理论保费收入/GDP,而且由于根据前文建立的世界保险业增长模型较易获得保险深度的数据,所以上式可以转换为:

$$某年某国保险相对增长度 = \frac{该年该国实际保险深度}{理论保险深度} \times 100\%$$

式中分母"理论保险深度"指的是"相应经济发展阶段上世界平均保险深度",分子"实际保险深度"指的是该年该国实际达到的保险深度。保险相对增长度等于 1 意味着该年该国实际保险深度等于相应经济发展阶段上世界平均保险深度,相对增长度小于 1 意味着低于世界平均保险深度,相对增长度大于 1 意味着高于世界平均保险深度。

需要说明的是,一国保险相对增长度小于 1 或大于 1 并不必然意味着该国未来保险增长潜力的大或小,因为各国保险业和经济社会体制的具体情况千差万别,不可一概而论,在进行具体国别分析时,必须根据该国过去一段时期保险相对增长度变化情况以及该国国民经济和保险业发展的具体现实,对未来的发展趋势进行合理预测。

2. 1980—2005 年中国保险相对增长度

中国保险相对增长度可以分解为寿险相对增长度和非寿险相对增长度,本文分别对其进行了分析。表 2 对 1982—2005 年中国寿险和非寿险相对增长度进行了具体测算,图 5 和图 6 分别列出了 1982—2005 年中国寿险和非寿险相对增长度的变化情况。

表 2　中国寿险和非寿险相对增长度测算

年份	人均 GDP (美元)①	寿险②			非寿险		
		理论寿险深度	实际寿险深度	寿险相对增长度	理论非寿险深度	实际非寿险深度	非寿险相对增长度
1980	164	—	—	—	1.04%	0.06%	0.06
1981	171	—	—	—	1.04%	0.11%	0.10
1982	185	0.76%	0.00%	0.00	1.04%	0.12%	0.12
1983	202	0.76%	0.00%	0.00	1.05%	0.17%	0.16
1984	230	0.76%	0.01%	0.01	1.05%	0.20%	0.19
1985	255	0.76%	0.05%	0.06	1.05%	0.24%	0.23
1986	273	0.76%	0.11%	0.15	1.05%	0.30%	0.29
1987	298	0.77%	0.21%	0.27	1.06%	0.35%	0.33
1988	325	0.77%	0.25%	0.33	1.06%	0.38%	0.36
1989	333	0.77%	0.27%	0.35	1.06%	0.44%	0.41
1990	337	0.77%	0.30%	0.39	1.06%	0.51%	0.48
1991	368	0.77%	0.38%	0.50	1.07%	0.60%	0.56
1992	416	0.78%	0.53%	0.69	1.07%	0.75%	0.70
1993	477	0.78%	0.56%	0.72	1.08%	0.76%	0.70
1994	538	0.79%	0.34%	0.43	1.09%	0.69%	0.64
1995	594	0.79%	0.32%	0.40	1.10%	0.69%	0.63
1996	651	0.79%	0.46%	0.58	1.10%	0.66%	0.60
1997	710	0.80%	0.72%	0.90	1.11%	0.70%	0.63
1998	770	0.80%	0.79%	0.99	1.12%	0.69%	0.61
1999	830	0.80%	0.85%	1.06	1.13%	0.70%	0.62
2000	902	0.81%	0.80%	0.99	1.14%	0.79%	0.69
2001	978	0.81%	1.13%	1.39	1.15%	0.79%	0.69
2002	1 069	0.82%	1.73%	2.11	1.16%	0.81%	0.70
2003	1 174	0.83%	2.02%	2.45	1.17%	0.84%	0.72
2004	1 290	0.83%	1.90%	2.27	1.19%	0.90%	0.76
2005	1 445	0.86%	1.78%	2.06	1.21%	0.92%	0.77

资料来源:联合国"National Accounts Main Aggregates"数据库;国家统计局官方网站;瑞士再保险公司 *Sigma* 世界保费数据库;作者计算。

① 人均 GDP 按 1990 年可比价格计算。

② 中国寿险业从 1982 年开始恢复,所以 1980—1981 年没有寿险数据。

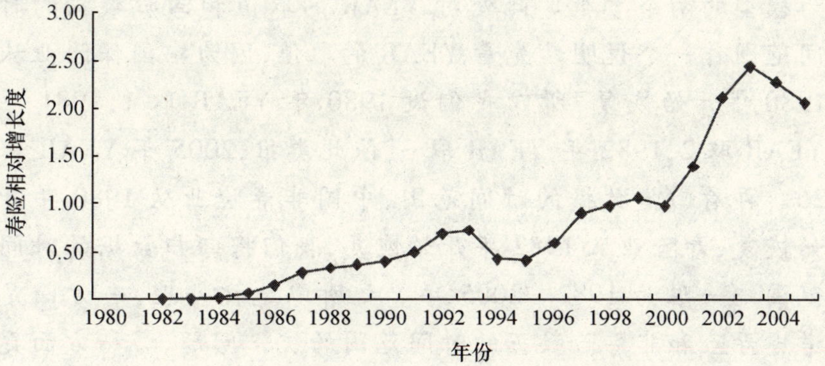

图 5　中国寿险相对增长度(1982—2005 年)

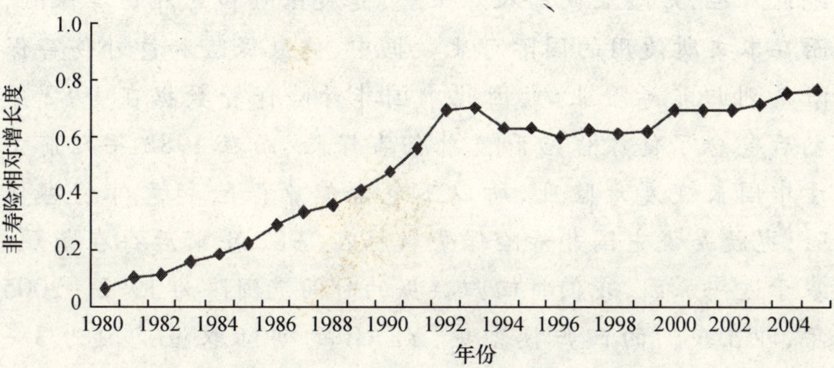

图 6　中国非寿险相对增长度(1980—2005 年)

从图 5、图 6 中可以看出,在 1980—2005 年期间,总体而言,中国寿险和非寿险相对增长度呈上升趋势,但上升速度逐渐趋缓。

3. 2006—2020 年中国保险相对增长度的讨论

根据 1980—2005 年中国寿险和非寿险相对增长度的变化情况(即总体呈上升趋势,但上升速度逐渐趋缓),并结合目前中国保险业的发展现实,我们构建如下对数模型对中国寿险和非寿险相对增长度的变化情况进行描述和测算:

$$RGDI = \alpha_0 + \alpha_1 \ln YEAR$$

式中,RGDI 为保险相对增长度,YEAR 为年度,α_0 和 α_1 分别

为模型的两个参数。此处对 YEAR 的取值和回归数据的时间范围作一个说明。先看 YEAR 的取值,因为中国保险业从 1980 年开始恢复,所以我们设 1980 年 YEAR 取 1,1981 年 YEAR 取 2,1982 年 YEAR 取 3,依此类推,2005 年 YEAR 取 26。再看回归数据的时间范围,中国非寿险业从 1980 年开始恢复,寿险业从 1982 年开始恢复,我们将回归数据的时间范围统一限为 1982—2005 年。之所以这样处理,一方面是考虑寿险和非寿险数据的时间范围的统一问题,另一方面更重要的是考虑统计数据内涵一致的问题。根据中国现行的统计口径,寿险业包括人寿保险、健康保险和意外伤害保险,而在本文所使用的国际可比数据中,健康保险和意外伤害保险是划归非寿险业的,因此中国非寿险保费数据在 1982 年之后包含了健康保险和意外伤害保险,而在 1982 年之前由于中国未恢复寿险业,所以不包含健康保险和意外伤害保险,也就是说中国非寿险保费数据在 1982 年前后存在断层。基于这一原因,我们将回归数据的时间范围限为 1982—2005 年,即在我们的回归模型中,YEAR 的实际取值范围为 3—26,共 24 个观测样本。

表 3 列出了关于中国寿险和非寿险相对增长度的估计结果。根据这一估计结果,我们可以对 2020 年中国保险相对增长度作一个基准假设,即 2020 年中国寿险相对增长度为 2.0,非寿险相对增长度为 0.9。[①]

从国际比较看,我们认为,以上基准假设是对 2020 年中国寿险和非寿险相对增长度的合理估计。保险相对增长度是对一国(或地区)保险业的相对增长水平的衡量。各国由于具体国情的不同,保险相对增长度差别很大,但是通过对 OECD 国家 1980—2004 年寿险和非寿险增长度的变化趋势

---

① 当然,我们在稍后会对保险相对增长度作敏感性分析。

表 3 中国寿险和非寿险相对增长度模型估计结果①

	寿险业	非寿险业
α_0	-1.71*** (0.40)	-0.30*** (0.05)
α_1	0.99*** (0.15)	0.33*** (0.02)
R^2	0.654003	0.923191
调整 R^2	0.638276	0.919700
样本量	24	24
2020 年饱和度预测值	2.0	0.9

的观察，我们发现，对于大多数成熟市场经济国家，保险相对增长度基本平稳。这一现象说明，虽然各国保险相对增长度千差万别，但对于某一具体的国家，当其市场经济基本成熟后，其保险相对增长度将基本平稳，亦即保险业与国民经济的相对关系将基本稳定。

目前，中国正处于一个建立和完善市场经济体系的阶段，保险相对增长度不太平稳，到 2020 年，随着市场经济体系的基本完善，我们预期届时中国的市场经济可以摆脱大部分的体制羁绊，达到一种相对“自由”的状态，届时中国的保险相对增长度将基本平稳。参考日本的情况，日本与中国同处东亚地区，且具有类似的社会消费习惯；日本早已进入成熟的市场经济阶段，中国将在 2020 年左右进入相对成熟的市场经济阶段。基于以上讨论，我们预期，2020 年中国的保险相对增长度将与过去二十多年日本平均的保险相对增长度相差不大。

在 1980—2004 年期间，日本寿险和非寿险相对增长度保持了基本平稳状态，在这 25 年间，日本寿险相对增长度平均为 2.32，非寿险相对增长度平均为 0.82。根据我们的测算，2020 年中国寿险相对增长度为 2.0，非寿险相对增长度

① 括号内为 t 统计量。*** 表示在 1% 置信水平下统计显著。

为0.9,与同处东亚地区、具有类似社会消费习惯且市场经济相对成熟的日本在过去25年间平均的寿险和非寿险相对增长度大致居于同一水平,[①]这从一个重要的角度支持了上述关于2020年中国保险相对增长度的基准假设。

此外,我们对中国寿险相对增长度作一补充说明。中国寿险相对增长度在2001—2005年期间发生了较为剧烈的波动,在2001至2003年间急剧攀升,在2004年和2005年又明显下降,这种波动与中国寿险业发展所处的特殊阶段具有密切关系。在1999年之前,中国寿险产品一直停留在传统产品阶段,许多国际上流行的新型产品在中国保险市场上尚未出现;在1999—2000年期间,中国寿险市场陆续引入了投资连结寿险、分红寿险、万能寿险等新型寿险产品,产品品种相对齐全;在2001—2005年期间,先是新型寿险产品的引入大大激发了消费者的寿险需求,使中国寿险业出现超常规增长;而后随着消费者对寿险产品认识的日趋理性,中国寿险业的增长速度有所回落,回归到了一个相对稳定的增长通道。应该说,2001至2005年这五年对中国寿险业而言是一个重要的观测"时间窗口",因为其一,在这一时期的起点,寿险产品品种已经基本齐全;其二,在这一时期先是出现了"超增",而后又有回落。因此,2001至2005年这五年平均的寿险相对增长度对于预测中国未来平稳时期(如2020年)的寿险相对增长度具有重要的借鉴意义。经计算,我们得到2001至2005年这五年平均的寿险相对增长度为2.06,与我们通过模型估计的2020年2.0的寿险相对增长度水平非常接近,这从另一个重要的角度支持了上述关于2020年中国

① 不同国家的保险相对增长度差异很大,我们测算的2020年中国保险相对增长度与1980—2004年日本平均的保险相对增长度虽有一些差异,但从国际范围来看,二者已经相当接近了。

寿险相对增长度的基准假设。

(三) 汇率和价格指数

1. 汇率

汇率预测是十分困难的。出于本文研究的目的,我们作两个简化处理:第一,2005 年的换算汇率使用取整汇率即 1 美元等于 8 元人民币;第二,2006—2020 年期间的换算汇率沿用 2005 年的换算汇率即 1 美元等于 8 元人民币。这样的简化处理对于本文的研究结论没有实质影响,一是因为本文研究所涉及的关键数据均为相对数据,而非绝对数据;二是因为本文关注的是,相对于 2005 年基期的情况,2006—2020 年期间中国保险业的增长趋势如何,所以这样的简化处理有利于剔除汇率波动的干扰影响,有利于揭示中国保险业中长期增长的本质趋势。

2. 价格指数

价格指数的估算同样是十分困难的,但这对于本文研究造成的障碍并不大。第一,对于 1980—2005 年期间的历史数据,我们所使用的或者是直接的可比价格数据(如 1990 年可比价格数据),或者是经过价格指数调整后的可比价格数据。可比价格数据和价格指数数据来源于联合国"National Accounts Main Aggregates"数据库和国家统计局正式公布的数据。第二,对于 2006—2020 年期间的预测数据,由于我们重视的是"实际值"而不是"名义值",所以使用的是 2005 年的可比价格,这样便于测算中国保险业中长期实际年均增长率,而不是名义增长率。虽然在测算的最后,我们假设 2006—2020 年期间年均通胀率为 5%,并列出了相关数据在 2010 年和 2020 年的当年价格的名义值,但这只是为了给人一种更直观的数据感觉,而不是本文测算的重点。

四、中国保险业中长期增长分析

(一) 2006—2020 年中国寿险业增长分析

在本文第三部分相关变量假设的基础上,基于前述世界寿险业的增长模型,我们对2006—2020 年期间中国寿险业的增长进行测算分析。表 4 列出了测算结果。

表 4 中国寿险业保费增长测算(2006—2020 年)①

行号	项目		保守情形(GDP 年均增长 7%)	中间情形(GDP 年均增长 8%)	乐观情形(GDP 年均增长 9%)
		2005 年	2020 年	2020 年	2020 年
(1)	GDP(亿美元,1990 价格)	18 901	52 149	59 958	68 847
(2)	人均 GDP(美元,1990 价格)	1 446	3 572	4 107	4 716
(3)	理论寿险深度	0.86%	1.06%	1.12%	1.18%
(4)	理论寿险保费(亿美元,1990 价格)	163	553	671	815
(5)	理论寿险保费(亿元,2005 价格)	1 573	5 337	6 469	7 859
(6)	测算可比寿险保费(亿元,2005 价格)	3 244.3	10 697	12 937	15 718
(7)	测算名义寿险保费(亿元,当年价格)	3 244.3	22 240	26 896	32 677
(8)	2006—2020 年寿险保费实际年均增长率	—	8.3%	9.7%	11.1%

资料来源:联合国"National Accounts Main Aggregates"数据库;国家统计局官方网站;中国保监会官方网站;瑞士再保险公司 *Sigma* 世界保费数据库;作者计算。

此处对测算过程进行简要说明:第(1)行和第(2)行分别是 GDP 总量和人均 GDP;第(3)行是理论寿险深度,根据上文建立的世界寿险业增长模型测算;第(4)行是理论寿险保费,等于(1)×(3);第(5)行是对第(4)行数据进行的换

① 2005 年数据为实际值,2020 年数据为测算值。汇率按 1 美元 =8 元人民币计算。第(7)行"当年价格"考虑通胀率,假设从 2006 年至目标年份年均通胀率为 5%。表中数据有四舍五入差异。

算，一是将美元换算为人民币，二是将1990年价格换算为2005年价格；第(6)行列出了按2005年可比价格测算的寿险保费；第(7)行在5%年均通胀率假设的基础上，列出了按当年价格测算的寿险保费；第(8)行是在第(6)行2005年实际寿险保费和2020年测算寿险保费的基础上，计算2006—2020年期间中国寿险保费的年均增长率。

根据我们的测算，在保守情形中，中国寿险保费在2020年将增加为10 697亿元(2005年可比价格)，将是2005年3 244.3亿元的3.3倍，在2006—2020年期间中国寿险保费年均增长率将为8.3%，同期中国GDP年均增长率为7.0%，寿险保费增长率比GDP增长率高1.3个百分点。如果按当年价格计算，在5%年均通胀率假设的基础上，中国寿险保费在2020年将达到22 240亿元。

在中间情形中，中国寿险保费在2020年将增加为12 937亿元(2005年可比价格)，将是2005年3 244.3亿元的4.0倍，在2006—2020年期间中国寿险保费年均增长率将为9.7%，同期中国GDP年均增长率为8.0%，寿险保费增长率比GDP增长率高1.7个百分点。如果按当年价格计算，在5%年均通胀率假设的基础上，中国寿险保费在2020年将为26 896亿元。

在乐观情形中，中国寿险保费在2020年将增加为15 718亿元(2005年可比价格)，将是2005年3 244.3亿元的4.8倍，在2006—2020年期间中国寿险保费年均增长率将为11.1%，同期中国GDP年均增长率为9.0%，寿险保费增长率比GDP增长率高2.1个百分点。如果按当年价格计算，在5%年均通胀率假设的基础上，中国寿险保费在2020年将达到32 677亿元。

(二) 2006—2020年中国非寿险业增长分析

与上述寿险业增长分析类似，我们在本文第三部分相关变量假设的基础上,基于前述世界非寿险业增长模型,对2006—2020年中国非寿险业增长趋势进行测算分析。表5列出了测算结果。

表5 中国非寿险业保费增长测算(2006—2020年)①

行号	项目		保守情形(GDP年均增长7%)	中间情形(GDP年均增长8%)	乐观情形(GDP年均增长9%)
		2005年	2020年	2020年	2020年
(1)	GDP(亿美元,1990价格)	18 901	52 149	59 958	68 847
(2)	人均GDP(美元,1990价格)	1 446	3 572	4 107	4 716
(3)	理论非寿险深度	1.21%	1.43%	1.57%	1.65%
(4)	理论非寿险保费(亿美元,1990价格)	228	746	941	1 137
(5)	理论非寿险保费(亿元,2005价格)	2 201	7 525	9 073	10 963
(6)	测算可比非寿险保费(亿元,2005价格)	1 683	6 772	8 165	9 867
(7)	测算名义非寿险保费(亿元,当年价格)	1 683	14 079	16 975	20 513
(8)	2006—2020年非寿险保费实际年均增长率	—	9.7%	11.1%	12.5%

资料来源:联合国"National Accounts Main Aggregates"数据库;国家统计局官方网站;中国保监会官方网站;瑞士再保险公司*Sigma*世界保费数据库;作者计算。

根据我们的测算,在保守情形中,中国非寿险保费在2020年将增加为6 772亿元(2005年可比价格),将是2005年1 683亿元的4.0倍,在2006—2020年期间中国非寿险保费年均增长率将为9.7%,同期中国GDP年均增长率为7.0%,非寿险保费增长率比GDP增长率高2.7个百分点。如果按当年价格计算,在5%年均通胀率假设的基础上,中国非寿险保费在2020年将为14 079亿元。

在中间情形中,中国非寿险保费在2020年将增加为

① 2005年数据为实际值,2020年数据为测算值。汇率按1美元=8元人民币计算。第(7)行"当年价格"考虑通胀率,假设从2006年至目标年份年均通胀率为5%。表中数据有四舍五入差异。

8 165 亿元(2005 年可比价格),将是 2005 年 1 683 亿元的 4.9 倍,在 2006—2020 年期间中国非寿险保费年均增长率将为 11.1%,同期中国 GDP 年均增长率为 8.0%,非寿险保费增长率比 GDP 增长率高 3.1 个百分点。如果按当年价格计算,在 5% 年均通胀率假设的基础上,中国非寿险保费在 2020 年将为 16 975 亿元。

在乐观情形中,中国非寿险保费在 2020 年将增加为 9 867 亿元(2005 年可比价格),将是 2005 年 1 683 亿元的 5.9 倍,在 2006—2020 年期间中国非寿险保费年均增长率将为 12.5%,同期中国 GDP 年均增长率为 9.0%,非寿险保费增长率比 GDP 增长率高 3.5 个百分点。如果按当年价格计算,在 5% 年均通胀率假设的基础上,中国非寿险保费在 2020 年将为 20 513 亿元。

(三) 2006—2020 年中国保险业总体增长分析

在以上对中国寿险业和非寿险业增长分析的基础上,我们对 2006—2020 年中国保险业总保费增长趋势进行测算分析。表 6 列出了测算结果。

表 6 中国保险业总保费增长测算(2006—2020 年)(单位:亿元)①

项目		保守情形（GDP 年均增长 7%）			中间情形（GDP 年均增长 8%）			乐观情形（GDP 年均增长 9%）		
		寿险	非寿险	总保费	寿险	非寿险	总保费	寿险	非寿险	总保费
2005 年		3 244	1 683	4 927	3 244	1 683	4 927	3 244	1 683	4 927
2010 年	可比价	4 829	2 677	7 506	5 145	2 849	7 994	5 490	3 035	8 524
	当年价	6 163	3 416	9 579	6 566	3 636	10 202	7 006	3 873	10 880
2020 年	可比价	10 698	6 772	17 470	12 937	8 165	21 102	15 718	9 867	25 585
	当年价	22 240	14 079	36 319	26 896	16 975	43 871	32 677	20 513	53 190
2006—2020 年总保费年均增长率		8.3%	9.7%	8.8%	9.7%	11.1%	10.2%	11.1%	12.5%	11.6%

① “可比价”指 2005 年可比价格。“当年价”考虑通胀率,假设从 2006 年至目标年份年均通胀率为 5%。

在保守情形中,中国保险业总保费在2010年将增加为7 506亿元(2005年可比价格),在2020年将增加为17 470亿元(2005年可比价格),将分别是2005年4 927.3亿元的1.5和3.5倍,在2006—2020年期间中国保险业总保费年均增长率将为8.8%,同期中国GDP年均增长率为7.0%,保险业总保费增长率比GDP增长率高1.8个百分点。如果按当年价格计算,在5%年均通胀率假设的基础上,中国保险业总保费在2010年将为9 579亿元,在2020年将为36 319亿元。

在中间情形中,中国保险业总保费在2010年将增加为7 994亿元(2005年可比价格),在2020年将增加为21 102亿元(2005年可比价格),将分别是2005年4 927.3亿元的1.6和4.3倍,在2006—2020年期间中国保险业总保费年均增长率将为10.2%,同期中国GDP年均增长率为8.0%,保险业总保费增长率比GDP增长率高2.2个百分点。如果按当年价格计算,在5%年均通胀率假设的基础上,中国保险业总保费在2010年将为10 202亿元,在2020年将为43 871亿元。

在乐观情形中,中国保险业总保费在2010年将增加为8 524亿元(2005年可比价格),在2020年将增加为25 585亿元(2005年可比价格),将分别是2005年4 927.3亿元的1.7和5.2倍,在2006—2020年期间中国保险业总保费年均增长率将为11.6%,同期中国GDP年均增长率为9.0%,保险业总保费增长率比GDP增长率高2.6个百分点。如果按当年价格计算,在5%年均通胀率假设的基础上,中国保险业总保费在2010年将为10 880亿元,在2020年将为53 190亿元。

五、敏感性分析

本部分在上述保险相对增长度基准假设的基础上进行敏感性分析。表 7 列出了在寿险相对增长度分别为 1.0、1.5、2.0、2.5 和 3.0 的情形下,2006—2020 年期间中国寿险业年均增长率的变化情况,其中粗框显示的是较为可能出现的情形。具体而言,在 2006—2020 年间,在 GDP 年均增长 7% 的情形下,中国寿险业基准年均增长率为 8.3%,较为可能的浮动区间为 6.2%—9.9%;在 GDP 年均增长 8% 的情形下,中国寿险业基准年均增长率为 9.7%,较为可能的浮动区间为 7.6%—11.3%;GDP 年均增长 9% 的情形下,中国寿险业基准年均增长率为 11.1%,较为可能的浮动区间为 9.0%—12.8%。总体而言,2006—2020 年间中国寿险业基准年均增长率为 9.7%,较为可能的浮动区间为 6.2%—12.8%,其中更为可能的浮动区间为 8.3%—11.1%。

表 7　中国寿险业年均增长率的敏感性分析(2006—2020 年)

寿险相对增长度	保守情形 (GDP 年增 7%)	中间情形 (GDP 年增 8%)	乐观情形 (GDP 年增 9%)
1.0	3.4%	4.7%	6.1%
1.5	6.2%	7.6%	9.0%
2.0	**8.3%**	**9.7%**	**11.1%**
2.5	9.9%	11.3%	12.8%
3.0	11.2%	12.7%	14.1%

表 8 列出了在非寿险相对增长度分别为 0.5、0.7、0.9、1.1 和 1.3 的情形下,2006—2020 年期间中国非寿险业年均增长率的变化情况,其中粗框显示的是较为可能出现的情形。具体而言,在 2006—2020 年间,在 GDP 年均增长 7% 的情形下,中国非寿险业基准年均增长率为 9.7%,较为可能的

浮动区间为7.9%—11.2%;在GDP年均增长8%的情形下,中国非寿险业基准年均增长率为11.1%,较为可能的浮动区间为9.3%—12.6%;GDP年均增长9%的情形下,中国非寿险业基准年均增长率为12.5%,较为可能的浮动区间为10.6%—14.0%。总体而言,2006—2020年间中国非寿险业基准年均增长率为11.1%,较为可能的浮动区间为7.9%—14.0%,其中更为可能的浮动区间为9.7%—12.5%。

表8 中国非寿险业年均增长率的敏感性分析(2006—2020年)

非寿险相对增长度	保守情形(GDP年增7%)	中间情形(GDP年增8%)	乐观情形(GDP年增9%)
0.5	5.5%	6.8%	8.2%
0.7	7.9%	9.3%	10.6%
0.9	**9.7%**	**11.1%**	**12.5%**
1.1	11.2%	12.6%	14.0%
1.3	12.4%	13.9%	15.3%

表9综合了寿险业和非寿险业,列出了多种可能的组合情形下,2006—2020年期间中国保险业总体年均增长率的变化情况,其中粗框显示的是较为可能出现的情形。具体而言,在2006—2020年间,在GDP年均增长7%的情形下,中国保险业基准年均增长率为8.8%,较为可能的浮动区间为6.8%—10.4%;在GDP年均增长8%的情形下,中国保险业基准年均增长率为10.2%,较为可能的浮动区间为8.2%—11.8%;GDP年均增长9%的情形下,中国保险业基准年均增长率为11.6%,较为可能的浮动区间为9.6%—13.2%。总体而言,2006—2020年间中国保险业总体基准年均增长率为10.2%,较为可能的浮动区间为6.8%—13.2%,其中更为可能的浮动区间为8.8%—11.6%。

表 9　中国保险业年均增长率的敏感性分析(2006—2020 年)①

		1.0	1.5	2.0	2.5	3.0
保守情形（GDP 年均增长 7%）	**0.5**	4.2%	6.0%	7.4%	8.7%	9.7%
	0.7	5.3%	6.8%	8.2%	9.3%	10.3%
	0.9	6.2%	7.6%	**8.8%**	9.8%	10.8%
	1.1	7.0%	8.3%	9.4%	10.4%	11.2%
	1.3	7.8%	8.9%	10.0%	10.9%	11.7%
		1.0	**1.5**	**2.0**	**2.5**	**3.0**
中间情形（GDP 年均增长 8%）	**0.5**	5.5%	7.3%	8.8%	10.0%	11.1%
	0.7	6.6%	8.2%	9.5%	10.7%	11.7%
	0.9	7.5%	9.0%	**10.2%**	11.2%	12.2%
	1.1	8.4%	9.7%	10.8%	11.8%	12.6%
	1.3	9.1%	10.3%	11.4%	12.3%	13.1%
		1.0	**1.5**	**2.0**	**2.5**	**3.0**
乐观情形（GDP 年均增长 9%）	**0.5**	6.9%	8.7%	10.2%	11.5%	12.6%
	0.7	8.0%	9.6%	10.9%	12.1%	13.1%
	0.9	8.9%	10.4%	**11.6%**	12.7%	13.6%
	1.1	9.8%	11.1%	12.2%	13.2%	14.1%
	1.3	10.5%	11.7%	12.8%	13.7%	14.6%

六、中国保险业增长的类型解析

以上第四和第五部分分析了 2006—2020 年期间中国保险业增长的总体情况，本部分将深入一步，对其具体增长类型作进一步的量化分解分析。

我们认为，任何一国保险业增长依其动力来源都可以分解为三类：一是常规式增长，二是内生超越式增长，三是外生

① 1.0、1.5、2.0、2.5 和 3.0 为寿险相对增长度，0.5、0.7、0.9、1.1 和 1.3 为非寿险相对增长度。

深化式增长。“常规式增长”指的是保险业随国民经济增长而同步获得的增长,它度量的是,如果保险业与国民经济之间的数量关系保持不变(即保险深度不变),那么随着国民经济的增长,保险业将增长多少。“内生超越式增长”指的是保险业随国民经济增长而以更快的速度获得的增长,它度量的是,如果依照世界保险业增长的内在规律(即随着人均GDP的增长,保险深度将有所增加),那么随着国民经济的增长,保险业将超越增长多少。“外生深化式增长”指的是保险业因各种外部制度性抑制因素消解而获得的增长,它度量的是,如果去除各种制度羁绊,保险业能够相对自由地发展(即达到相对合理的保险相对增长度水平),那么保险业将深化增长多少。

表10列出了2006—2020年期间,常规式增长、内生超越式增长和外生深化式增长三类增长分别对中国寿险业、非寿险业和保险业总体的贡献率。① 分析结果显示,未来15年间,对于中国寿险业而言,三类增长的贡献率将分别为79.6%、11.4%和9.0%;对于中国非寿险业而言,三类增长的贡献率将分别为58.6%、23.1%和18.3%;对于中国保险业总体而言,三类增长的贡献率将分别为71.5%、15.9%和12.6%。这意味着,相对而言,中国寿险业的未来发展将主要依赖国民经济增长的常规拉动,内生超越式增长和外生深化式增长的空间相对较小;中国非寿险业的未来发展也将在相当程度上依赖国民经济增长的常规拉动,但内生超越式增长和外生深化式增长的空间相对较大;综合而言,在中国保险业的总体增长中,常规式增长是主要力量,但内生超越式增长和外生深化式增长也不容忽视。

① 限于篇幅,本文将三类增长贡献率的计算过程省略了。

表 10　中国保险业三类增长的贡献率(2006—2020 年)

增长类型	寿险业		非寿险业		保险业总体	
	保费	贡献率	保费	贡献率	保费	贡献率
常规式增长(亿元,2005 价格)	10 295	79.6%	4 789	58.6%	15 083	71.5%
内生超越式增长(亿元,2005 价格)	1 479	11.4%	1 882	23.1%	3 361	15.9%
外生深化式增长(亿元,2005 价格)	1 164	9.0%	1 495	18.3%	2 658	12.6%
三类加总	12 938	100.0%	8 166	100.0%	21 102	100.0%

七、结论和几点说明

本文通过对大量历史数据的分析,探寻"世界保险业增长规律曲线",并以该规律曲线为参照,结合中国国民经济和保险业发展的具体现实,量化分析了未来 5—15 年中国寿险业、非寿险业和保险业总体的中长期增长潜力,并在此基础上,量化分析了保险业三类增长方式的贡献率。

本文基本结论如下:

第一,在 2006—2020 年期间,在 GDP 年均增长 7%—9%的假设下,中国寿险业基准年均增长率为 9.7%,较为可能的浮动区间为 6.2%—12.8%,其中更为可能的浮动区间为 8.3%—11.1%;中国非寿险业基准年均增长率为 11.1%,较为可能的浮动区间为 7.9%—14.0%,其中更为可能的浮动区间为 9.7%—12.5%;中国保险业总体基准年均增长率为 10.2%,较为可能的浮动区间为 6.8%—13.2%,其中更为可能的浮动区间为 8.8%—11.6%。这意味着,在 2006—2020 年期间,中国保险业保持一个比同期 GDP 高 2—3 个百分点的增长速度比较容易,保持高 3—5 个百分点的增长速度也很有可能,但保持高 5 个百分点以上的增长速度则比较困难。

第二,在2006—2020年期间,常规式增长、内生超越式增长和外生深化式增长三类增长对中国寿险业的贡献率将分别为79.6%、11.4%和9.0%,对中国非寿险业的贡献率将分别为58.6%、23.1%和18.3%,对中国保险业总体的贡献率将分别为71.5%、15.9%和12.6%。这意味着,在2006—2020年期间,中国寿险业的发展将主要依赖国民经济增长的常规拉动,内生超越式增长和外生深化式增长的空间相对较小;中国非寿险业的发展也将在相当程度上依赖国民经济增长的常规拉动,但内生超越式增长和外生深化式增长的空间相对较大;综合而言,在中国保险业的总体增长中,常规式增长是主要力量,但内生超越式增长和外生深化式增长也不容忽视。

最后,对本文的分析作三点说明:其一,本文讨论的中国保险业的增长率是实际增长率,而不是名义增长率,换言之,它考虑的是可比价格,剔除了通货膨胀的影响;其二,健康保险和意外伤害保险属于“第三领域”业务,既可以统计在寿险业中,也可以统计在非寿险业中,本文根据基础数据的情况将其包含在非寿险业中,使用本文分析结论时需注意统计口径的一致问题;其三,保险业增长与国民经济增长关系紧密,本文假设未来15年中国GDP年均增长7%—9%,如果GDP增长出现异常,那么本文关于中国保险业增长的分析结论也应作出相应调整。

参考文献

1. 黄佐研、吴凤平,《中国保险业发展现状及保费规模预测》,《预测》,2003年第2期。
2. 刘伟,《经济发展和改革的历史性变化与增长方式的根本转变》,《经济研究》,2006年第1期。

3. 邱晓华等,《中国经济增长动力及前景分析》,《经济研究》,2006 年第 5 期。
4. 孙祁祥等,《中国保险业:矛盾、挑战与对策》,中国金融出版社 2000 年版。
5. 吴定富,《中国保险业发展蓝皮书(2004—2005)》,中国广播出版社 2006 年版。
6. 吴开兵、邢炜、俞自由,《保险深度变化规律与我国保险市场的预测》,《预测》,2000 年第 3 期。
7. Browne, M. J. and Kim, K. ,1993, An international analysis of life insurance demand, *Journal of Risk and Insurance*, Vol. 60, No. 4, pp. 616—634.
8. Enz, Rudolf, 2000, The s-curve relation between per-capita income and insurance penetration, *Geneva Papers on Risk and Insurance*, Vol. 25, No. 3, pp. 396—406.
9. Outreville, J. F. , 1996, Life insurance markets in developing countries, *Journal of Risk and Insurance*, Vol. 63, No. 2, pp. 263—278.
10. Swiss Re, 2005, World insurance in 2004, *Sigma*, No. 2, 2005.

缴费确定型企业年金的最佳领取方案

吴佳琦　于小东*

摘要：本文讨论了缴费确定型企业年金在领取阶段应该采取的最佳策略问题。DC 计划的参与者在退休时面临着很多选择，我们比较了其中的三种：购买普通生存年金（PLA 方案）；购买允许股票投资的生存年金（ELA 方案），到强制转换年龄时再用剩余基金购买普通生存年金；投资股票的收入减少方式（ELID 方案）并在强制转换年龄时用剩余基金购买普通生存年金。通过折现现金流分析的方法，给出了在特定情况的股票市场上，计划参与者可能作出的最佳选择，并通过放松假设对结论进一步修正。文章还谈及强制转换年龄的影响及设定，以供设计企业年金制度时参考。

---

* 吴佳琦、于小东，北京大学经济学院风险管理与保险学系。

关键词:DC 计划　PLA 方案　ELA 方案　ELID 方案

1. 导　　言

按照企业年金计划给付的刚性,可以分为待遇确定型计划(Defined Benefit, DB)和缴费确定型计划(Defined Contribution, DC)或者二者的混合。从风险分担的角度来看,DB与 DC 计划在积累期的差异和受益充足性的风险是完全不同的。DC 计划更注重年金计划运营过程中的管理成本与效率,计划参与者承担计划的所有风险;而 DB 计划更注重精算方法和精算成本,计划发起人或企业为预定的年金受益水平提供担保,也为计划参与者退休之前发生的残疾和死亡风险提供保障,因此企业年金资金不足的风险是由企业承担的。从缴费激励的角度来看,DB 计划的给付与单个雇员退休前的缴费没有直接的联系,雇员存在少缴费或"搭便车"的动机;而 DC 计划的给付水平取决于雇员退休前的缴费积累和投资收益水平,雇员对自身个人账户缴费额和积累额给予高度的关注。

从国外企业年金的发展来看,近年来,DC 计划的数量增加很快,而 DB 计划几乎没有增长。以美国为例,DB 计划早于 DC 计划出现,其资产比重一直大于 DC 计划。但是 20 世纪 80 年代以来,DC 计划的发展速度远远高于 DB 计划。在1998 年,DC 计划资产所占比重第一次超过 DB 计划,成为美国企业年金的主要形式。①

由于 DC 计划使雇员承担了所有的投资风险,如何实现最优投资就成为理论界和业界都关心的重大问题。关于 DC

---

① 孙建勇主编,《企业年金管理指引》,中国财政经济出版社 2004 年版。

计划的投资问题,其实可以分为两个阶段来看,即退休前积累阶段的投资和退休后领取阶段的投资。目前,DC 计划在退休前的投资问题被给予了很多关注,相关领域的研究也很多,但实际上在退休后采用何种方式领取的问题同样很重要,会直接影响到计划参与者的福利,而这一点却往往被人们所忽视。特别是在我国,由于企业年金刚刚起步,《企业年金试行办法》中对于年金的领取只是笼统地规定"职工在达到国家规定的退休年龄时,可以从本人企业年金个人账户中一次或定期领取企业年金",对年金领取方案的选择显然尚未引起有关方面的关注。这也是本文以此问题作为研究对象的目的和意义所在。

2. 年金最佳领取方案问题的提出

大部分国家在 DC 计划的领取阶段都以领取生存年金的方式进行,对于生存年金我们并不陌生,这是市场上唯一一种可以保证无论年金领取人活多久都可以按期得到一笔固定收入的产品,从而使得年金领取人不必为自己的生命过长而感到担心。由于这种年金必须保证每期都有一笔固定的支出,所以投资上必须相当稳健,通常投资于风险较小的银行存款和政府债券等。因此,如果一个人厌恶风险而只愿意投资于无风险的资产,且没有遗产动机的话,那么很显然这个人在退休后的最优投资策略就是用所有的钱来买一份趸缴即期生存年金。

在英国,存在着一个强制转换年龄,即到了一定年龄——目前规定是 75 岁,计划参与者积累的基金必须用来向生存办公室(Life Office)购买一份生存年金,每期得到的年金的多少取决于积累基金的大小、购买日的债券投资收益、年金领取人的年龄、性别和健康状况等，当然还要考虑到生存办公室的营销、管理、投资成本以及正常的利润。但是，在美国并不存在这样的强制转换年龄的规定。

实际的情况是几乎没有人愿意一退休就用DC计划积累的基金来购买生存年金。人们这样做的理由有很多，比如遗产动机，很多人都认为应该为配偶和子女留下一些遗产，而不是完全由自己享用。还有些人知道自己的身体状况很差，预期自己不会活得太长，因而购买生存年金就不合算。

为了稳健性的需要，退休后领取的普通生存年金过去一向投资于风险较小的银行存款和政府债券，但是，最近这种做法也引起了一些质疑。由于医疗条件的改善和收入的增加，人们的平均寿命大大延长了，也就是说人们即使在退休后仍然可以生存很长的时间，那么为什么生存年金不能投资于股票呢？以往退休雇员的退休金一直排斥股票的原因是其风险较大，但是从长期来看，股票的收益高于债券的收益，如果人们可以生存更长时间的话，股票就可能成为很好的投资工具。实际上，市场上已经出现了这样的产品，可以允许一部分的股票投资，这就大大丰富了退休雇员的选择，他们可以采取最稳妥的方式——直接买一份投资债券的生存年金，或者如果他们追求投资收益的话，也可以选择不同的股票投资比例。此外，还有一种收入减少（Income-drawdown）的方式，计划参与者在退休后不购买年金产品，但每期向生存办公室领取一定的收入，其余的资金交给生存办公室来投资，个人可以依照自己的喜好来选择进行股票投资的比例。由于股市的风险，收入减少方式可能会导致基金在计划参与者死亡之前就用光了，这个问题可以通过限制计划参与者每期领取收入多少的方式来解决，或者像英国那样要求到了特定年龄后必须购买普通生存年金。①

那么,如何安排退休前积累下来的退休基金,才能使个人的福利达到最大化呢?每个人的情况不同,要求也不同,本文试图给出一个有普遍参考意义的答案,帮助计划参与者结合自身情况选择最佳的领取方案。

3. 模型和假设

3.1 模型

实际上,DC 计划参与者在退休后的投资选择实在是太多了,不能一一比较其优劣,本文将比较三种具有典型意义的情况。

假设一个 65 岁的男性(刚刚退休)是 DC 计划的参与者,他在退休时已经积累了 100 000 美元的退休金,他会考虑以下三种领取方案:

(1) 购买普通生存年金(Purchased Life Annuity, PLA)。在 65 岁退休时,计划参与者马上用积累的全部基金购买一份普通生存年金,以后每年从生存办公室领取一笔固定水平的收入直到他死亡,他死亡时生存办公室不会向其遗产继承人支付遗产。我们将这种情况作为一个参照,同其他的选择进行比较。

(2) 购买一份允许股票投资的生存年金(Equity-linked Annuity, ELA),到 75 岁时强制转换成普通生存年金。计划参与者退休前积累的基金将投资于一部分债券和一部分股票,我们简单假设股票投资的比例只有五种选择:0,25%,50%,75%,100%。(显然,ELA 中 0% 的方案就相当于 PLA

① 需要说明的一点是,本文以后提到的“普通生存年金”都特指投资于银行存款、政府债券的生存年金。

方案,所以不再单独考虑。)前面我们提到过由于股票投资的风险,计划参与者的剩余基金有可能为零,为了保证计划参与者在75岁前的剩余基金都不为零,我们要求计划参与者每期领取的年金根据基金规模的大小作相应的调整。如果在领取年金时,计划参与者还活着,生存办公室还会支付一笔精算公平的生存收益,即先死亡的计划参与者留给后死亡的计划参与者的收益。生存收益其实是暗含在任何年金产品里的,而且会随着年龄的增长而增多。计划参与者为了得到生存收益也要付出一定的代价,即他不能留下遗产,实际上这正是生存收益的来源。也就是说,计划参与者在每期都会收到生存办公室支付的与其基金规模、预定利率、死亡率和生存收益相关的一笔精算公平的年金。

(3) 投资股票的收入减少方式(Equity-linked Income-Drawdown, ELID),在75岁时强制购买普通生存年金。这种选择其实和ELA很类似,只是后死亡的计划参与者得不到生存收益,如果计划参与者在75岁之前死亡,他的剩余基金将进入遗产。

3.2 假设

为了进行下面的分析,我们必须对其中的一些假设进行以下的说明:

(1) 本文只对退休后的投资进行说明,退休前的投资不在本文讨论的范围之内。

(2) 不考虑计划参加者的个人储蓄和从政府获得的其他用于养老的资金,即计划参与者除了生存办公室给付的收入外,没有其他的收入来源。计划参与者的房产等作为其固定资产,进入遗产。

(3) 假定65岁是退休年龄,75岁是强制转换年龄。

(4) 本文所采用的生命表是美国1983年个人年金生命表。当然这不能很好地反映真实的情况,因为这是保险公司年金业务的经验数据,存在着逆选择问题,而且数据也不够新,但是,本文主要是对比这些选择的优劣,具体的数字并没有太大的意义,关键是要标准一致。本文中还假设死亡率不随时间而改变。

(5) 本文将有两次数据分析,第一次是针对美国这样的发达国家的情况,即股票市场相对完善,风险不是太大。美国过去20年货币市场的收益率为3.7%,债券市场的收益率为5%,股票市场的收益率为10.3%,[①]我们假设生命办公室所采用的预定利率为4.5%。因为到75岁之后就强制转换成生存年金,所以我们关注的是从65岁—75岁这十年的股市的收益率,我们姑且认为生命办公室总是能得到股市的平均收益率,且这十年是围绕着10.3%的平均收益率波动的,大胆假设为7%、9%、12%、13%、5%、7%、8%、11%、10%、9%。第二次的假设是针对股市不完善、风险很大的国家,预定利率为2.5%,10年股市的收益率是3.59%、4.3%、3.14%、3.11%、3.59%、4.3%、3.14%、3.11%、3.59%、4.3%。

(6) 股票投资只有五个比例可供选择:0、25%、50%、75%、100%。ELA中0%的方案因相当于PLA方案,不再单独考虑。

(7) 假设生存办公室对ELA和ELID方式下的股票投资管理征收基金价值1%的费用,相当于股票的投资收益率减少了1%。股票投资为0时,不收管理费。

(8) 假设普通生存年金的投资是无风险的。

(9) 本文只考虑离散的情形,以年为单位,不考虑连续

---

① 王宪章,《保险资金与资本市场对接:怎么对 如何接》,http://www.chinalife-ln.com/paper/paper15.htm。

的情形。

(10) 计划参与者一旦退休马上就向生存办公室领取收入,以后均在每年年初时领取。遗产在计划参与者死亡当年的年末领取。

3.3 函数和公式

本文中用到了下列的函数和公式:

(1) p_x 和 q_x 分别指 x 岁的人在一年内的生存率和死亡率。

(2) $tp_x = p_x \times \cdots \times p_{x+t-1}$ 是 x 岁的人活过 t 年的概率。

(3) $\ddot{a}_y = \sum_{t=0}^{\infty} {}_tp_y \times v^t$ 是这样一份生存年金产品的折算价值,年金领取人可以在每期期初得到 1 美元直至其死亡,其中 v 是折现因子,$v = (1+r)^{-1}$。

(4) $F(t)$ 是 t 时刻计划参与者的剩余基金。显然,根据本文的假设,$F(0) = 100\,000$,即计划参与者刚退休时的基金。

(5) $P(t)$ 是 t 时刻计划参与者从生存办公室领取到的收入。

(6) ω 是股票的投资份额,$(1-\omega)$ 是投资于债券的份额,$0 \leqslant \omega \leqslant 1$。

(7) r 是无风险利率,由于普通生存年金的投资没有风险,因而 r 也代表了普通生存年金的预定利率。

(8) $S(t)$ 是 t 时刻的股票收益率。

(9) $B(t)$ 是 t 时刻年金领取人得到的生存收益。

(10) $D(t)$ 是计划参与者在 t 时刻死亡时留下的遗产。

3.4 领取方案

领取方案一:PLA 方案

$$P(t) = F(0)/\ddot{a}_{65}, \quad t = 0,1,\cdots$$

$$D(t) = 0, \quad t = 0,1,\cdots$$

计划参与者退休时马上用积累的退休基金 $F(0)$ 来购买一份价格为 $\ddot{a}_{65}$ 的普通生存年金,然后自退休之日起至其死亡,每年年初领取一笔固定的年金。年金领取人死亡时,不会留下遗产,但是他可以在生存时享受年金中暗含着的生存收益。

领取方案二:ELA 方案

$$P(t) = F(t)/\ddot{a}_{65+1}, \quad t = 0,1,\cdots,9$$

$$P(t) = F(10)/\ddot{a}_{75}, \quad t = 10,11,\cdots$$

$$B(t) = \frac{q_{65+t}}{p_{65+t}}(F(t) - P(t)), \quad t = 0,1,\cdots,9$$

$$F(t+1) = \{\omega \times [S(t+1) - 1\%] + (1-\omega) \times r + 1\} \times [F(t) - P(t) + B(t)]$$

$$t = 0,1,\cdots,9$$

$$D(t) = 0, \quad t = 0,1,\cdots$$

在这个方案里,每期发放的养老金会根据剩余基金的大小和计划参与者的年龄来作调整,以此来保证养老基金不会在 75 岁之前变为零,即保证了 75 岁之前 $F(t)$ 和 $P(t)$ 都为正的。如果计划参与者在 t 时刻(即年初)存活,那么就会得到一份精算公平的生存收益 $B(t)$,他的剩余基金就从 $F(t)$ 变为 $F(t)+B(t)$。如果计划参与者在 t 时刻到 $(t+1)$ 时刻的这年内死亡,那么他的剩余基金 $F(t+1)$ 就会归属于生存办公室,成为其他生存的计划参与者得到的生存收益。如果 $t=10$ 时刻(即 75 岁),计划参与者仍然存活,那么就用剩余基金 $F(10)$ 来购买一份普通生存年金,计划参与者每期期初得到固定的一笔养老金,直到他死亡,他还可以享受年金中暗含的生存收益。请注意生存办公室会对股票投资管理征收基金价值 1% 的费用,相当于股票的投资收益率减少了 1%。

领取方案三:ELID 方案

$$P(t)=F(t)/\ddot{a}_{65+t},\quad t=0,1,\cdots,9$$

$$P(t)=F(10)/\ddot{a}_{75},\quad t=10,11,\cdots$$

$$B(t)=0,\quad t=0,1,\cdots,9$$

$$F(t+1)=\{\omega\times[S(t+1)-1\%]+(1-\omega)\times r+1\}\times[F(t)-P(t)]$$

$$t=0,1,\cdots,9$$

$$D(t+1)=F(t+1),\quad t=0,1,\cdots,9$$

这个方案与 ELA 方案唯一的不同就是,计划参与者不会得到生存收益,但是如果他在 75 岁之前死亡,将会有遗产。如果计划参与者能够活到 75 岁,那么将用他的剩余基金来购买一个普通生存年金,从此不会再有遗产,转而享受生存收益。

4. 数字运算结果和图表

4.1 股票市场相对完善的国家

$$r=4.5\%$$

$$S(0)=7\%,\quad S(1)=9\%,\quad S(2)=12\%,\quad S(3)=13\%$$

$$S(4)=5\%,\quad S(5)=7\%,\quad S(6)=8\%,\quad S(7)=11\%$$

$$S(8)=10\%,\quad S(9)=9\%$$

$$\omega=0,25\%,50\%,75\%,100\%$$

$$F(0)=100\,000$$

根据美国 1983 年金生命表,将上面的具体数字代入到 3.4 领取方案的表达式中,可以得到表 1 和图 1:

表1 三种不同领取方案每年年初领取到的退休金(股市相对完善的国家)

年龄	PLA	ELID0%	ELID25%	ELID50%	ELID75%	ELID100%	ELA25%	ELA50%	ELA75%	ELA100%
65	8 057.88	8 057.88	8 057.88	8 057.88	8 057.88	8 057.88	8 057.88	8 057.88	8 057.88	8 057.88
66	8 057.88	7 954.33	7 925.79	7 973.36	8 020.94	8 068.51	8 028.97	8 077.16	8 125.35	8 173.55
67	8 057.88	7 841.39	7 822.60	7 954.17	8 086.75	8 220.34	8 183.32	8 271.32	8 310.02	8 447.30
68	8 057.88	7 718.15	7 764.12	8 035.18	8 311.93	8 594.42	8 251.84	8 488.98	8 677.81	8 972.73
69	8 057.88	7 583.74	7 711.04	8 159.69	8 587.27	9 050.84	8 340.68	8 773.30	9 124.16	9 616.71
70	8 057.88	7 437.41	7 498.93	7 944.81	8 371.20	8 833.73	8 270.84	8 710.34	9 069.59	9 570.70
71	8 057.88	7 278.46	7 312.34	7 793.62	8 260.90	8 769.03	8 241.16	8 731.18	9 145.53	9 708.07
72	8 057.88	7 106.35	7 130.88	7 663.94	8 190.97	8 766.49	8 231.30	8 793.84	9 287.74	9 940.32
73	8 057.88	6 920.65	6 986.08	7 624.37	8 272.73	8 986.76	8 280.53	8 983.18	9 632.14	10 463.50
74	8 057.88	6 721.09	6 808.98	7 528.52	8 274.44	9 103.45	8 310.25	9 133.62	9 920.19	10 914.10
75	8 057.88	6 507.40	6 600.38	7 376.35	8 279.69	9 109.22	8 320.19	9 242.87	10 145.60	11 279.60
76	8 057.88	6 507.40	6 600.38	7 376.35	8 279.69	9 109.22	8 320.19	9 242.87	10 145.60	11 279.60
77	8 057.88	6 507.40	6 600.38	7 376.35	8 279.69	9 109.22	8 320.19	9 242.87	10 145.60	11 279.60
78	8 057.88	6 507.40	6 600.38	7 376.35	8 279.69	9 109.22	8 320.19	9 242.87	10 145.60	11 279.60
79	8 057.88	6 507.40	6 600.38	7 376.35	8 279.69	9 109.22	8 320.19	9 242.87	10 145.60	11 279.60
80	8 057.88	6 507.40	6 600.38	7 376.35	8 279.69	9 109.22	8 320.19	9 242.87	10 145.60	11 279.60

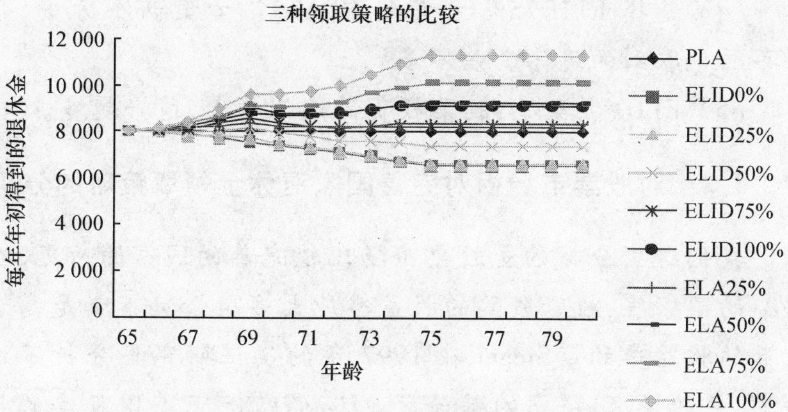

图1　三种不同领取方案每年年初领取到的退休金(股市相对完善的国家)

表2　ELID领取方案的遗产(股市相对完善的国家)

年龄	ELID100%遗产	ELID75%遗产	ELID50%遗产	ELID25%遗产	ELID0%遗产
65	97 458.64315	96 884.00493	96 309.36670	95 734.72847	96 079.51141
66	96 541.34492	94 972.40576	93 415.32554	91 870.10428	92 090.81253
67	98 036.31074	94 813.97016	91 657.09082	88 565.06245	88 040.64822
68	100 174.91530	95 044.11298	90 311.66015	85 345.99711	83 937.01556
69	94 769.03626	89 807.04354	85 232.66582	80 449.22065	79 789.17138
70	91 091.42773	85 813.01617	80 959.02763	75 959.48914	75 607.59520
71	88 084.96388	82 302.18477	77 006.58810	71 650.46572	71 403.94541
72	87 250.31585	80 318.02422	74 023.27702	67 826.21285	67 190.99026
73	85 307.28086	77 538.74624	70 548.83389	63 806.09053	62 982.50440
74	82 300.13414	74 805.44629	66 643.97672	59 633.22476	58 793.17371

从表1、表2和图1中,我们可以得出以下五个结论:

(1) 对于没有遗产动机的人来讲,ELA > PLA > ELID。

(2) 在前几年,各个方案发放的退休金相差不大,但是随着生存时间的增加,差距变得越来越大,直到强制转换年龄时,差距才稳定下来。

(3) 对ELA和ELID方案而言,股票投资的比例越大,每年年初发放的退休金数额越高。

(4) 选择 ELID75% 方案和 ELA25% 方案两个方案,每年年初领取到的退休金差不多。

(5) ELID 方案下,股票投资的比例越大,遗产越多。

4.2 对股票市场相对完善国家退休金领取策略的分析

我们这里分析的是股票市场比较完善的国家的情况,在这样的国家里,投资股票的收益率绝大多数情况下都是高于债券的收益率的。Siegel 在 1997 年的实证研究里分析了过去 30 年的情况,得出的结论是 97% 的情况下美国股票的收益率都高于国债的收益率。[①] 因此,应该说我们前面对于股市的收益率的假设还是合理的,那么以上的结论也就有一定的参考意义。

既然大部分情况下,股市的收益率都更高,那么得出投资股票的比例越高越好的结论就几乎是必然的了。但是,在现实中,几乎没有人会选择将全部的退休金都投资在股票上,原因在于,第一,退休金对个人和社会的意义非同寻常。从社会的层面来讲,养老金是社会稳定的基石,一旦股市崩溃,大量养老金付之一炬,后果不堪设想,所以从政府的角度,往往会对养老金的股票投资采取一定的限制。从个人的角度讲,年老比不了年轻,年轻的时候即使发生较大损失还可以再重新积累,但是退休之后身体状况每况愈下,不但不具备获取收入的能力,反而要在医疗等方面巨额支出,风险承受能力明显减弱。何况股市变化无常,尽管从长期来看,能够如人们预期的那样获得比债券更高的收益率,但是一旦股价下跌通常会有连锁反应,甚至导致金融危机,

---

① David Blake, Andrew J. G. Cairns, Kevin Dowd, 2003, Pensionmetrics 2: stochastic pension plan design during the distribution phase, *Insurance: Mathematics and Economics*, 33, pp. 29—47.

在一段时间内很难恢复,后果相当严重。第二,前面我们一厢情愿地假设生存办公室总能获得股市的平均回报率,其实这一点实现起来也是有困难的,因为即使是专业的投资人士也难以驾驭股市,生存办公室得到的收益很可能达不到平均水平,股票的收益率就不见得会高于债券的投资收益率。第三,我们假设生存办公室只收取基金额1%的费用,但就实际情况而言,可能远远不止这些,因为生存办公室有管理股票投资的成本,还要有合理的利润,也就是说生存办公室难以达到如此的高效率,所以如果真实的成本在2%、3%,甚至更高,那么股票投资的吸引力就会大大降低了。第四,人们的风险承受能力各不相同,人到老年之后,风险倾向下降,相当多的老年人对风险小的债券投资情有独钟。综合以上几点考虑,即使从数据结果来看人们最佳的选择是全部投资在股票上,但是结合实际的情况,还是应该保守一些,根据个人的身体状况和承受风险的能力选择适当的比例,不要暴露在太大的风险之下。

遗产对于身体状况不好的计划参与者而言还是有一定的吸引力的,因为从表1我们可以看出,在开始的几年各个方案每年年初分到的退休金相差不多,但是在ELID策略下,还有一大笔遗产,显然比其他方案更具有诱惑力。但是对于身体状况比较好的退休者而言,ELID策略就是最差的一种选择,随着存活时间的增加,ELID方案与其他方案的退休金差距不断拉大,如果他可以活过75岁,那么选择ELID策略的计划参与者每期得到的退休金与其他方案相比就相当少,而老年人对于医疗服务的需求是逐年上升的,显然不能与需求相适应。因此,应该根据个人的身体健康状况来作出明智的选择,如果身体状况较差,那么选择ELID方案就比较好,因为各个方案在前几年发放的退休金的差距不是很大,而

ELID 方案还可以为亲属留下一笔很丰厚的遗产。但是,如果身体很健康,还是选择 ELA 方案更好一些,选择一个能承受的风险水平,作一定的股票投资,享受生存收益带来的更高的退休金。如果身体健康状况很好,又有遗产需求,也应该选择 ELID 方案吗?根据我们的假设,只有 ELID 方案才能满足遗产的需求,但是,ELID 方案在 75 岁以后也不会有遗产了,而身体健康的计划参与者极有可能活过 75 岁,因此,要回答这个问题必须超越我们的假设。我们完全可以变通一下,在退休初期预留好遗产,其余的钱再投资 ELA 方案,这样做的理由在于个人余寿长于同龄人平均余寿的计划参与者,应该充分利用生存收益来增加退休金收入。

从表 1 来看,选择 ELID 中的 75% 的方案和 ELA 中的 25% 的方案这两个方案,每年年初领取到的退休金差不多。这就是说对于一个有一定风险承受能力的计划参与者而言,不应该选择 25% 的 ELA 方案,因为 75% 的 ELID 方案在提供差不多的退休金的同时,如果自己的身体状况骤然下降,还可以给家人多一份保障。但是,也要看到 75% 的股票投资比例还是偏高的,风险也偏大,对很多人来说,未必是好的选择。

对于强制转换年龄,有很多人都反对设置,像美国就没有相关的规定。如果从我们假设的股票投资收益的情况来看,强制转换年龄确实没什么必要,或者越晚越好,这样计划参与者就可以多享受几年股市的高回报率,从而使晚年生活过得更舒适。前面我们分析过,强制转换年龄的设置可以避免剩余的退休基金过早用完,如果是出于这点考虑的话,那么就应该合理地规定强制转换年龄。强制转换年龄未必是一成不变的,可以根据 65 岁退休雇员的平均余寿来考虑,如果平均余寿是 10 年,就定为 75 岁,如果医疗条件改善带来死亡率下降,平均余寿延长的话,那么强制转换年龄也可以作相应的调整,这样就更有弹性一些。关于强制转换年龄规定的另一方面是,到了强制转换年龄的计划参与者必须购买普通生存年金,不会再留下遗产,那么对于有遗产动机的人来说,可能就不是太公平。如果一个人在退休后预期自己的寿命在10年左右,但是又想留下遗产,那么选择时就会异常困难,如果选择ELID,那么一旦活过了10年,以后每年的退休金很少,而且再无法留下遗产;如果选择预先准备遗产的ELA,那么在总资金一定的情况下,留下遗产就会导致投入到ELA方案中的基金减少,从而每期发放的退休金减少了,而且准备的那部分遗产难以像ELID方案下的遗产那样获得较高的投资收益(生存办公室作为机构投资者,有专家进行投资),所以身体状况适中且有遗产需求的人,会希望强制转换越晚进行越好。

4.3 股票市场相对不完善的国家

$$r = 2.5\%$$

$$S(0) = 3.59\%,\quad S(1) = 4.3\%,\quad S(2) = 3.14\%$$

$$S(3) = 3.11\%,\quad S(4) = 3.59\%,\quad S(5) = 4.3\%$$

$$S(6) = 3.14\%,\quad S(7) = 3.11\%,\quad S(8) = 3.59\%$$

$$S(9) = 4.3\%$$

将上面的具体数字代入到3.4领取方案的表达式中,可以得到表3、表4和图2:

表 3　三种不同领取方案每年年初领取到的退休金(股市相对不完善的国家)

年龄	PLA	ELID 0%	ELID25%	ELID50%	ELID75%	ELID100%	ELA25%	ELA50%	ELA75%	ELA100%
65	6 757.13	6 757.13	6 757.13	6 757.13	6 757.13	6 757.13	6 757.13	6 757.13	6 757.13	6 757.13
66	6 757.13	6 670.29	6 671.75	6 673.22	6 674.68	6 676.15	6 683.46	6 709.99	6 736.53	6 763.06
67	6 757.13	6 575.58	6 589.86	6 604.14	6 618.43	6 632.72	6 622.16	6 686.42	6 750.98	6 815.84
68	6 757.13	6 472.23	6 480.59	6 488.93	6 497.24	6 505.54	6 542.70	6 625.10	6 708.17	6 791.91
69	6 757.13	6 359.52	6 361.68	6 363.80	6 365.88	6 367.93	6 488.60	6 580.18	6 672.67	6 766.06
70	6 757.13	6 236.81	6 240.29	6 243.74	6 247.16	6 250.54	6 417.86	6 534.28	6 652.33	6 772.00
71	6 757.13	6 103.52	6 118.85	6 134.15	6 149.44	6 164.70	6 359.00	6 511.33	6 666.60	6 824.86
72	6 757.13	5 959.19	5 968.91	5 978.58	5 988.21	5 997.79	6 282.70	6 451.62	6 624.33	6 800.89
73	6 757.13	5 803.47	5 807.41	5 811.28	5 815.09	5 818.83	6 230.75	6 407.87	6 589.27	6 775.01
74	6 757.13	5 636.13	5 641.19	5 646.19	5 651.13	5 656.01	6 162.82	6 363.18	6 569.18	6 780.96
75	6 757.13	5 456.93	5 472.49	5 488.00	5 503.48	5 518.92	6 106.30	6 340.83	6 583.28	6 833.89
76	6 757.13	5 456.93	5 472.49	5 488.00	5 503.48	5 518.92	6 106.30	6 340.83	6 583.28	6 833.89
77	6 757.13	5 456.93	5 472.49	5 488.00	5 503.48	5 518.92	6 106.30	6 340.83	6 583.28	6 833.89
78	6 757.13	5 456.93	5 472.49	5 488.00	5 503.48	5 518.92	6 106.30	6 340.83	6 583.28	6 833.89
79	6 757.13	5 456.93	5 472.49	5 488.00	5 503.48	5 518.92	6 106.30	6 340.83	6 583.28	6 833.89
80	6 757.13	5 456.93	5 472.49	5 488.00	5 503.48	5 518.92	6 106.30	6 340.83	6 583.28	6 833.89

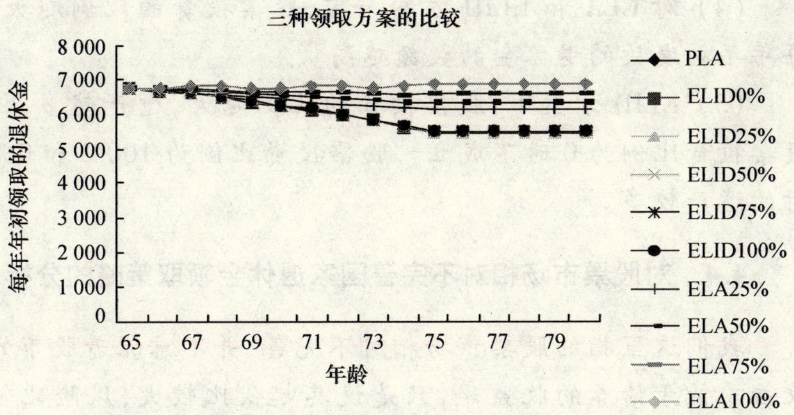

图 2　三种不同领取方案每年年初领取到的退休金(股市相对不完善的国家)

表 4　ELID 领取方案的遗产(股市相对不完善的国家)

年龄	ELID 0% 遗产	ELID 25% 遗产	ELID 50% 遗产	ELID 75% 遗产	ELID 100% 遗产
65	95 573.9458	94 531.9567	94 907.2593	95 282.5618	95 657.86441
66	91 126.2470	89 306.1654	90 172.7653	91 043.4148	91 918.11404
67	86 664.4350	83 914.2683	84 971.1782	86 036.5787	87 110.50241
68	82 197.0097	78 930.5482	80 044.5913	81 169.6275	82 305.72367
69	77 733.4239	73 830.5373	75 169.8505	76 527.8022	77 904.57834
70	73 284.0297	68 966.2164	70 618.2936	72 302.2697	74 018.61966
71	68 860.0196	64 025.2297	65 746.6828	67 506.7032	69 305.98976
72	64 473.3475	59 450.8984	61 140.9478	62 871.7124	64 644.00552
73	60 136.6213	54 847.4394	56 630.5639	58 463.9296	60 348.74284
74	55 863.0036	50 482.4522	52 421.3419	54 425.7481	56 497.59260

从表 3、表 4 和图 2 中,我们也可以得出五个结论:

(1) 对于没有遗产动机的人来讲,PLA > ELA > ELID(ELA100% 略大于 PLA)。

(2) 在前几年,各个方案发放的退休金相差不大,但是随着生存时间的增加,差距变得越来越大,直到强制转换年龄时,差距才稳定下来。

(3) ELID 方案下各种股票投资比例对发放的退休金的数额影响很小。

(4) 对 ELA 和 ELID 方案而言,股票投资的比例越大,每年年初发放的退休金的数额越高。

(5) ELID 方案下,股票投资的比例越大,遗产越多,但股票投资比例为 0 时不成立。股票投资比例为 100% 和 0% 时的遗产较多。

4.4 对股票市场相对不完善国家退休金领取策略的分析

我们这里指的股票市场相对不完善,并不意味着股市的收益率低于债券的收益率,只是说其起伏比较大,风险比较大。实际上,中国股市的收益率并不像人们凭直观印象想象得那么低,以 1993 年 12 月 31 日为基期的道琼斯中国指数显示,中国股市在过去 8 年间的年度收益率为 7.61%,仅次于为高科技所驱动的美国股市,而与日本、香港和新兴市场的悲壮苍凉迥然相异。如果将 1994 年扣除,中国股市在过去 7 年中的年度收益率将从 7.61% 陡然增长到 16.8%;若将 1995 年一同扣除,过去 6 年的年度收益率更是将高达 23.3%![1] 但是中国股市虽然 8 年来总体收益可观,但只能在个别年度和个别交易日中体现,也就是说唯有赶上了个别的时候,才能有收益,显然这就是股票市场风险很大的表现。在这样的股票市场里投资,生存办公室很难获得股市的平均收益,所以我们假设的数据仍然高于债券市场的收益率,但是高得并不多,不能像有成熟股票市场的国家那样,获得较高的收益率。而在股市相对不完善的国家里,生存办公室的效率通常也不高(可以想象,股市相对不完善的国家多是发展中国家,这些国家的政府或私营部门的效率都比较低),即使效率上不存在问题,但是由于股市不完善,在投资和管理上

---

① 《研究表明中国股市八年参与赢在十天》,http://www.66163.com/Fujian_w/news/smrb/020731/1_19.html。

也需要更大的投入,这样在股市收益下降,生存办公室股票投资管理成本上升的双重压力下,股票投资的吸引力就会大大降低,如表3中数字显示的那样。

我们所假设的股市收益率仍然是高于债券收益率的,但是二者差距比较小,在这种情况下,生存办公室收取的1%的股票投资管理费用就不是一个小数目了,它会使股票投资的收益大大下降。所以,在这次的分析里,如果不考虑遗产,PLA方案成了最佳选择,虽然债券投资和银行存款本身的吸引力不大,但是却以其低风险、易管理而胜出,只有ELA 100%方案发放的退休金比PLA略高一些,但是前面我们已经分析了即使在股市相对完善的国家里人们都不会100%投资股票,更何况在股市风险增大、股价起伏不定的情况下,所以计划参与者在不考虑遗产的情况下,应该会选择PLA方案。

ELA方案在4.2的分析中是很好的选择,但在这里却成了最不受欢迎的,在遗产方面,相对ELID自然毫无优势可言,在投资收益方面也存在着两难的境地,如果想获得较高的收益,就必须多投资在股票上,但是股市的风险又很大,不宜过多投资,倘若为了尽量规避风险,而只投资一小部分,由于股市的收益率本来就高不了多少,还要扣掉1%的管理费用,还不如索性不投资,直接选择PLA方案。

谈到遗产问题,其实和4.2中的分析差不多,因为情况很类似,前几年发放的退休金相差不多,生存时间越长,退休金的差距越明显。我们可以比较一下PLA和ELID25%的情况,75岁以后的退休金差距有1 284.64(6 757.13 - 5 472.49)美元,已经相当大了。所以,对于身体状况不好的人,当然还是可以选择ELID方案,但是根据本文的假设得出的结论很有趣,如果股票投资不为0,那么股票投资比例越大,遗产越多,不投资股票时的遗产和百分之百投资股票时的遗产大致相当,而且ELID方案在各种股票投资水平下,每期发放的退休金的数额几乎相同,那么无论是从退休金多少的角度还是遗产多少的角度,当然应该选择不投资股票的无风险的ELID方案了。身体状况比较好的人,自然还是应该选择PLA方案,这一点相信没有什么争议。

强制转换年龄在这种情况下也不成为问题了,因为身体健康状况好的人会选择PLA方案,不牵涉强制转换;身体健康状况不好又有遗产需求的人可能会选择ELID方案,而这类人一般生存不到强制转换年龄。

5. 结论及进一步研究的问题

总结前面数据分析的结果,可以得出以下结论:

• 对于股票市场比较成熟国家的DC计划参与者而言,如果身体健康状况很好,或者没有遗产需求,那么选择可以进行股票投资的ELA方案为佳,这样做的好处是可以在强制转换年龄到来之前,充分利用股市收益率较高的优势来提高自己得到的退休金收入,从而使晚年生活更加舒适。

• 对于股票市场比较成熟国家的DC计划参与者而言,如果身体健康状况很好,但是还有遗产需求,我们仍然建议选择ELA方案。当然仅从本文的假设来看,ELID方案是唯一的选择,因为其他方案都无法留下遗产(我们假设计划参与者必须把所有的钱都用于某个方案),但是现实并非如此,有遗产需求的人可以将遗产准备好,其他的钱再用于执行ELA方案,因为只有这样做才能够充分发挥自己身体健康的优势获取生存收益。

• 对于股票市场比较成熟国家的DC计划参与者而言,

如果身体健康状况不好，而且还有遗产需求，我们建议选择ELID方案，因为生存办公室作为机构投资者的投资能力超过个人，自己所准备的遗产得到的收益率通常不如生存办公室得到的高，所以应该交由生存办公室来投资。

• 对于股票市场比较成熟国家的DC计划参与者而言，如果身体健康状况不好，没有遗产需求，还是应选择ELA方案，只不过为其他计划参与者的生存收益作了贡献。

• 至于在股票市场比较成熟国家的DC计划参与者所应选择的股票投资比例，则要看个人的风险承受能力，虽然本文数据分析显示的结果是比例越高越好，但是考虑到现实的情况，如养老金的特殊性、股市一旦下跌其后果的严重性、生存办公室的投资能力未必尽如人意、生存办公室的成本控制能力可能较低等问题，仍不宜过多地投资股票，还是稍微保守一些为好。

• 概括前面五点，在股票市场比较成熟的国家，DC计划参与者的最佳领取策略是：身体健康者，不管有没有遗产需求，都选择ELA方案；身体健康状况不好者，有遗产需求时选择ELID，没有遗产需求时选择ELA。PLA方案总不是最佳选择，也就是说退休后马上购买一份普通生存年金是不明智的。至于股票投资的比例，根据个人的风险偏好，保守一些为好。

• 强制转换年龄的出现是为了避免养老基金在计划参与者死亡之前，因为股票投资的风险而使得养老金基金变为0，但是对于身体健康状况较好又有遗产需求的人来讲成本较高。医疗条件处于不断改善之中，死亡率也有下降的趋势，强制转换年龄的规定应该反映出这种变化，使得DC计划参与者能够享受到成熟股市的高收益率。

• 所谓股票市场不完善是指股价波动剧烈，很难获得股市的平均收益率,或者股市的平均收益比债券市场高不了太多,这样一来,生存办公室收取的投资管理费用就显得很多,直接导致股票投资的吸引力下降。在股票市场不完善的国家,身体健康状况好的 DC 计划参与者,不管有没有遗产需求,都应该选择 PLA 方案。如果身体健康状况不好,且没有遗产需求,那么也应该选择 PLA 方案;如果身体健康状况不好,又有遗产需求,那么应该选择 ELID 方案。购买任何年金产品都是不合适的,因为自身的余寿低于平均余寿,购买年金产品只会给其他余寿长的人增加生存收益。

- 在股票市场不完善的国家,ELA 方案总是不受欢迎的,尽管我们的分析结果显示 100% ELA 的每期退休金高于 PLA,但是没有人愿意在风险如此之大的股市里冒这种险。而股票投资比例比较小的 ELA 又很难发挥出股市的优势,因为股市的收益率本来就高得有限,何况还要支付给生存办公室一定的投资管理费用。

- 在股票市场不完善的国家,强制转换年龄没有实际的意义,一般不会影响到 DC 计划参与者的选择。

最后,让我们来讨论一下本文的未尽之处或值得进一步研究的问题。首先,关于本文利率和股票投资率的假设。尽管已经尽量让假设与现实的情况相联系,但是仍可能引起人们的一些疑虑,采用随机模型、根据历史数据得出利率或股市收益率的随机分布,再用随机模拟得到的数值进行分析,会更有说服力。第二,关于死亡率。医疗技术的进步,会使得 DC 计划参与者在领取养老金的时间段内的死亡率发生变化,而死亡率的变化又直接影响到了生存收益的大小,因此考虑动态变化的死亡率,结果可能会有所不同。第三,我们假设的股票投资比例只有五种情况,并不能说明最优的投资比例到底是多少,如果不限制这些固定的比例,而使用动态优化技术可以使我们的建议更具体一些。第四,DC 计划的参与者在退休时面临的领取方案并不限于以上三种,如果能包括更多的方案,则论述将更加全面。以上各点为进一步的研究指明了方向。

参考文献

1. David Blake, Andrew J. G. Cairns, Kevin Dowd, 2003, Pensionmetrics 2: stochastic pension plan design during the distribution phase, *Insurance: Mathematics and Economics*, Vol. 33, pp. 29—47.

2. Narat Charupat, Moshe A. Milevsky, 2002, Optimal asset allocation in life annuities: a note, *Insurance: Mathematics and Economics*, Vol. 30, pp. 199—209.

3. Russell Gerrard, Steven Haberman, Elena Vigna, 2004, Optimal investment choices post-retirement in a defined contribution pension scheme, *Insurance: Mathematics and Economics*, Vol. 35, pp. 321—342.

4. Steven Haberman, Elena Vigna, 2002, Optimal investment strategies and risk measures in defined contribution pension schemes, *Insurance: Mathematics and Economics*, Vol. 31, pp. 35—69.

5. 葛延风等,《中国机关事业单位养老金制度改革研究》,外文出版社 2003 年版。

6. 劳动和社会保障部社会保险研究所、中国太平洋人寿保险股份有限公司,《中国企业年金财税政策与运行》,中国劳动社会保障出版社 2003 年版。

7. 林义等译,《养老金计划管理》,中国劳动社会保障出版社 2003 年版。

8. 孙建勇主编,《企业年金管理指引》,中国财政经济出版社 2004 年版。

9. 杨燕绥,《企业年金理论与实务》,中国劳动社会保障出版社 2003 年版。

10. 易宪容等,《香港强积金》,社会科学文献出版社 2004 年版。

11. 张美中等,《企业年金 中国养老保险的第二支柱》,企业管理出版社 2004 年版。

12. 张树新等译,《全球企业年金(2003)》,中国劳动社会保障出版社 2004 年版。

企业年金投资监管分析

何树方　叶　捷*

内容提要:投资监管一直是企业年金监管的重中之重。审慎人规则和数量限制监管都是可供选择的方式。对于不同的市场环境,两者会对企业年金投资的安全性和赢利性产生不同的影响。考虑企业年金信托化经营的本质,为了最大限度地维护受益人利益,政府应当综合运用两种不同的方式,在对受托人进行审慎人要求的基础上根据需要确定数量限制的程度。因此,对于我国刚刚引入的企业年金制度,监管应该是一个在不断强化审慎人要求的同时,逐步放松数量限制的过程。

关键词:投资监管　审慎人规则　数量限制监管

* 何树方、叶捷,富国基金管理有限公司。

前　言

企业年金计划的设立是通过建立个人账户，形成企业年金基金，为计划参与者提供一份养老保障，企业年金的投资管理则是为了实现企业年金基金的保值与增值，促进这份保障的实现。因此世界各国都将对企业年金①的投资监管视为企业年金监管的重要内容，以确保社会成员养老资金的安全性和赢利性。在监管方式的选择上，普遍认为存在审慎人规则和数量限制监管两种，巴曙松、华中炜(2005)认为无论从监管实效、投资收益还是演变趋势来看，审慎人规则都要优于数量限制监管，因此建议我国监管部门应在定量限制监管的基础上逐步融入审慎人规则的理念；肖汉平(2005)也提出类似的观点，认为从长期来看，随着市场的发展，我国养老金投资监管需要由数量限制监管逐步向审慎人规则过渡。对此笔者有不同看法，无论是“逐步融入”还是“逐步过渡”，其前提都是审慎人规则和数量限制监管两种方式存在一定的互斥性，但事实上这只是监管中针对不同对象所采取的两种不同方式，并不互相排斥。正确理解两者之间的关系，对企业年金投资管理实行有效监管，正是本文讨论的主要内容。

一、审慎人规则

审慎人规则②以企业年金管理机构的行为方式为监管对

---

① 国外将这种由企业支持的养老金计划称为私人养老金计划，与政府支持的公共养老金计划相区别，我国2004年确立的企业年金制度就类似于国外的私人养老金计划。

② 1830年著名的哈佛学院诉埃莫案(College v. Amory)中，麻州最高法院认定，受托人应当“遵守谨慎、明智和聪明的人管理自己事务的方式，无关于投机，而是关于他们财产的永久处分，同时考虑可能的收益以及投资的本金安全”，这就是所谓的审慎人规则。参见肖汉平，《“谨慎人”规则在中国养老金投资监管中适应性研究》，中国银河证券研究中心，2005年7月10日。

象。政府要求"受托人及其他经营机构在行事上必须像具备相同能力的审慎人处理类似特征或目标事情一样,尽心、专业、谨慎和勤勉地履行自己的职责"。[①] 按此要求,受托人的一言一行必须以受益人的最大利益为出发点,像处理自己的财产的人一样,勤奋、细心、熟练地按既定规则行事,尽可能分散投资管理过程中的风险,争取投资回报的最大化。如果受托人将投资职能委托给投资管理人,那么它仍然有监督和评估被委托的职能是否被合适和审慎履行的责任,仍然需要承担由此导致的不良后果。

审慎人规则是一套衡量当事人行为过程的标准,它根植于信托法,是信托法在企业年金管理领域的一般标准和具体表现。例如,美国劳工部就规定,养老金计划的受托人进行投资管理时,应当在对与投资有关的主客观条件包括该投资决定或投资行为将对计划整个投资组合所发挥的作用进行"适当的考虑"后作出合理的决定,然后根据决定进行投资。[②]

二、数量限制监管

数量限制监管以企业年金资产配置为监管对象。政府对企业年金基金投资按照不同种类的资产进行一定数量或比例的限制,通过限制价格变动性较高的权益类资产和流动

① Yu-wei Hu, Pension Fund Investment and Regulation-a Macro-study, www. docs. fce. unsw. edu. au, p. 8.

② 邓大松、刘昌平著,《中国企业年金制度研究》,人民出版社 2005 年版,第 172 页。"适当的考虑"包括:其一,计划受托人确定投资或计划时,对投资行为将包含的风险和收益进行充分考虑后再作出最终投资设计;其二,在作出以上决定时,计划受托人还应充分考虑到如下因素:(1) 是否根据多元化投资原则进行组合投资;(2) 就计划的现金流量来说明投资组合的现金收益及现金流动量;其三,就计划所预测的筹资目标来说明其投资组合所预计的投资回报。

性较差的不动资产比例来确保投资的安全性；通过限制海外市场投资比例来促进国内投资，防范国际市场风险；通过限制基金的自我投资来防范计划支持企业的破产风险和利益冲突；通过限制单一资产、单一发行人的投资比例来确保投资的分散性。例如韩国就规定养老金投资非上市公司股票的比例不得超过总资产的10%，投资不动产的比例不得超过15%；[①]加拿大规定养老金海外投资的比例不得超过20%。[②]

对于比较成熟、完善的证券市场，数量限制监管这种对资产种类和数量进行的人为限制使得受托人或者其委托的投资管理人无法充分选择各种市场工具（包括衍生金融工具），无法充分利用包括免疫和资产负债管理在内的各种风险管理技术，无法快速应对经济和市场环境的变化，因而在资产配置的风险和收益匹配上，就可能出现不能有效分散风险，或者不得不持有较低收益资产的次优选择。另外，从监管的目的出发，监管是为了最大限度地保护受益人的利益，而受益人的利益要求不仅仅体现在投资的安全性上，还体现在投资的回报上，[③]因此这种人为的数量限制监管的不良后果可能不仅阻碍整个企业年金投资的效率，而且也违背了监管保护受益人利益的初衷。

对于不够成熟、系统性风险[④]较高的证券市场，由于市场波动性较高，信息披露不够充分，市场透明度不高，经营机构的治理结构、内部控制不够完善，缺乏有效自律，投资经理和

---

① Survey of Quantitative Investment Regulation of Pension Funds, May 2005.

② 邓大松、刘昌平著,《中国企业年金制度研究》,人民出版社 2005 年版,第 411 页。

③ 这当中一个典型的例子就是加拿大放松对养老金海外投资的比例限制。加拿大将海外投资的限制从 10% 放宽到 20% 最重要的一个考虑就是让本国养老金能够参与美国金融市场投资,获得更好的回报。

④ 概括来说,一项投资在证券市场所面临的风险可以分为系统性风险和非系统性风险。系统性风险是由全局性的共同因素引起的,这些共同因素会对所有证券的投资收益产生影响,不能通过多样化投资来分散,又被称为不可分散风险。

监管者缺乏经验,投资管理机构此时无法通过资产配置的自由组合来有效地分散风险。相反,此时的数量限制监管却可以通过对资产选择、持有比例等作出限制来减少现有证券市场系统性风险对企业年金投资的负面影响,提高企业年金投资的安全性。另外,在企业年金制度引入和建立初期,一家企业年金基金或者管理机构的破产就可能动摇市场对整个制度的信心,此时用数量限制监管这种标准量化、认定清楚、执行方便的方式来确保投资的安全性就显得非常必要。

三、政府的选择

通过对两种监管方式的介绍与分析,我们可以看出,数量限制监管会损害市场效率但是可以有效地防范证券市场系统性风险的负面影响;审慎人规则可以促进市场效率,但是对系统性风险却无能为力,因此,对于用来弥补市场失灵的政府来说,对企业年金投资的监管并不是两个监管方式之间的取舍问题,而是在对受托人进行审慎人要求的基础上选择数量限制监管的运用程度问题。

首先,对受托人按审慎人规则进行监管是必须的,这是信托法的精神要义,是采用信托化经营企业年金的内在要求。另外,从企业年金投资的决定过程来看,即便是采用数量限制监管方式,限制也只是某类资产配置的某个区间,而在区间范围内的具体配置则完全由受托人按照其与委托人之间的信托合同来决定。受托人在此过程中是否审慎行事仍然直接关系到企业年金委托人、受益人的利益。因此单纯的数量限制监管无法满足最大限度保护受益人利益的要求,而企业年金投资监管这种对受托人的“审慎人”要求也是在其确立信托化经营之初就与生俱来的。

其次，从实践来看对企业年金资产配置按照各自的市场环境给予不同程度的数量限制监管来对自我投资、所有权集中、海外投资等作出限制以确保投资的分散性和安全性也是必需的。表1是加拿大等四国对养老金投资限制的情况，其中英国和美国的限制最少，美国安然公司破产导致其养老金计划的破产也用事实从反面说明对自我投资进行限制、对投资集中度进行限制来保证投资安全的必要性。①

表1　加拿大、英国、美国、意大利四国养老金的投资限制

国家	最低分散投资要求	自我投资/利益冲突	其他数量限制	所有权集中限制
加拿大	投资于一家公司或个人发行股票、债券以及票据的比例不得超过总资产账面价值的10%；投资单一个人财产或单一资源类财产的比例不超过5%	允许自我投资，但不得超过基金资产的10%，证券必须从公开交易中获得	无	基金持有单个公司具有投票权的股份不超过30%（该限制不适用于基金对房地产行业、资源类行业或者其他允许投资行业的公司）
英国	要求分散、恰当地投资	与计划支持企业有关的投资限制在5%	无	无
美国	要求分散投资	对于所有DB计划和有些DC计划，自我投资或者不动产投资不超过购买后资产的10%，除非另有规定，禁止自我交易或利益相关主体之间的交易	投资必须是美国法院管辖范围内的资产	无
意大利	要求分散投资，对单一发行人或者他所在的集团债务和权益资产的投资不得超过基金资产的15%	对于计划支持企业股票的投资，分类基金不超过30%，其他基金不超过20%	不允许卖空 不允许借款 流动性资产≤20%， 封闭式基金≤20%	上市公司5%投票股份的限制，非上市公司10%

资料来源：Survey of Quantitative Investment Regulation of Pension Funds, May 2005。

---

① 安然公司支持的养老金计划有三个，包括一个401(k)，一个雇员持股计划和一个现金结存计划，其中前两个计划投资于安然公司的股票，三个计划总计21亿美元，其投资安然公司的股票高达58%。参见邓大松、刘昌平著，《中国企业年金制度研究》，人民出版社2005年版，第321—324页。

四、结　论

我国于2004年5月引入了市场化、信托化发展的企业年金制度。企业和职工与企业年金理事会或者经资格认定的法人受托机构之间建立的是一种信托关系。按照我国信托法的规定：受托人应当为受益人的最大利益处理信托事务，管理信托财产时必须恪尽职守，履行诚实、信用、谨慎和有效管理的义务。适用到企业年金管理领域就是对受托人的审慎要求。

此外，《企业年金基金管理试行办法》还对资产配置做出了各种数量限制。其中，流动性资产包括活期存款、央行票据、货币基金等被要求不低于基金净资产的20%；固定收益类资产包括定期存款、债券、债券基金等不得超过基金净资产的50%，其中，投资国债的比例不低于基金净资产的20%；权益类资产包括股票、股票基金等不得超过基金净资产的30%，其中，投资股票的比例不高于基金净资产的20%；单一证券发行人市值5%以及基金净值10%的集中度限制；禁止海外投资。这些都是比较严格的数量限制，这些限制就目前我国股票市场的高风险、高波动性的发展状况而言，对于避免企业年金基金受股票市场波动，受单一证券波动的影响，提高企业年金投资的安全性，保护受益人的利益是十分必要的，但是随着国内资本市场的发展股票投资比例可以提高，海外投资限制可以放宽。

因此，我国企业年金投资监管不是一个由数量限制监管向审慎人监管逐步过渡的过程，而应该是在不断解释、实践信托法对受托人审慎要求的同时，依照市场环境和监管目的逐步放松数量限制的过程。

参考文献

1. 巴曙松、华中炜,《企业年金投资监管模式比较及我国的路径选择》,《证券日报》,2004 年 8 月 14 日。
2. 陈华良,《OECD 企业年金治理框架评述与借鉴》,web. cenet. org. cn。
3. 邓大松、刘昌平著,《中国企业年金制度研究》,人民出版社 2005 年版。
4. 刘宇飞,《国际金融监管的新发展》,经济科学出版社 1999 年版。
5. 肖汉平,《“谨慎人”规则在中国养老金投资监管中适应性研究》,中国银河证券研究中心,2005 年 7 月。
6. P. S. Srinivas, Edward Whitehouse and Juan Yermo, Regulating private pension funds' structure, performance and investments: cross-country evidence, July 2000, the World Bank.
7. Yu-wei Hu, Pension fund investment and regulation-a macro study, www. docs. fce. unsw. edu. au.
8. www. yanglee. com.
9. www. oecd. org.

对 2005 年中国养老保险新制度的基本分析

杨再贵*

内容提要：本文用叠代模型考察中国 2005 年最新修订的部分积累制养老保险。具体分析了个人缴费率、企业缴费率和人口增长率对资本劳动比、社会统筹养老金和个人账户本金产生的长期影响。证明了提高个人缴费率会使个人账户本金增加，提高企业缴费率会使资本劳动比和个人账户本金减少，人口增长率下降会使资本劳动比和个人账户本金增加。因此，要增加个人账户本金，就应提高个人缴费率或者降低企业缴费率或者严格执行计划生育政策；要降低资本劳动比，就应提高企业缴费率或者适当放松计划生育政策。值得

* 杨再贵，中央财经大学保险系。

注意的是提高企业缴费率不一定能增加社会统筹养老金。

关键词：叠代模型　中国养老保险新制度　资本劳动比　社会统筹养老金　个人账户本金

一、引　言

2005 年 12 月 3 日，国务院发布了《国务院关于完善企业职工基本养老保险制度的决定》(国发[2005]38 号)。其中一个显著的变化是养老保险费的缴纳办法，“从 2006 年 1 月 1 日起，个人账户的规模统一由本人缴费工资的 11% 调整为 8%，全部由个人缴费形成，单位缴费不再划入个人账户”。这一新的养老保险制度对经济会产生哪些影响呢？

研究公共养老金(Public Pension)的理论文献几乎都是研究现收现付制(Pay-as-you-go System)或者完全积累制(Fully Funded System)公共养老金(如 Samuelson, 1958; Barro, 1974; Feldstein, 1987; Blanchard and Fischer, 1989; Altig and Davis, 1993; Kaganovich and Zilcha 1999; Pecchenino and Pollard, 2002; Groezen et al., 2003; 等等)，而其中以研究现收现付制养老金的文献更为常见。与上述理论文献不同，本文将研究部分积累制公共养老金。

在一般均衡框架内，本文运用重叠世代模型考察中国 2005 年 12 月修订的最新的部分积累制养老保险。由于计划生育政策导致了中国人口增长率下降，该现象事关养老保险制度的维持，因此我们将人口增长情况也考虑进来。具体分析个人缴费率、企业缴费率和人口增长率对资本劳动比、社会统筹养老金和个人账户本金产生的长期影响。结果显示：提高个人缴费率会使个人账户本金增加；提高企业缴费率会使资本劳动比和个人账户本金减少；人口增长率下降会使资本劳动比和个人账户本金增加。上述结果具有明确的政策含义。如果要增加个人账户本金,就应提高个人缴费率,或者降低企业缴费率,或者严格执行计划生育政策。如果要降低资本劳动比,就应提高企业缴费率,或者适当放松计划生育政策。而提高企业缴费率不一定能增加社会统筹养老金,这一点不同于"提高企业缴费率就能增加社会统筹养老金"的一般想象。

本文结构如下:第二节提出基本模型,第三节考察动态均衡及其稳定条件,第四节分析缴费率和人口增长率的影响,第五节总结全文。

二、模　型

在一个无限存续的封闭经济中,有为数众多的个人、为数众多的企业和一个政府,每个人的寿命是有限的,都经历工作期和退休期。故本文采用 Diamond(1965)式两期重叠世代模型,在 t 期初,有 N_t 个相同的 t 世代的个人成长为劳动者,人口增长率为 $n=N_t/N_{t-1}-1$。

(一) 个人

t 世代的每个人在工作期内向劳动市场无弹性地提供一单位劳动,获得以同一产品计量的工资 w_t 单位,缴纳养老保险费 τw_t 单位(其中 τ 是个人缴费率),消费 c_{1t} 单位,储蓄 s_t 单位。t 世代的每个人在退休期消费 c_{2t+1} 单位,包括其工作期储蓄的本利和 $(1+r_{t+1})s_t$ 单位(其中 r_{t+1} 是利率)、一份积累制养老金给付 $(1+r_{t+1})g_t$ 单位(其中 g_t 是劳动者人均养老金个人账户本金,以下简称个人账户本金)和一份社会统筹养老金 b_{t+1} 单位。代表性个人从他自己的两期消费中获得效用。为了更具一般性,本模型采用可分离相加的(Separable and Additive)一般型效用函数。代表性个人选择储蓄以使效用最大化,因而求解下列最大化问题:

$$\max_{\{s_i\}} U_t = u(c_{1t}) + \theta u(c_{2t+1}) \tag{1}$$

$$\text{s.t.} \quad c_{1t} = (1-\tau)w_t - s_t \tag{2}$$

$$c_{2t+1} = (1+r_{t+1})s_t + (1+r_{t+1})g_t + b_{t+1} \tag{3}$$

其中 $\theta \in (0,1)$ 是折现率;效用函数 $u(\cdot)$ 是消费的单调增加函数,而且是严格的凹函数,即 $u'(\cdot) > 0, u''(\cdot) < 0$。

将(2)、(3)式代入(1)式并对 s_t 微分,得到效用最大的一阶条件,

$$-u'(c_{1t}) + \theta(1+r_{t+1})u'(c_{2t+1}) = 0 \tag{4}$$

(4)式意味着对代表性个人而言,减少 1 单位工作期消费造成的效用损失,等于增加 $(1+r_{t+1})$ 单位退休期消费得到的被 θ 折现后的效用增加。

(二) 企业

各企业在竞争市场中都生产同一种产品。生产技术由一次齐次生产函数 $Y_t = F(K_t, N_t)$ 或 $y_t = f(k_t)$ 来描述,其中,Y_t 是 t 期的净产出,K_t 是 t 期初的资本存量,y_t 是产出劳动比(单位劳动产出),$k_t = K_t/N_t$ 是资本劳动比(单位劳动资本)。生产函数 $f(k_t)$ 不仅有规模报酬不变的性质,而且是资本的单调增加函数,$f'(k_t) > 0$;资本边际产出递减,$f''(k_t) < 0$;当资本趋于 0 时,资本边际产出趋于无穷大,$\lim_{k\to 0} f'(k) = \infty$;当资本趋于∞时,资本边际产出趋于 0,$\lim_{k\to\infty} f'(k) = 0$。

各企业基于工资总额按费率 $\eta \in (0,1)$ 缴纳养老保险费(简称企业缴费),因此净产出被分配为资本收益、工资总额和企业缴费:$F(K_t, N_t) = r_t K_t + w_t N_t + \eta w_t N_t$。根据 Euler 定理得,利率等于资本边际产出,

$$r_t = f'(k_t) \tag{5}$$

而$(1+\eta)w_t$等于劳动边际产出,即$(1+\eta)w_t = f(k_t) - k_t f'(k_t)$。故工资为

$$w_t = \frac{f(k_t) - k_t f'(k_t)}{1+\eta} \tag{6}$$

(三)政府

政府将企业缴费作为社会统筹资金,用于支付当期退休者的社会统筹养老金,因而有$b_t N_{t-1} = \eta w_t N_t$,简化为

$$b_t = (1+n)\eta w_t \tag{7}$$

政府把劳动者的个人缴费存入个人账户,累积额用于支付劳动者退休后的个人账户养老金:

$$g_t = \tau w_t \tag{8}$$

(四)商品市场

t期劳动者的储蓄与个人账户本金之和形成$t+1$期的资本存量:①

$$s_t + g_t = (1+n)k_{t+1} \tag{9}$$

三、动态均衡及其稳定条件

该经济的一个竞争均衡是在已知初始条件(k_0)的情况下,各期变量都满足(1)—(9)式的数列$\{c_{1t}, c_{2t+1}, s_t, w_t, r_{t+1}, k_{t+1}\}_{t=0}^{\infty}$。

将(2)、(3)式和(5)—(9)式代入(4)式整理,得到以下差分方程(见附件),

① 详见 Blanchard and Fischer(1989)或者 Barro and Sala-I-Martin(1995)。

$$-u'\left(\frac{f(k_t)-k_t f'(k_t)}{1+\eta}-(1+n)k_{t+1}\right)$$

$$+\theta[1+f'(k_{t+1})]\cdot u'\left((1+n)k_{t+1}[1+f'(k_{t+1})]\right.$$

$$\left.+(1+n)\frac{\eta}{1+\eta}[f(k_{t+1})-k_{t+1}f'(k_{t+1})]\right)=0 \quad (10)$$

假设该动态系统存在唯一、稳定的定态均衡(Steady-state Equilibrium),这意味着微分 $\mathrm{d}k_{t+1}/\mathrm{d}k_t$ 在定态(k)处的值大于0而小于1。为求该系统的稳定条件,将(10)式对 k_{t+1} 和 k_t 微分,得

$$i\mathrm{d}k_{t+1}+j\mathrm{d}k_t=0 \quad (11)$$

其中,系数 i、j 是偏导数在定态处的值,

$$i=(1+n)u_1''+\theta u_2'f''+$$

$$\theta(1+f')(1+n)\left(1+f'+\frac{1}{1+\eta}kf''\right)u_2''$$

$$j=\frac{1}{1+\eta}kf''u_1''>0$$

其中,为简化符号,令 $f'=f'(k)$、$u_2'=u'(c_2)$、$u_2''=u''(c_2)$ 等。

因为

$$0<\frac{\mathrm{d}k_{t+1}}{\mathrm{d}k_t}=-\frac{j}{i}<1$$

所以,该动态系统的稳定条件为 $i+j<0$。

四、缴费率和人口增长率的影响效果

本节考察个人缴费率、企业缴费率和人口增长率对资本劳动比、社会统筹养老金和个人账户本金等产生的长期影响。

将差分方程(10)在定态进行全微分,得

$$(i+j)\mathrm{d}k+m\mathrm{d}\eta+\beta\mathrm{d}n=0 \quad (12)$$

其中,

$$m = \frac{f - kf'}{(1+\eta)^2}[u_1'' + \theta(1+f')(1+n)u_2''] < 0$$

$$\beta = ku_1'' + \theta(1+f')\left[k(1+f') + \frac{\eta}{1+\eta}(f-kf')\right]u_2' < 0$$

(一) τ 的影响

由(12)式得

$$\frac{\partial k}{\partial \tau} = 0$$

由于(7)、(8)式在定态下变为 $b=(1+n)\frac{\eta}{1+\eta}[f(k)-kf'(k)]$,$g=\frac{\tau}{1+\eta}[f(k)-kf'(k)]$,因此

$$\frac{\partial b}{\partial \tau} = 0$$

$$\frac{\partial g}{\partial \tau} = \frac{f - kf'}{1+\eta} > 0$$

提高个人缴费率将导致个人账户本金增加,而对资本劳动比和社会统筹养老金都没有影响。

由定态的(8)式可见,提高个人缴费率将导致个人账户本金增加。而个人缴费率对资本劳动比没有影响的原因可由(9)式反映出来,即使个人账户本金增加,但个人账户本金(即政府强制储蓄)对居民自愿储蓄产生了一对一的挤出效应,因而总体上对资本劳动比没有影响。进而由定态的(7)式可见,个人缴费率对社会统筹养老金也没有影响。

(二) η 的影响

由(12)式得

$$\frac{\partial k}{\partial \eta} = -\frac{m}{i+j} < 0$$

因此

$$\frac{\partial b}{\partial \eta} = \frac{(1+n)(f-kf')}{(1+\eta)^2(i+j)}[(1+n+kf'')u_1'' + \theta u_2' f'' + (1+f'+kf'')\theta(1+f')(1+n)u_2'']$$

$$\frac{\partial g}{\partial \eta} = -\tau\frac{f-kf'}{(1+\eta)^2(i+j)}[(1+n)u_1'' + \theta u_2' f'' + \theta(1+f')^2(1+n)u_2''] < 0$$

提高企业缴费率将使资本劳动比和个人账户本金下降，对社会统筹养老金的影响则不明确，只有满足一定条件才会使社会统筹养老金增加。

因为提高企业缴费率会使工资下降，进而导致自愿储蓄下降和个人账户本金减少，因此资本劳动比下降。

由(7)式可见，提高企业缴费率存在两种相反的效应：一方面直接使社会统筹养老金增加，另一方面又使工资下降。这两种效应使其对社会统筹养老金的影响不明确。但是，当 $(1+n+kf'')>0$ 和 $(1+f'+kf'')>0$ 时，上升的效应会超过下降的效应，从而使社会统筹养老金增加。

（三）*n* 的影响

由(12)式得

$$\frac{\partial k}{\partial n} = -\frac{\beta}{i+j} < 0$$

因此

$$\frac{\partial b}{\partial n} = \frac{\eta}{(1+\eta)(i+j)}\left\{\left[(f-kf')(1+n+kf'') + \left((1+n)k - \frac{\eta}{1+\eta}(f-kf')\right)kf''\right]u_1'' + (f-kf')\theta u_2' f'' +\right.$$

$$[(f-kf')(1+f'+kf'')+(1+f')k^2f'']\cdot$$
$$\theta(1+f')(1+n)u_2'\Big\}$$

$$\frac{\partial g}{\partial n}=\frac{\tau}{1+\eta}(-kf'')\frac{\partial k}{\partial n}<0$$

人口增长率下降会使资本劳动比和个人账户本金增加,对社会统筹养老金的影响则不明确。

由(9)式可见,人口增长率下降会使资本劳动比上升。资本劳动比上升导致工资上涨,因此由(8)式可见,个人账户本金增加。由(7)式可见,人口增长率下降导致两个相反的效应:一是直接使社会统筹养老金减少,二是工资上升。因而人口增长率下降对社会统筹养老金的影响不明确。

五、结　论

本文运用重叠世代模型在一般均衡框架内考察了中国2005年12月修订的部分积累制养老保险。具体分析了个人缴费率、企业缴费率和人口增长率对资本劳动比、社会统筹养老金和个人账户本金产生的长期影响。结果显示:提高个人缴费率会使个人账户本金增加;提高企业缴费率会使资本劳动比和个人账户本金减少,在一定条件下会使社会统筹养老金增加;人口增长率下降会使资本劳动比和个人账户本金增加。

上述结果包含着一些政策含义。如果要增加个人账户本金,就应提高个人缴费率,或者降低企业缴费率,或者继续严格计划生育政策。如果要降低资本劳动比,就应提高企业缴费率,或者适当放松计划生育政策。如果要增加社会统筹养老金,就应适当放松计划生育政策、降低资本劳动比以满足一定条件,在此基础上提高企业缴费率。也就是说,提高企业缴费率不一定能增加社会统筹养老金。

本文只对2005 年修订的中国养老保险制度进行了最基本的经济分析。根据实际情况的需要,还可考虑利他动机、引入社会福利函数进行福利分析(如 Yang, 2005)等。这些都可作为扩展内容在今后进行深入研究。

附件

将(9)、(8)和(6)式代入(2)式,整理得

$$c_{1t} = \frac{1}{1+\eta}\left[f(k_t) - k_t f'(k_t)\right] - (1+n)k_{t+1} \quad \text{(A1)}$$

将(9)、(7)和(6)式代入(3)式,整理得

$$c_{2t+1} = (1+n)k_{t+1}\left[1+f'(k_{t+1})\right] + (1+n)\frac{\eta}{1+\eta}\left[f(k_{t+1}) - k_{t+1}f'(k_{t+1})\right] \quad \text{(A2)}$$

将(A1)、(A2)和(5)式代入(4)式,得到(10)式。

参考文献

1. Altig, D. and S. J. Davis, 1993, Borrowing constraints and two-sided altruism with an application to social security, *Journal of Economic Dynamics and Control*, 17, pp. 476—494.

2. Barro, R. J., 1974, Are government bonds net wealth, *Journal of Political Economy* 82, pp. 1095—1117.

3. Barro, R. J. and X. Sala-I-Martin, 1995, *Economic Growth*, McGraw-Hill, New York.

4. Blanchard, O. J. and Fischer, S., 1989, *Lectures on Macroeconomics*, MIT Press.

5. Diamond, P. A., 1965, National debt in a neoclassical growth model, *American Economic Review* 55, pp. 1126—1150.

6. Feldstein, M., 1987, Should social security benefits be means tested, *Journal of Political Economy* 95, pp. 468—484.

7. Feldstein, M., 1999, Social security pension reform in China, *China Economic*

Review 10, pp. 99—107.

8. Groezen, B., T. Leers, and L. Meijdam, 2003, Social security and endogenous fertility: pensions and child allowances as siamese twins, *Journal of Public Economics* 87, pp. 233—251.

9. Kaganovich, M. and Zilcha, I., 1999, Education, social security, and growth, *Journal of Public Economics* 71, pp. 289—309.

10. Pecchenino, R. A. and P. S. Pollard, 2002, Dependent children and aged parents: funding education and social security in an aging economy, *Journal of macroeconomics* 24, pp. 145—169.

11. Samuelson, P. A., 1958, An exact consumption-loan model of interest with or without the social contrivance of money, *Journal of Political Economy* 66, pp. 467—482.

12. Yang, Z., 2005, Pay-as-you-go public pension systems: two-sided altruism and endogenous growth, *Asia-Pacific Journal of Risk and Insurance* 1, pp. 33—44.

财险公司经营绩效的灰色关联分析模式

熊志刚　韩天雪*

内容提要：灰色关联分析模式适用于作为典型灰色系统问题的保险公司经营绩效评估。本文从资本结构、赢利能力、偿债能力、资金运用能力、经营效率等五个方面选取22个财务指标构建财险公司经营绩效评估指标体系，通过灰色关联分析法得出我国十家财险公司在2001—2004年各年度及总期间的经营绩效排名，使用Spearman等级相关系数度量财险公司整体经营绩效的持续性，利用Metlab 7.0软件分析2003—2004年财务指标的灰色绝对关联矩阵，确定影响经营绩效前五位的财务指标及经营指标，最后，本文讨论了这种模式

* 熊志刚，中央财经大学保险系；韩天雪，云南大学经济学院。

在保险的其他领域中的一些应用。

关键词:财险公司 经营绩效 灰色关联分析 绩效持续性

经营绩效是企业竞争力和发展潜力的综合体现。日益开放的中国保险业正处于加速发展的时期,市场竞争日趋激烈,科学地评估经营绩效水平并据此调整经营策略成为保险公司的必然选择。

量化评估保险公司经营绩效,其效果取决于评估指标体系的科学性和评估方法的适应性。灰色系统理论是以小样本、少数据、不确定性、多变量输入、离散数据等问题为研究对象的理论方法。灰色系统理论提出的灰色关联分析法是基于行为因子序列的微观或宏观几何接近,以分析和确定因子之间的影响程度或因子对主行为的贡献测度而进行的一种分析方法。在我国,由于保险业信息披露制度不健全,用于绩效评估的数据灰度相当大,而影响保险企业经营绩效的相关因素很多,影响程度不确定,所以保险企业经营绩效评估属于少数据、多变量输入、不确定性问题,是典型的灰色系统问题。灰色关联分析法特别适用于保险企业经营绩效评估。

目前,国内对于保险企业经营绩效的实证研究多使用因子分析法(李林子、鲁炜,2003;余劲松,2005)和数据包络分析法(侯晋、朱磊,2004)等,而较少涉及灰色关联分析法。本文拟重新构建评估指标体系,引入灰色关联分析方法,通过对2001—2004年国内财险公司经营绩效的实证分析,探讨建立我国财险公司经营绩效的灰色关联分析模式。

一、研究方法

(一) 灰色关联度

设行为序列 $X_i=(x_i(1),x_i(2),\cdots,x_i(n))$(经数据处理后的可比线性序列),

$$\gamma(x_0(k),x_i(k))=\frac{\min_i\min_k\Delta_i(k)+\xi\max_i\max_k\Delta_i(k)}{\Delta_i(k)+\xi\max_i\max_k\Delta_i(k)}$$

$$\gamma(X_0,X_i)=\frac{1}{n}\sum_{k=1}^{n}\gamma(x_0(k),x_i(k))$$

则称 $\gamma(X_0,X_i)$ 为 X_0 与 X_i 的灰关联度,其中:

$$i=0,1,2,\cdots,m\in N$$

$$k=0,1,2,\cdots,m\in N$$

X_0 为参考数列,X_i 为比较数列,$\xi\in(0,1)$ 是分辨系数,一般取为0.5。

$$\Delta x_i(k)=|x_0(k)-x_i(k)|$$

$$\min_i\min_k\Delta_i(k)=\Delta_{\min},\text{代表最小的 }\Delta_i(k)$$

$$\max_i\max_k\Delta_i(k)=\Delta_{\max},\text{代表最大的 }\Delta_i(k)$$

$$\gamma(x_0(k),x_i(k))\text{ 称为关联系数}$$

灰色关联度表示两数列之间的相关程度,其中 $0<\gamma_{0i}\leqslant 1$,愈接近1表示相关程度愈高,若将 m 个比较数列均对同一参考数列求灰关联度,依其大小顺序排序,可以比较出各比较数列与参考数列关联的程度。特别地,如果参考数列全部由最优特征因子组成,则可以反映出各比较数列的优化程度。在本文中,我们以各公司财务指标值组成比较数列,以当年度的最优财务值组成参考数列,以计算出的灰色关联度排名作为当年度各公司经营绩效的排名。利用 Spearman 等

级相关系数度量前后年排名的相关性,以衡量财险公司整体经营绩效是否具有持续性。

(二)灰色绝对关联度与整体性分析

利用灰色关联矩阵可以对特征因素(在本文即为财务指标)进行整体性分析,即通过比较各财务指标之间的灰色关联度,衡量各财务指标影响经营绩效的程度。首先,我们构建财务指标的行为序列,设 $R_k=(R_k(1),R_k(2),\cdots,R_k(m))$(等时距可比线性数列),其中:

$k=0,1,2,\cdots,n\in N$,代表有 n 个财务指标数列;

$i=0,1,2,\cdots,m\in N$,代表每个数列有 m 个因子($R_k(m)$ 代表第 k 项指标下的第 m 家公司财务指标的数值)。

以任一财务指标数列为参考数列,其他数列为比较数列,产生 $n\times n$ 个灰色关联度,整理后得到一个 $n\times n$ 阶财务指标的灰色关联矩阵:

$$\Gamma=\begin{bmatrix}\varepsilon_{11} & \varepsilon_{12} & \cdots & \varepsilon_{1n}\\ \varepsilon_{21} & \varepsilon_{22} & \cdots & \varepsilon_{2n}\\ \cdots & \cdots & \cdots & \cdots\\ \varepsilon_{n1} & \varepsilon_{n2} & \cdots & \varepsilon_{nn}\end{bmatrix}$$

矩阵中的每一行代表同一财务指标对不同财务指标的关联度,每一列表示不同财务指标对同一财务指标的关联度。整体性分析的思路是:求出矩阵 Γ 的特征值和特征向量矩阵,取最大特征值 $\lambda_{\max}$ 所对应的特征向量,该特征向量中的各对应元素即为特征因子(即财务指标)的权重(邓聚龙,1996)。本文利用刘思峰教授提出的灰色绝对关联度代替灰色关联度进行整体性分析。[①]

---

① 主要是基于灰色绝对关联度仅是两数列之间关联程度的度量,能减少其他因素和外部环境的影响。

$$\varepsilon_{1j} = \frac{1 + |s_1| + |s_j|}{1 + |s_1| + |s_j| + |s_j - s_1|}$$

ε_{1j}称为 R_1 与 R_j 的灰色绝对关联度。

其中：

$$|s_j| = \left| \sum_{k=2}^{m-1} R_j^0(k) + \frac{1}{2} R_j^0(m) \right|$$

$$|s_j - s_1| = \left| \sum_{k=2}^{m-1} (R_j^0(k) - R_1^0(k)) + \frac{1}{2}(R_j^0(m) - R_1^0(m)) \right|$$

$R_k^0 = (R_k^0(1), R_k^0(2), \cdots, R_k^0(m))$ 为数列 R_k 的始点零化象数列。[①]

本文使用 2003、2004 年两年的财务数据分别计算出上述的灰色绝对关联矩阵以及矩阵最大特征值所对应的特征向量，作为各财务指标对经营绩效影响的权重，取两年的均值作为最终的权重并排序，确定影响程度前五名的财务指标。本文使用 Metlab 7.0 计算矩阵 Γ 的特征值、特征向量。

（三）财务指标选取

构建科学的评估指标体系是经营绩效评估的关键。在参考相关文献的基础上，本文选取资本结构、赢利能力、偿债能力、资金运用能力、经营效率等 5 大类经营指标，再将 5 大类经营指标细化为 22 项财务指标，指标体系基本上涵盖保险公司经营的全过程，其中属于极小值[②]目标的指标有 R_2、R_{12}、R_{17}、R_{21}、R_{22}，属于适中值目标的有 R_9、R_{13}、R_{15}，其余指标属于极大值目标，如表 1 所示。

---

① 用数列中各因子值分别减出首个因子值，使首个因子（始点）为零。

② 指标的极性与指标影响绩效的方向相对应。极大值目标即指标值越大越好，极小值目标即指标值越小越好，适中值目标即指标值不能太大，也不能太小。

表1 财务指标汇总表

资本结构	自有资本比率 R_1,固定资本比率 R_2,股东权益增长率 R_3,权益比率 R_4
赢利能力	总资产回报率 R_5,净资产回报率 R_6,承保利润率 R_7,营业利润率 R_8,承保能力比率 R_9
偿债能力	流动比率 R_{10},资产负债比 R_{11},流动负债比 R_{12},负债权益比 R_{13},准备金比率 R_{14}
资金运用	资金运用率 R_{15},投资收益率 R_{16}
经营效率	应收保费率 R_{17},股东权益周转率 R_{18},资产周转率 R_{19},再保险利用率 R_{20},两年赔款率 R_{21},两年费用率 R_{22}

(四)数据处理

本文选取的财务指标包括极大值、极小值和适中值目标三种,还有部分指标值为负值,为了使数据之间具有可比性,必须对原始数据进行处理。由于财务指标值全部为指数,符合无因次性和大体上同等级性,所以,只要统一指标值的极性即可完成数据的处理。对此,本文采用线性数据前处法,采取不同调整公式将三种极性数据线性转换为0至1区间的数据。从下面的公式中可以看出,这种方法至少存在两方面的优点,第一,线性转换完全基于数据所在单个数列的数字特征,比其他方法更为科学;第二,它使财务指标的选取不受数据差异性的约束,评估指标体系的构建更加科学。

极大:$x_i^*(k)=\dfrac{x_i(k)-\min[x_i(k)]}{\max[x_i(k)]-\min[x_i(k)]}$

极小:$x_i^*(k)=\dfrac{\max[x_i(k)]-x_i(k)}{\max[x_i(k)]-\min[x_i(k)]}$

适中:令 $O=\text{avg}[x_i(k)]$,

$$x_i^*(k)=1-\frac{|x_i(k)-O|}{\max\{\max[x_i(k)]-O,O-\min[x_i(k)]\}}$$

二、实证结果

本文选取中国人民财产保险股份有限公司(简称人保)、中国太平洋财产保险股份有限公司(简称太平洋)、中华联合财产保险公司(简称中华联合)、中国平安保险(集团)股份有限公司(简称平安)、华泰财产保险股份有限公司(简称华泰)、大众保险股份有限公司(简称大众)、天安保险股份有限公司(简称天安)、永安财产保险股份有限公司(简称永安)、太平保险有限公司(简称太平)以及中国大地财产保险股份有限公司(简称大地)十家公司作为研究对象。这十家公司在2004年按保费收入计算的总市场份额达到97.22%,具有较好的代表性。本文数据来源于《中国保险年鉴(2002—2005年)》。由于2001年和2003年分别是太平保险和大地财险的开业之年,数据均不完整,所以在2001年和2001—2003年分析中分别排除了太平保险和大地财产;平安产险在2003年分业经营前没有单独财务数据,所以2001—2002年的分析中排除了平安产险。

2001—2004年各公司的灰关联度、排名以及四年的均值及总期间绩效排名如表2所示。

表2　各公司灰色关联度与绩效排名

年度 公司	2001年	排名	2002年	排名	2003年	排名	2004年	排名	平均灰关联度	综合排名
人保	0.5548	6	0.6451	3	0.6331	4	0.6198	6	0.6132	5
太平洋	0.6218	1	0.6467	2	0.6976	1	0.6397	3	0.6514	2
中华联合	0.5793	5	0.6598	1	0.6734	2	0.5955	8	0.6245	4
华泰	0.6096	2	0.6192	5	0.5954	7	0.6049	7	0.6073	6
天安	0.5378	7	0.5536	8	0.6102	6	0.6210	5	0.5806	8
大众	0.5999	4	0.6450	4	0.5648	8	0.5919	9	0.6004	7
永安	0.6003	3	0.5975	6	0.6483	3	0.6805	2	0.6314	3
太平			0.5900	7	0.4330	9	0.6340	4	0.5523	9
平安					0.6206	5	0.6952	1	0.6579	1
大地							0.5124	10	0.5124	10

以下采用 Spearman 等级相关系数[①]检验七家财险公司各年度相对排名的相关程度,结果表明前后年经营绩效排名存在显著正相关,说明我国财险公司整体的经营绩效在短期(四年)内具有的持续性。

表 3　整体经营绩效持续性检验结果(Spearman 检验)

	2001	2002	2003	2004
2001	1.000	0.869**	0.875**	0.869**
2002		1.0000	0.923***	0.774*
2003			1.000	0.923***
2004				1.000

另外,我们按总排名顺序,将十家公司分为两个群体,绩效总排名第一至第五名依次为平安、太平洋、永安、中华联合和人保,从排名变化折线图(图 1)可以看出,大部分公司排名表现稳定,排名基本集中于前 6 名,证明经营绩效在短期内具有持续性。绩效总排名第六至第十名的剩余五家公司的排名变化折线图如图 2 所示,可以明显地看出,这几家公司在近几年的排名呈整体下滑趋势,进入 2002 年后,均在后段名次游走,而且波动幅度很小(小于排名居前五位的公司)。综合分析图 1、图 2 可以发现,我国财险公司按经营绩效已形成稳定的两大群体,排名领先的群体持续领先,而排名落后的群体则停滞不前,而且,这种划分结果似乎与公司规模存在正相关关系:规模大的公司多居于领先群体,而规模小的公司则多居于排名后段,这一点在整体性分析的结果中得到了印证。

---

① 检验统计量为:$r_s = 1 - \frac{6\sum d^2}{N(N^2-1)}$,$d$ 为前后年度的排名差距,N 为样本数,*** 表示 1% 的水平上等级相关显著,** 表示 2.5% 的水平上显著,* 表示 5% 的水平上显著。

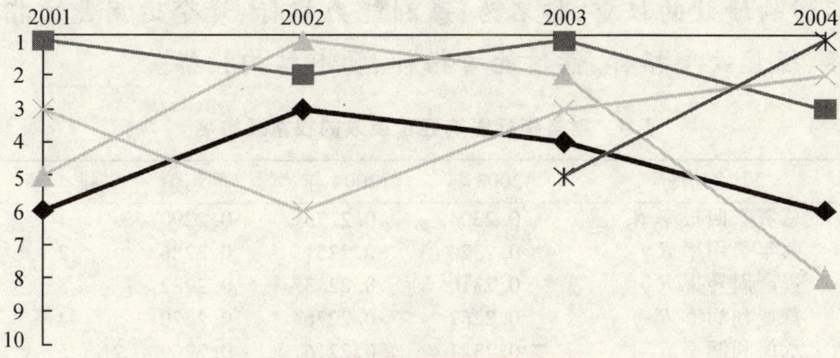

图 1　绩效前五名公司的排名变化

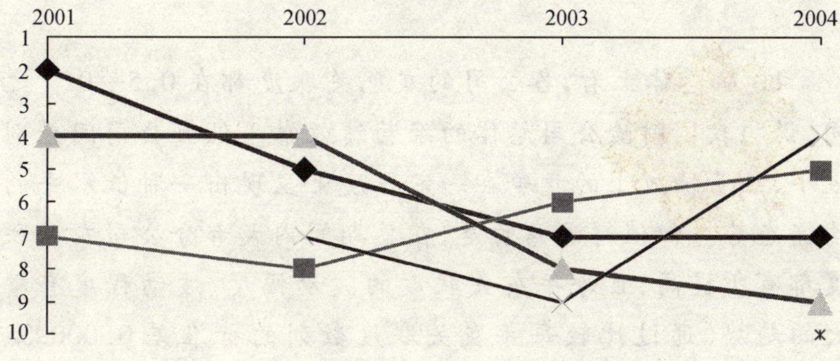

图 2　绩效后五位公司的排名变化图

（二）财务指标的整体性分析

利用 Metlab 7.0 软件计算 2003 年和 2004 年财务指标的灰色绝对矩阵的特征值和特征向量矩阵，矩阵最大特征值分别为 15.6399 和 15.6576，以最大值所对应特征向量作为财务指标影响经营绩效的权重，并取两年权重平均值排序，结果如表 4 所示，影响经营绩效前五名的指标分别是总资产回报率、两年费用率、资产周转率、营业利润率以及承保利润率。将经营指标内小项指标的权重加总求均值，作为经营指标影响绩效的权重,排名为:赢利能力指标、资金运用能力指标、经营效率指标、偿债能力指标、资本结构指标。

表4 财务指标影响经营绩效的权重及排名

财务指标	2003年	2004年	平均值	排 序
总资产回报率 R_5	0.2304	0.2275	0.2290	1
两年费用率 R_{22}	0.2320	0.2251	0.2286	2
资产周转率 R_{19}	0.2310	0.2253	0.2282	3
营业利润率 R_8	0.2262	0.2276	0.2270	4
承保利润率 R_7	0.2321	0.2216	0.2269	5

三、结论与分析

1. 从总体上看,各公司的灰色关联度都在0.5—0.7之间,说明我国财险公司总体的经营绩效水平低且公司间差别较小,经营绩效上的竞争在一定程度上呈现出一种低水平的均衡态势。但值得注意的是,在总期间内大部分公司灰关联度都有所提高,且每年灰关联度的波动幅度、波动程度有增大的趋势(通过比较每年灰关联度数列的标准差0.00093、0.001245、0.005922、0.002479),说明随着市场的成熟和有序竞争的开展,大部分公司经营绩效有所改善且公司间差距有逐步拉大的趋势。

2. 我国财险公司整体经营绩效在短期内具有持续性。从绩效排名上看,总排名第一至第五的公司在总期间内的排名基本集中于前6位,而绩效总排名第六至第十的剩余五家公司在总期间内的排名整体呈下滑趋势,特别是进入2002年后,均在后段名次游走且波动幅度不大,我国财险公司按经营绩效水平暂时分为两大群体:排名领先的群体持续领先,而排名落后的群体则停滞不前。

3. 财险公司要改善经营绩效必须优先改善上述前五项

财务指标。我们以上述前五项财务指标来重新计算绩效排名,结果是原排名领先的公司的排名大体上依然优于原排名靠后的公司。从财务指标类别上分析,赢利能力指标是影响经营绩效最重要的经营指标。从2003和2004年财务指标灰色绝对关联矩阵中可以看出,与赢利指标高度关联的几项指标是:承保利润率、投资运用率、两年费用率、资产周转率、再保险利用率等(灰色绝对关联度均高于0.90)。结合具体情况,不同的公司可以据此确定改善赢利能力的方向和重点。

4. 两年费用率是影响经营绩效最重要的因素之一,这与我国财险企业普遍面临费用率偏高的现状相符,控制费用规模在财险企业经营决策中相当重要。资产周转率、营业利润率对经营绩效具有显著的影响,承保利润率对经营绩效的影响也很大,而保费收入是这些财务指标的决定因素,所以,财险公司保持一定的保费和规模增长速度是十分必要的,尤其是在我国财险市场正处于快速增长阶段向调整与分化阶段的过渡时期的情况下。当然,这种增长必须是赢利指标得到保证和费用规模得到控制的条件下的增长。

经营绩效的灰关联实证结果分析的重点在于揭示经营绩效的来源以及各因素之间的关联关系,利用灰关联的量化结果,还可以开展灰色聚类、灰色评估、灰靶决策、灰色关联决策、灰色聚类决策等分析工作。

四、结 束 语

本文探讨建立财险公司经营绩效评估的灰色关联分析模式,这种模式的思路是:首先构建评估经营绩效的财务指标体系,将各公司的财务指标数列与作为最优财务指标组合的参考数列进行比较,通过它们之间的关联程度反映出各公司的经营绩效水平,最后通过对财务指标的灰色绝对关联度矩阵进行分析,发现影响经营绩效的主要因素(财务指标)以及各因素之间的关系。

这种模式适用于保险业中的很多灰色系统问题,例如,我们可以评估保险公司的竞争力并发现影响保险公司竞争力的主要因素,只需重新构建评估竞争力的指标体系;采用历史数据可以纵向比较一家公司的经营绩效;同一公司内的子公司、分公司的经营状况也可以进行横向评估。使用这种模式也可以进行公司险种效益评估,以确定公司自身的效益险种和非效益险种。利用灰色绝对关联矩阵可以从多变量中寻找出影响权重较高的主要因素,这种方法可以引入到分析保险公司偿付能力影响因素、利润增长影响因素、险种开发影响因素等"多变量输入"问题中。

(感谢江泰保险经纪有限公司"保险公司综合评价"课题组对本文研究提供的资助!)

参考文献

1. 邓聚龙,《灰色系统研究新进展》,华中理工大学出版社 1996 年版。
2. 侯晋、朱磊,《我国保险公司经营效率的非寿险实证分析》,《南开经济研究》,2004 年第 4 期。
3. 李林子、鲁炜,《财产保险公司绩效的因子分析》,《管理科学》,2003 年第 6 期。
4. 李仁爱、夏林,《基于灰色关联分析的企业经济效益评价》,《运筹与管理》,2001 年第 10 期。
5. 刘思峰、党耀国、方志耕,《灰色系统理论及其应用》(第三版),科学出版社 2004 年版。
6. 夏郭贤、吴汉雄,《灰关联分析之线性数据前处理探讨》,《灰色系统学刊》,1998 年第 1 期。
7. 余劲松,《我国财产保险公司经营绩效的实证分析》,《西南政法大学学报》,2005 年第 4 期。
8.《中国保险年鉴(2002—2005 年)》。

论我国保险市场的区域均衡发展

——基于保险需求的理论与实证

肖志光*

内容提要：本文首先指出保险市场区域均衡是指区域保险市场发展与区域经济和社会发展需求相适应的均衡。通过对保险需求的理论与实证研究进行梳理，为释放区域保险需求提供了理论基础；同时，区域保险市场发展水平与经济发展水平的关系的实证研究表明：一个地区保险市场发展水平将随着经济的发展而提高，但是区域保险市场相对发展水平并不会随着经济的发展而趋同。因此，需要通过政策引导释放需求潜力，建立落后地区保险市场的自我发展机制，从而促进我国保险市场的区域均衡发展。

* 肖志光，北京工商大学经济学院保险学系。

关键词:区域保险市场　保险需求　保险密度　保险深度

一、问题的提出

自“改革开放”以来,我国经济在取得迅速发展的同时,地区间经济发展水平的差距也在逐步拉大。[①] 由于区域经济发展不平衡,导致“我国保险市场地区发展不平衡”,[②]区域保险市场发展成为广泛讨论的话题。“一个健全的直接保险和再保险市场是经济增长的必要特性”(Albouy & Blagoutine, 2001),保险业对于经济发展具有“促进金融稳定”、“获得政府计划的补贴”、“促进交换和贸易”以及“动员储蓄”等作用(Skipper,1997)。因此,区域保险市场区域均衡发展不仅有利于整个保险市场的长期健康发展,而且有利于促进当地经济和社会的发展。

但是,我们必须意识到“金融发展和经济增长之间的关系仍有待进一步的研究讨论”(Bhattacharya & Sivasubramanian,2003),并且“接受金融的发展带动经济增长这一结论是危险的,对于发展中国家是不利的”(Bloch, Tang, 2003)。因此,区域保险市场发展不可能成为经济发展的带动因素。从而,区域保险市场的发展目标应当是适应区域经济和社会发展的需要,使其不再成为区域经济和社会发展的制约因素,而无需强调量上的、绝对意义上的区域均衡发展,更无需盲目推动区域保险市场发展以试图通过其推动区域经济和社会的发展。

在区域保险发展问题上,刘京生(2002)讨论了区域保险

---

① 参见世界银行 1996 年、1997 年报告;Xiaowen Tian(1999);Ajit Bhalla、Shujie Yao(2003)等。

② 吴定富于 2004 年第一次在政府工作报告中指出我国保险市场地区发展不平衡问题,但其是否由地区经济发展不平衡所导致,本文后面将有论述。

与区域经济之间的关系,并指出区域保险市场发展将有利于区域经济的发展。楚天骄(2002)应用因子分析法分析了区域保险市场发展水平。乔杨(2004)第一次系统地分析了区域保险市场的差异以及协调发展问题。朱俊生等(2005)分析了区域保险市场发展不均衡产生的原因和影响,并提出了促进区域保险市场发展的相关政策建议。然而,楚天骄(2002)、乔杨(2004)、朱俊生等(2005)在分析区域保险市场发展水平以及地区发展是否均衡的过程中,都没有考虑特定区域的保险需求,即没有考虑一地区的经济发展水平、人口规模、社会文化环境等因素,而将其视为一种影响区域均衡发展的因素。显然,这是一种量上的、绝对意义上的均衡。但是,由于各地区经济发展水平、人口规模等都存在巨大差异,如果不从特定区域的保险需求出发,将容易导致结论的偏差。如有些地区保费收入虽然比较少,但是保险市场发展水平却比较高(保险深度和密度比较高);有些地区保险市场发展水平比较低,但是其经济发展水平可能更落后,从而不能得出这些地区保险市场发展失衡的结论。因此,保险市场的区域均衡应当是指区域保险市场发展与当地经济和社会发展需求相适应的均衡。本文试图从区域保险需求的角度来考察区域保险市场的均衡发展问题。

基于上述目的,本文余下部分结构安排如下:第二部分对保险需求影响因素的理论与实证研究进行了回顾;第三部分是区域保险市场发展水平与经济发展水平关系的实证研究;第四部分是本文的理论启示与政策建议。

二、保险需求影响因素:理论与实证回顾

保险是最为常见和有效的一种风险重新配置的方法

(Arthur & Raviv,1979)。通过购买保险单,个人或企业可以将其面临的永久或临时的不确定性风险进行转嫁(Dreze & Modigliani,1972)。理论上,贝努里法则表明具有凹性效用函数的风险厌恶个体,当保险价格统计上公平(保险费率是纯费率)时,完全保险是投保人的帕累托最优投保决策。实际中,保险需求的基本影响因素包括:

1. 保险产品价格(附加费用比例)。Mossin(1968)和Schlesinger(1981,2000)证明当保险费是纯费率加上一定比例的附加费率时,投保人的最优选择是部分投保。因为,保险产品价格由纯费率和附加费率两部分构成,纯费率一般认为是外生的,因此,保险产品作为一种普通商品,附加费用比例越高,保险需求越低。

2. 财富(收入)水平。保险产品常常被认为是奢侈品,这意味着在一定的收入水平以下,保险需求很小(Albouy & Blagoutine,2001)。而且,风险规避程度一般被假定为财富的递减函数,这意味着随着财富的增加,对于同一投保计划:(1) 投保人愿意接受的最高保险费递减;(2) 最优的保险金额递减;(3) 最优的免赔额递增。更一般地说,随着财富的增加,投保人将愿意承担更大的风险(Smith,1968)。

3. 风险规避程度。投保个体的风险规避程度越高,[①]对于同一投保计划:(1) 愿意支付的保险费越多;(2) 购买的保险越多;(3) 最优保险合同的免赔额越高(Pratt,1964;Arrow,1965;Turnbull,1983)。

4. 信息完美程度。当保险人和被保险人之间存在信息

---

① 绝对风险规避系数一般被定义为$r(Y)=\frac{-U''(Y)}{U'(Y)}$,公式中$U$是关于财富(或净财富)$Y$水平的效用函数,风险规避函数由效用函数所决定,并包含了效用函数的基本信息。如在某一财富区间内,在任意财富水平下,甲的风险规避系数都至少和乙一样大,并且在某些财富水平下的风险规避系数比乙大,那么,我们说甲比乙风险厌恶程度更高。

不对称时，保险购买会出现逆选择，Akerlof(1970)证明"柠檬"问题将导致市场的萎缩。肖志光(2004)的分析表明，不完美信息是造成我国财产保险市场低水平均衡的一个重要原因。

5. 个人理性程度。Simon (1957)所提出的"有限理性"理论表明人们只能构建关于现实世界的简单化模型。因为，一方面"事实不断证明许多人缺乏对于风险的原理和发生概率的充分理解"(Kahneman & Tversky,1984)，使人们不能对潜在风险作出准确的估计；另一方面，人们通常容易低估自己在特定的风险面前的脆弱性(Slovic,1984)，同时人们只能对他们所能觉察到的风险作出反应，使得人们在小概率事件存在的情况下不能作出合理的决策(Shoemaker,1980)。因此，个人理性程度不仅影响保险需求，而且将影响保险消费的合理性。

从实证研究来看，保险需求的影响因素一直以来都是实证研究的热点问题。许多文献已经考察了许多可能对保险需求构成显著性影响的因素，但是，由于许多实证研究的结论之间相互冲突，导致许多因素的影响并不明确。通过对同一因素的实证研究结论的归纳，将有利于我们对文献有一个更全面深刻的理解。[①] 人寿保险和财产保险需求影响因素实证研究相关文献的基本结论如表1、表2所示。[②]

---

① 当我们意识到上述实证研究结果的相互冲突时，我们应该知道，在同一篇文献里，由于运用的回归技术或检验技术不同可能会导致实证研究的结论变化(Zietz,2003)。

② 得益于 Emily Norman Zietz (2003)和 Stephanie Hussels, Damian Ward & Ralf Zurbruegg (2005)的两篇文献，使实证研究结论的梳理节省了很多资料整理工作。实证研究已经考察过的保险需求影响因素还有很多，表1和表2只列出了一部分，因为其他因素影响较小，或者对于考察区域保险市场需求没有实际的意义。

表1　人寿保险需求影响因素实证研究结论一览表

	收入	财富	价格	利率	社会保障	教育	赡养率	预期寿命	宗教
Greene(1954)				–					
Hammond, Houston, and Melander(1967)	+	+				+	–		
Mantis and Farmer(1968)	+			+			–		
Neumann(1969)	+			N		–	N		
Hakansson(1969)	+								
Duker(1969)	+								
Lee and Whitaker(1971)									
Berekson(1972)	N						+		
Fortune(1972)									
Fortune(1973)	+			+					
Fisher(1973)	+			–					
Headen and Lee(1974)									
Anderson and Nevin(1975)	+					–	N		
Zelizer(1979)				–					–
Babbel(1979)									
Ferber and Lee(1980)	+					+	+		
Babbel(1981)				–					
Douglas and Wildavsky(1982)									–
Burnett and Palmer(1984)	+					+	+		
Babbel(1985)									
Miller(1985)			–						
Wasaw and Hill(1986)									–
Beenstock et al. (1986)	+				–	–	+	+	
Williams(1986)								+	
Fitzgerald(1987)		N							
Beenstock et al. (1988)									
Lewis(1989)	+						+		
Auerbach and Kotlikoff(1989)		N				–	–		
Truett and Truett(1990)	+				–	+			
Bernheim(1991)					+		+		
Browne and Kim(1993)	+		–	–	+	+	+	N	–
Showers and Shotick(1994)	+						+		

（续表）

	收入	财富	价格	利率	社会保障	教育	赡养率	预期寿命	宗教
Gandolfi and Miners(1996)	+					+			
Outreville(1996)				−		−		+	
Browne et al. (2000)									
Enz(2000)	+								−
Ward and Zurbruegg(2002)				−	−			+	−
Beck and Webb(2003)	+			−		−		+	

表 2　财产保险需求影响因素实证研究结论一览表

	收入	垄断市场结构	财产权保障	价格
Beenstock et al. (1988)	+			
Outreville(1990b)	+	−		−
Browne et al. (2000)	+			−
Ward and Zurbruegg(2002)	+			
Esho et al. (2004)	+		+	−

注：+表示正相关；－表示负相关；N 表示统计性不显著。

从表1、表2我们可以看到，如我们一般所预期的，收入与人寿保险和财产保险需求成正相关，而保险产品价格和市场垄断程度则与两者成负相关；预期寿命和财富与人寿保险需求成正相关；宗教信仰将降低人寿保险需求；财产权的明晰化与法制化将刺激财产保险需求；而其他因素，如利率（或通货膨胀率）、教育、社会保障、赡养率对于保险需求的影响却不明确（因为有的文献中成正相关，而有的文献中则成负相关），这一实证研究结论上的冲突往往被认为是由于经济环境、人文环境和地理环境等的差异而造成的（Zietz，2003）。

三、区域保险市场发展水平与经济发展水平关系的实证研究①

在第二部分的分析中,我们已经注意到许多因素都会对保险需求产生显著的影响。但是,我们可以合理地推断在某一地区或一国范围内,当各区域面临的政治和社会文化环境基本相同时,经济因素,尤其是经济发展水平将是特定区域保险市场发展水平②最根本的决定因素。因为财富和收入水平、教育水平、保险意识等受到经济发展水平的很大影响;同时,一个地区保险市场发展水平又将在很大程度上决定保险产品价格和市场垄断程度等。因此,我们假定区域经济的发展水平决定保险市场的发展水平,区域之间保险市场的发展水平的差异由区域经济发展水平的差异所导致。

1. 回归模型

一般认为,人均 GDP 是经济发展水平的一个很好的替代变量;而保险密度和保险深度是衡量一个地区保险市场发展水平的两个主要指标。③ 其中保险密度主要衡量保险市场的绝对发展水平,而保险深度主要衡量保险市场相对于经济的发展水平。我们假定,在一个地区经济和社会稳定

---

① 本文的讨论对象为我国保险市场的区域发展问题,但是在本部分中,主要选取 OECD 国家和欧洲各国的数据,将一个国家视为一个特定区域进行研究,是由于这些国家经济和社会发展环境的差异相对来说比较小,但是经济发展水平却存在巨大差异,研究各个国家保险业增长与经济增长的关系及其趋势,对于判断我国保险市场区域发展的趋势具有重要的借鉴意义。

② 由于一地区保险市场发展水平——保险密度和保险深度直接由保险需求所决定,为语言环境的需要,我们用保险市场发展水平代替保险需求水平。

③ 虽然对于用保险密度和保险深度来衡量保险市场发展水平仍存在一定争议(如黄寿山、李开斌,1999),同时用人均 GDP 代表经济发展水平也具有一定的局限性(一个明显的例子是:青岛、厦门等城市人均 GDP 水平很高,但是城镇居民可支配收入水平却相对较低),但是其仍然是一个比较简单且容易获得的指标。

的前提下，[①]随着经济发展水平的提高，保险需求增大，从而人均保费收入——保险密度提高；同时，个人或企业用于购买保险的支出在其整个支出中的比重——保险深度将提高。因此，保险密度（变量名为 IND）、保险深度（INP）与人均 GDP（GDP）的关系[②]可以用简单的线性回归模型 $y=\alpha+\beta\cdot x+u$ 来表示，其中系数 β 用来衡量保险需求弹性。

2. 数据

实证研究的基础数据包括：中国、OECD 国家年度时间序列数据；[③]2004 年欧洲 32 个国家的面板数据；[④]2004 年中国各省、直辖市和计划单列市的面板数据。其中，中国 1980—2004 年的数据来源于《中国保险业发展蓝皮书（2004—2005）》；中国 2004 年面板数据来源于《中国保险年鉴 2005》；OECD 国家数据来自于 OECD 网站数据库。

3. 实证研究结果

为检验特定地区保险市场发展水平和经济发展水平之间的关系，我们选取时间序列数据，运用 OLS 方法进行估计，结果如表 3 所示。

---

① 因为经济和社会的稳定比经济增长对于一个国家和地区保险市场的长期发展更为重要 Hussels, Ward & Zurbruegg (2005)。

② 由于 INP = IND/GDP，所以 LNINP = LN(IND/GDP)→LNINP = LNIND - LNGDP，因此，如果：$LNIND=\alpha+\beta\cdot LNGDP+\varepsilon$，则有：$LNINP=LNIND-LNGDP=\alpha+\beta\cdot LNGDP+\varepsilon-LNGDP=\alpha+(\beta-1)\cdot LNGDP+\varepsilon-LNGDP$，也就是说，保险深度意义上的保险需求弹性等于保险密度意义上的保险需求弹性减去 1。这意味着只要求出保险密度意义上的需求弹性值，就可以相应求出保险深度意义上的需求弹性值，但是为了更好地体现保险深度与人均 GDP 水平之间的关系，本文同时给出了保险深度与人均 GDP 水平的回归结果。同时，两者之间在拟合优度上的差异也意味着保险密度、保险深度与人均 GDP 水平之间的相关性也是存在差异的。

③ 说明：瑞典数据由于时间跨度太短没有进行考察；中国 GDP 数据采用最新核算调整数据，但保险密度、深度没有进行相应调整；汇率换算采用 2005 年 12 月 30 日的汇率，即 1 美元兑换人民币 8.07 元。

④ 即不包括拉脱维亚和马耳他两个国家。

表 3　OECD 国家以及中国经济发展与保险市场发展水平实证研究结果

	时间跨度（年）	人均 GDP 跨度（美元）	人均 GDP（美元）	LNIND = $\alpha+\beta\cdot$ LNGDP + ε			LNINP = $\alpha+\beta\cdot$ LNGDP + ε		
				β	$P(\beta)$	R^2	β	$P(\beta)$	R^2
澳大利亚	1984—2004	11 325—32 602	19 590	1.6963	0.0000	0.8765	0.6952	0.0001	0.5434
奥地利	1986—2004	12 923—36 000	24 191	1.3064	0.0000	0.9742	0.3064	0.0000	0.6753
比利时	1983—2004	8 348—34 399	21 418	1.4177	0.0000	0.9113	0.4177	0.0004	0.4715
加拿大	1984—2004	13 370—30 575	20 225	1.4699	0.0000	0.7369	0.4699	0.0309	0.2225
捷克	1993—2004	3 597—10 545	6 187	1.6863	0.0000	0.9480	0.6863	0.0003	0.7514
丹麦	1983—2003	11 916—39 710	26 385	1.5742	0.0000	0.9653	0.5742	0.0000	0.7872
芬兰	1983—2004	10 320—35 566	22 066	0.8291	0.0001	0.5521	*		
法国	1983—2003	9 544—29 985	20 845	1.6786	0.0000	0.9670	0.6786	0.0000	0.8274
德国	1983—2004	11 371—33 353	23 960	1.5447	0.0000	0.9051	0.5447	0.0001	0.5426
希腊	1992—2004	9 127—18 837	11 934	1.5556	0.0000	0.8718	0.5556	0.0103	0.4645
匈牙利	1992—2004	3 655—9 970	5 269	1.4219	0.0000	0.9580	0.4219	0.0007	0.6674
冰岛	1983—2004	11 499—44 633	25 347	0.9346	0.0000	0.9101	*		
爱尔兰	1983—2004	5 530—45 612	18 582	1.3565	0.0000	0.9500	0.3568	0.0001	0.5678
意大利	1983—2004	7 489—29 966	18 166	1.7978	0.0000	0.8708	0.7978	0.0000	0.5703
日本	1983—2004	9 897—41 765	27 994	1.1791	0.0000	0.9644	0.1791	0.0021	0.3844
韩国	1994—2004	9 485—14 152	10 988	0.5990	0.0009	0.7223	-0.4010	0.0102	0.5383
卢森堡	1994—2004	43 172—74 315	51 159	1.7290	0.0243	0.4478	*		
墨西哥	1992—2004	3 138—6 568	5 023	1.6155	0.0000	0.9652	0.6155	0.0000	0.8009
荷兰	1983—2004	9 460—37 390	21 936	1.4508	0.0000	0.9807	0.4508	0.0000	0.8303

（续表）

	时间跨度（年）	人均 GDP 跨度（美元）	人均 GDP（美元）	LNIND = $\alpha+\beta\cdot$ LNGDP + ε			LNINP = $\alpha+\beta\cdot$ LNGDP + ε		
				β	$P(\beta)$	R^2	β	$P(\beta)$	R^2
新西兰	1989—2003	11 526—20 160	14 852	*			*		
挪威	1983—2004	14 575—55 475	31 175	1.0070	0.0000	0.9529	*		
波兰	1993—2004	2 392—6 329	4 275	1.7401	0.0000	0.9404	0.7401	0.0003	0.7406
葡萄牙	1983—2004	2 410—16 900	9 005	1.6598	0.0000	0.9620	0.6598	0.0000	0.7999
斯洛伐克	1997—2004	3 757—7 634	4 711	1.4066	0.0001	0.9396	0.4066	0.0315	0.5651
西班牙	1983—2004	4 354—24 352	12 924	1.6481	0.0000	0.9372	0.6481	0.0000	0.6977
瑞士	1983—2004	15 071—49 530	33 279	1.2117	0.0000	0.9676	0.2117	0.0004	0.4769
土耳其	1983—2004	1 222—4 205	2 438	2.1596	0.0000	0.8698	1.1596	0.0000	0.6583
英国	1993—2004	16 676—35 845	24 029	1.3377	0.0000	0.8906	0.3377	0.0460	0.3415
美国	1983—2004	15 007—39 772	26 707	1.5306	0.0000	0.9292	0.5306	0.0000	0.6120
欧盟十五国平均	1983—2004	8 285—43 228	20 035	1.6834	0.0000	0.8738	0.6834	0.0001	0.5329
北美自由贸易协定国家平均	1994—2004	210 081—31 049	25 455	1.4268	0.0000	0.9227	0.4268	0.0127	0.5165
经济合作与发展组织（OECD）平均	1983—2004	9 622—30 910	18 929	1.6319	0.0000	0.9745	0.6319	0.0000	0.8512
中国	1980—2005	57—1 728	548	1.7743	0.0000	0.9747	0.8108	0.0003	0.4282

注：人均 GDP 跨度表示该国所考察时间段内最低、最高的人均 GDP；人均 GDP 表示时间段内的平均人均 GDP；$P(\beta)$表示 β 的显著性概率；R^2 表示拟合优度；* 表示在 5% 的置信度下通过显著性检验。

从表3可以看出,随着一个地区经济的发展,保险密度将提高,但保险需求弹性地区间存在巨大差异——韩国最小,为0.5990;土耳其最大,为2.1596。同时,如图1所示,保险需求弹性并没有显现出与人均GDP水平的明显变化趋势,而是杂乱的分布,表明需求弹性主要与一个地区的特定环境有关。从保险深度与经济发展的关系来看,保险深度将随着经济的增长而提高,但弹性也存在巨大差异——日本最小,为0.1791;土耳其最大,为1.1596;而韩国则为负数。总之,回归结果表明,随着经济的发展,一个地区的保险密度和深度都将提高,但是提高的幅度地区之间存在巨大差异。

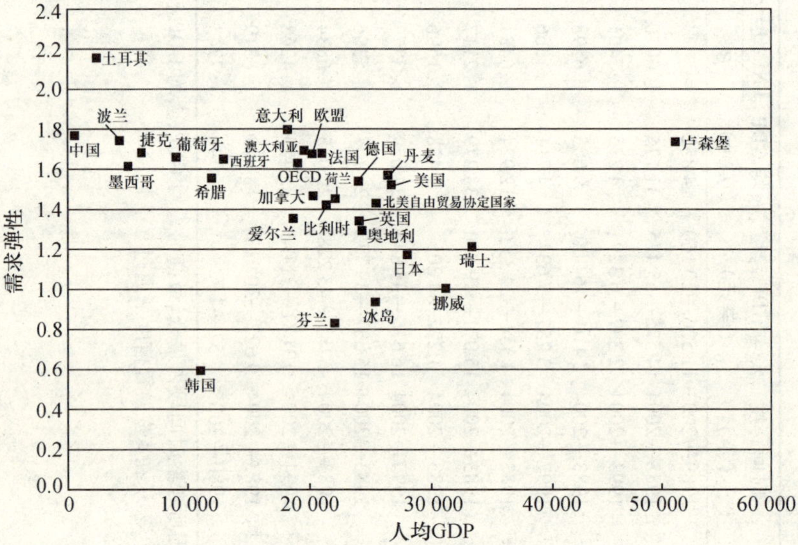

图1 保险需求弹性与人均GDP关系散点图

进一步,为了检验地区之间保险市场发展水平的差异是否由经济发展水平的差异所导致,我们选择我国和欧洲这两个区域间政治和社会文化环境差异较小的地区2004年的面板数据,运用OLS方法进行双对数回归,其结果如表4所示。

表4 地区保险市场发展水平差异与经济发展水平差异实证研究结果

	LNIND = $\alpha+\beta\cdot$ LNGDP + ε			LNINP = $\alpha+\beta\cdot$ LNGDP + ε		
	β	$P(\beta)$	R^2	β	$P(\beta)$	R^2
欧洲各国	1.5122	0.0000	0.9186	0.4076	0.0000	0.4804
中国各地区	1.1340	0.0000	0.8611	0.1340	0.0954	0.0797

表4的回归结果表明,地区间保险密度——保险市场绝对发展水平的差异主要是由地区间经济发展水平的差异所导致的,严格数学意义上,我国各地区保险密度的差异86.11%由经济发展水平的差异所导致,而欧洲各国则91.86%由经济发展水平所导致;但是保险深度——保险市场相对发展水平的差异并非主要由经济发展水平的差异所导致,欧洲各国之间保险深度的差异只有48.04%由经济发展水平的差异所导致,而我国各地区之间保险密度的差异只有7.97%是由经济发展水平的差异所导致的。

四、理论启示与政策建议

实证研究表明,一个地区保险市场的发展水平将随着经济的发展而提高,但是由于地区间提高的幅度存在巨大差异,且需求弹性主要与各地区的特定环境有关,从而导致即使我国区域经济发展水平趋于相同,区域保险市场的相对发展水平也不会随经济的发展而必然出现趋同(这也是欧洲各国以及我国各区域保险市场相对发展水平——保险深度的差异并非主要由经济发展水平的差异所决定的原因)。这意味着为实现保险市场的区域均衡发展,可能存在一定的政策空间。

由于本文所讨论的区域均衡是指与经济和社会发展需求相适应的相对均衡,这意味着要判断保险市场发展是否均衡,必须对区域保险市场需求作系统的研究。否则,我们无法对区域保险市场发展水平以及区域发展是否均衡作出合理、准确的判断。

但是,要促进保险市场的区域均衡发展,我们无需判断一个地区的保险市场是否落后于当地经济和社会的发展。因为,只需通过建立有效的市场自我发展机制,充分释放保险市场的需求潜力,满足经济和社会发展的保险需求,就能够实现保险市场的区域均衡发展。为此,需要政府部门合理的政策引导,刺激和释放区域保险需求。前面分析了收入、价格、信息、市场结构等因素对保险需求的影响,下面提出相应的政策建议。

1. 市场主体形式的多元化。Mayers & Smith(1981)研究了美国保险业的组织形式对于实际经营效率的影响,但在哪种组织形式经营效率更高的问题上并没有得出明确的结论。实际上,多种组织形式在国际保险市场的并存本身证明它们必然具有各自的优劣势。如Gene(2003)证明,相互制保险公司比股份制公司具有相对较高的现金流,并获得较高的投资收益。同样,各种专业化保险公司比综合性保险公司更具有专业化经营方面的优势;而区域性保险公司比全国性保险公司可以更好地服务于区域经济发展的需要。因此,实现市场主体形式的多元化,不仅将增加市场主体数量,促进市场竞争,而且更为重要的是,由于各种主体形式的专业化特点与优势,以及市场细分的需求,许多其他组织形式、专业性或区域性的保险公司将进入落后地区的保险市场或经营发展比较滞后的险种,从而有利于市场的细分与差异化经营,释放区域保险需求的潜力,更好地服务于区域经济和社会发展的需要。

2. 区域差异化经营。区域保险市场经营环境的差异必然要求保险区域差异化经营。区域经营差异化既包括保险产品、服务、价格的差异化,也包括保险公司内部组织形式、营销渠道、营销方式以及理赔方式等的差异化。因而,实现区域的差异化经营必然要求赋予分支公司充分的自主创新权利，分支公司应当集中关注于区域保险市场的经营环境，充分了解和掌握当地保险产品和服务的需求，为当地的企业和个人提供最合适的保险产品与服务，这不仅将提高保险公司的经营效率，同时有利于充分释放区域保险市场的需求潜力。

3. 特定保险产品或区域的税收优惠政策或政府补贴。如前所述，市场主体形式的多元化与经营的差异化将有利于提高经营效率，有利于保险产品价格的降低，从而有利于释放保险需求。但是，保险产品价格降低的空间是相对有限的，特别是对于某些险种（如农业保险）来说，要通过降低保险产品的价格来刺激保险需求是不现实的，如农业保险市场的萎缩、农村医疗保险的空白。因此，相应的税收优惠或政府补贴政策（或两者同时采用）就成为释放保险需求的另外一个重要的推动力。例如，对于落后地区购买农作物保险或医疗保险产品，我们可以采用相应的优惠政策。这种“政府财政的转移支付”具有“区域均衡效应”（陈秀山、张启春，2003），对于区域保险市场以及区域经济的发展都具有重要的推动作用。

4. 加强风险与保险知识宣传教育。如前所述，市场信息的完善程度以及人们对于风险的认知与态度将影响人们的保险需求。因此，加强风险与保险知识的宣传教育对于引导和释放保险需求具有重要的意义。但是，值得注意的是，风险和保险知识的宣传与教育不能被保险广告甚至保险代理人的虚假宣传所代替。风险和保险知识的宣传教育要：(1) 采取如保险知识讲座、案例分析和保险基础知识读本等多种形式；(2) 运用报纸、电视、广播等多种容易抵达广大受众的方式；(3) 集中于潜在风险的基本知识、保险的基本功能、保险合同的基本条款,以及各个保险公司保险产品功能、价格等内容(肖志光,2005),使保险知识既易于传播,又容易理解,使人们对于风险知识、保险功能以及保险产品都有一个基本的了解,从而将有利于培育保险市场的长期潜在需求,有利于保险市场的良性发展。

最后必须指出的是,本文没有给出判断区域保险市场发展是否均衡的具体指标以及是否均衡的具体判断,也没有进一步研究导致区域保险市场相对发展水平差异的具体因素,这是本文的不足之处,有待进一步的研究。

参考文献

1. 陈秀山、张启春,《转轨期间财政转移支付制度的区域均衡效应》,《中国人民大学学报》,2003 年第 4 期。
2. 楚天骄,《中国保险市场的区域差异研究》,《上海金融》,2002 年第 9 期。
3. 刘京生,《论区域经济与区域保险》,《保险研究》,2002 年第 6 期。
4. 乔扬,《论我国保险业的区域差异与均衡发展》,2004 年硕士学位论文。
5. 肖志光,《我国财产保险市场低水平均衡的信息经济学分析》,《北京工商大学学报》,2004 年增刊。
6. 肖志光,《论实现我国保险代理市场的诚信规范发展》,《保险研究》,2005 年第 11 期。
7. 朱俊生、王白宇、李芸、周蕾、胡永红、杨尊毅,《我国保险业区域布局研究》,《保险研究》,2005 年第 7 期。
8. 郑伟,《中国保险业中长期增长潜力分析》,北大赛瑟论坛论文,2006。
9. Ajit Bhalla, Shujie Yao, 2003, Regional economic performance in China, *Economics of Transition*, 11, pp. 25—39.
10. Arthur Raviv, 1979, The design of an optimal insurance policy, *The American Economic Review*, March, 69, pp. 84—96.
11. Carlos Gil Canaleta, Pedro Pascual Arzoz, Manuael Rapun Garate, 2004, Regional economic disparities and decentralisation, *Urban Studies*, 41, pp. 71—94.
12. David Mayers, Clifford W. Smith, Jr., 1981, Contractual provisions, organizational structure, and conflict control in insurance markets, *Journal of Business*, 54, pp. 407—434.

13. Emily Norman Zietz, 2003, An examination of the demand for life insurance, *Risk Management and Insurance Review*, 6, pp. 159—191.

14. Francois-Xavier Albouy, Dimitri Blagoutine, 2001, Insurance and transition economics: the insurance market in Russia, *The Geneva Paper on Risk and Insurance*, 26, pp. 467—479.

15. George A. Akerlof, 1970, The market for "Lemons", quality uncertainty and the market mechanism, *Quarterly Journal of Economics*, 84, pp. 488—500.

16. George Blazenko, 1985, The design of an optimal insurance policy: note, *The American Economic Review*, March, 75, pp. 253—255.

17. Gene C. Lai, Piman Limpaphayon, 2003, Organizational structure and performance: evidence from the nonlife insuarnce industry in Japan, *The Journal of Risk and Insurance*, 70, pp. 735—757.

18. Harry Bloch, Sam Hak Kan Tang, 2003, The role of financial development in economic growth, *Progress in Development Studies*, 3, pp. 243—251.

19. James Shanteau, 1992, Decision making under risk: application to insurance purchasing, *Advances in Consumer Research*, 19, pp. 177—181.

20. Jerry D. Todd, 2004, Integrative life insurance needs analysis, *Journal of Financial Service Professionals*, pp. 57—66.

21. John W. Pratt, 1964, Risk aversion in the small and in the large, *Econometrica*, p. 32.

22. Luigi Guiso, Paola sapienza, Luigi Zingales, 2004, Does local financial development matter, *The Quarterly Journal of Economics*, August, pp. 929—969.

23. Presidential Address, 2003, Risk management and insurance research: 1980—2002, *Risk Management and Insurance Review*, 6, pp. 1—6.

24. S. M. Turnbull, 1983, Additional aspect of rational insurance purchasing, *Journal of Business*, 56, pp. 217—229.

25. Stephanie Hussels, DamianWard, Ralf Zurbruegg, 2005, Stimulating the demand for insurance, *Risk Management and Insurance Review*, 8, pp. 257—278.

26. Tienyu Hwang, Brian Greenford, 2005, A cross-section analysis of the determinants of life insurance consumption in Mainland China, HongKong, and Taiwan, *Risk Management and Insurance Review*, 8, pp. 103—125.

27. Xiaowen Tian, 1999, Market orientation and regional economic disparities in China, *Post-Communist Economies*, 11, pp. 161—172.

中国巨灾风险证券化的可行性分析*

王　浩　刘新立*

摘要：随着巨灾损失的日益扩大，如何有效地作好巨灾风险的管理日显重要。通过整个资本市场与再保险市场的对比来看，传统再保险很难在巨灾风险控制领域有太大作为，于是巨灾风险证券化得以引入。本文借鉴外国的成功经验和模式，对中国巨灾风险证券化的可行性进行了分析，通过对供给与需求的研究，对比了传统再保险和证券化。得出的结论是在中国进行巨灾风险证券化是可行的。最后提出了存在的若干问题及一些建议。

* 王浩、刘新立，北京大学经济学院。本文受到教育部人文社科基金项目"中国水灾风险管理的制度研究"（02JA790006）的资助。

关键词:巨灾　风险　证券化　可行性　资本市场　巨灾债券

一、引　言

中国是一个自然灾害频发的国家,灾害的损失幅度呈现出递增的趋势,同时种类多种多样。这些灾害带来的损失对国民经济的冲击远高于发达国家。中国目前的救灾体系主要以政府为主导。但政府的救灾工作不仅成本高,而且远不能完全覆盖受灾人群。这就给商业保险的介入提供了一个充分的理由。而保险业的资本状况又限制了保险公司对巨灾进行保险的形式。根据保险业的资本状况和整个金融业的资本状况的对比以及外国的成功实例,本文讨论了中国保险公司应对巨灾保险的方式——巨灾证券化。

对于巨灾证券化这个问题,国内外学者都作过许多研究。国外的研究涵盖了巨灾证券化的各个方面,例如对基差风险的分析,以及通过数学的工具讨论巨灾证券化中的债券的定价问题;国内的学者主要是介绍巨灾风险证券化的方式、成功的实例以及国外的证券化历史,相比起来,定量的研究较少,主要是以例子的形式介绍巨灾证券化。总体上来讲,国内外的研究都缺乏对中国实施巨灾证券化可行性的分析。所以,本文力图在这个问题上有所突破。

本文对中国保险公司巨灾风险证券化的可行性进行了分析。从巨灾证券化的需求和供给两个方面进行了计算,得到的结果都是正面的支持。由此得出结论,在中国实施巨灾风险证券化是可行的。当然证券化过程中也存在着一些困难,本文对一些主要问题进行了讨论并提出建议。

二、中国自然灾害概况

中国幅员辽阔,但同时也是一个自然灾害频发的国家,气象灾害、海洋灾害、洪水灾害、地质灾害等对中国影响巨大。

据统计,中国70%以上的人口、80%以上的工农业、80%以上的城市,受多种灾害的威胁。1949年以来,因灾死亡的人口五十余万人,直接经济损失两万六千多亿元,约为GNP的3%—6%、财政收入的30%,比美国和日本高出10倍,如表1所示。[①]

表1 1949年以来中国、美国、日本灾害损失对比表

国别 灾损比例	美国	日本	中国
直接经济损失/GNP	0.27%	0.5%	6%左右
直接经济损失/财政收入	0.78%		30%左右

注:中国的数据自1949年以来比例年度变化很大。

(一)直接经济损失

中国自然灾害造成的经济损失近年来有所波动,但是总体上呈现出一个上升的趋势。根据《民政统计年鉴》的数据可以看出,除了1996年因为严重的洪水和台风、1998年因为特大洪灾有一个较大的上升外,从1994年开始,每年灾害的直接损失都在2 000亿元左右。按照2003年中国国内生产总值116 694亿元人民币计算,比例仍高达2%,且由于中国GDP增长很快,故早年的比例就更高。

① 高庆华等编著,《中国21世纪初期自然灾害态势分析》,气象出版社2003年版,第2页。

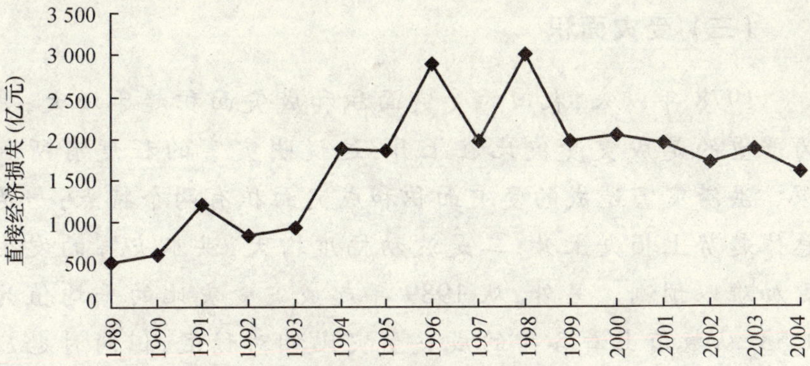

图 1　近年来因灾害造成的直接经济损失①

（二）受灾人口

在受灾人口方面，由于医疗救护方面的技术进步，以及灾情发生后指挥救援系统的成熟，因灾死亡人口下降；但无论是受灾人口还是成灾人口都是上升的，如图 2 所示。

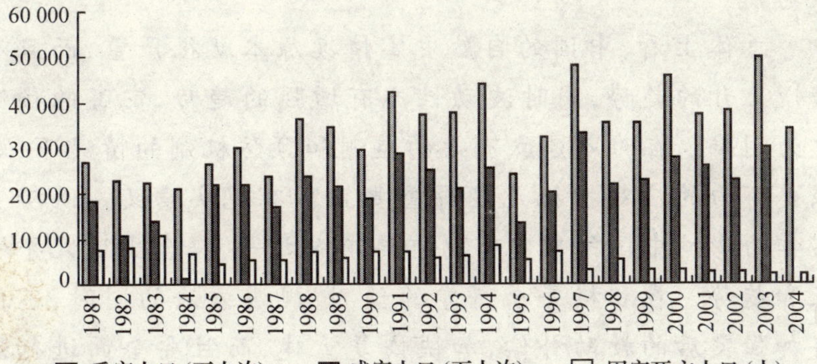

图 2　近年来受灾人口情况②

① 数据来源：《中国民政统计年鉴 2005》，第 60 页。

② 数据来源：《中国民政统计年鉴 2005》，第 59 页。

(三)受灾面积

1978年以来,农田的受灾面积和成灾面积趋于增大,更为严重的是成灾受灾比在上升,这说明灾害的程度有所加深。洪涝灾害造成的受灾面积和成灾面积有两个特点:一是总体趋势上损失上升;二是波动幅度增大,洪水灾害的发生更加难以预测。另外,从1989年起成灾受灾比的平均值为0.53,从数值上看各年的成灾受灾比相对稳定,但同时也应该注意到1998年到目前的比例基本都是超过平均值的,不能排除继续上升的可能。

数据显示,相对于洪水灾害,旱灾的损失因为基数略大,波动性相对较小,稍显稳定,总体呈上升趋势,成灾面积的上升速度要快于受灾面积的上升速度。因此成灾受灾比也呈上升态势,近年来均高于平均值0.5(1989—2004年的数据平均)。

总体上看,中国的自然灾害情况原本就很严重,而且有缓慢上升的趋势,同时波动性亦有增强的趋势,灾害的预测更为困难。在难以建立有效的监测和预防机制的情况下,加强更有力的应对措施尤显得重要且富有现实意义。洪涝灾害作为影响中国气象灾害的重要组成之一,符合上述几个特点和趋势。在积极寻求科学的预测、规避方法的同时,不仅要加强灾后的救助补偿,加快恢复重建,而且要全面进行洪水灾害的风险管理。在近年的几次大灾中,保险公司进行赔付的金额与灾害造成的总损失之间存在巨大的缺口。在看到人们投保意识不足的同时,我们更应该看到保险公司在其中将能发挥的巨大作用,在巨灾保险方面的巨大发展前景。

三、中国自然灾害风险融资的现状及存在的问题

(一) 保险公司灾害保险的承保

1980 年,为了适应其他领域的经济改革,保险业务在中国得以全面恢复,中国保险业在这一时期迅速发展,在恢复之初财产保险得到优先发展。

财产险在国内业务中所占的比重,1980 年和 1981 年均为 100%,1983 年为 98.2%,1985 年为 82.2%。随着寿险的发展,财产险的比重逐步下降,但财产险保费收入仍以每年递增 29% 的速度发展,[①]如表 3 所示。

表 2 近年来财产险保费和增长率

年份	2004	2003	2002	2001	2000	1999	1998	1997
总保费	4 318	3 880	3 054	2 109	1 598	1 406	1 256	772.7
财产险保费	1 125	869	780	685.4	608	527.2	505.7	382.2
财产险保费比例	0.26	0.22	0.26	0.33	0.38	0.38	0.40	0.50
财产险保费增长率	0.30	0.11	0.14	0.13	0.15	0.04	0.32	

数据来源:根据各年的《中国统计年鉴》的数据整理得到。

因为没有明细的险种数据,本文以 1998 年的洪水为参照粗略地估算目前承保巨灾的预期赔款。

1998 年大洪水中仅长江流域的损失就有三百多亿美元,其中只有 3.74 亿美元得到了赔付。如果按照 1:8 的汇率计算,则赔付金额为 29.92 亿元人民币($3.74\times8=29.92$),即约 30 亿元人民币。为简单起见,这里把长江流域的赔付视为整个洪灾的全部赔付支出。此外,本文还粗略地认为承保的巨灾主要分布于企财险、家财险和农业险,占企财险、家财险的一部分,以及农业险的绝大部分。

① 李友声、文章代编著,《中国保险问题报告》,沈阳出版社 1998 年版,第 10 页。

根据1999年的《中国统计年鉴》,1998年的财产险保费为505.7亿元人民币,其中企财险、家财险和农业险分别为112.6352亿元、12.1674和7.1472亿元,财产险赔付金额为289.5106亿元,企财险、家财险和农业险的赔付分别为63.4801亿元、7.3625亿元和5.6304亿元。由于无法确定企财险、家财险和农业险中承保的巨灾的权重,于是将企财险、家财险和农业险部分合并,得出保费为131.9498亿元,赔款为76.473亿元。1998年洪水的赔付支出为30亿元,占赔款额的0.391(30/76.473),对应保费规模为131.9498亿元。2004年财产险保费为1125亿元人民币,其中企财险134亿元、家财险15亿元、农业险4亿元,三项保费合计为153亿元。按1998年的赔付支出比例计算,则赔付支出为59.67亿元。

(二)保险公司的承保能力

因为无法对巨灾损失作出明确的对应,找出相应的保费,我们直接以权益衡量保险公司的承保能力。

表3　2004年各主要保险公司资产负债表中披露的权益部分

公司	人保控股	人保财险	国寿集团	太平人寿	中国信保	太保集团	太保产险	太保人寿
权益	15 329	15 443	20 767	1 582	2 967	9 555	4 646	-2 911

表4　2004年各主要保险公司资产负债表中披露的权益部分

中国平安	平安产险	平安人寿	华泰	新华	泰康	生命	永诚	恒安标准
30 177	1 995	7 625	1 629	1 097	1 542	1 951	993	1 327

资料来源:根据《中国保险年鉴2005》第74、75页中的数据整理得到。

剔除中国信保的数据,单纯统计保险公司的数据,2004年我国保险公司合计权益为1 127.47亿元;如果再剔除人寿保险公司(包括国寿集团、太平人寿、太保人寿、平安人寿、新华、泰康、生命、恒安标准),以及太保控股、太保集团、中国平安等控股公司,则合计的权益为247.06亿元。那么前文估计的59.67亿元的损失也占到财产险公司资本的24.15%。并且中国巨灾的投保率是很低的,1998年洪水的比例为100:1;如果按照较发达市场的5:1来计算,像1998年洪水保险公司的赔付要上升20倍,达到财产险公司资本的483.04%,即使加上中国再保险公司42.33亿元的权益,也是杯水车薪、于事无补。

此外,中国的对外分保率很低,即使考虑到国际再保市场的容量,像1998年的长江洪水300亿美元的损失,也已占了国际再保公司的资本金1250亿美元[①]的24%。

显然,传统的保险以及分保方式并不适合于对巨灾风险的保险。这就需要金融创新,巨灾证券化也因此应运而生,以解决这一困境。

四、巨灾风险证券化的发展与实践

巨灾风险证券化的实践源于1992年美国的安德鲁飓风。安德鲁飓风在数小时内给保险业带来约200亿美元的损失。飓风发生后的第二天,就有10家财产与责任险公司宣布破产。保险业内部通过向再保险人分保的方式控制风险,因此安德鲁飓风的破坏进一步扩散,美国本土和欧洲的再保险公司深受牵连。这一后果进而导致了此后几年再保费的飙升。另一方面,有识之士注意到资本市场的巨大资金力量,给保险业造成重创的巨灾,能被资本市场轻松地吸收。通过证券化把巨灾风险转移到资本市场成了一个思路。

---

① J. David Cummins, David Lalonde, Richard D. Phillips, 2000, The basis risk of catastrophic-loss index securities, p.6.

根据国际市场上这几年的实践,证券化产品根据形态的不同,主要有巨灾债券、巨灾期权、巨灾期货和巨灾互换。

(一) 巨灾债券

巨灾债券是一种收益率高于政府债券的公司债。保险公司设立一个特殊目的的再保险公司,由该再保险公司发行巨灾债券。特殊目的的再保险公司将发行债券所筹得的资金以及保险公司给它的再保费用用于无风险的政府债券投资。如果巨灾不发生,则特殊目的的再保险公司把投资所得以到期还本付息的形式支付给投资者;如果巨灾发生,则特殊目的的再保险公司把投资所得以再保赔款的形式支付给保险公司。

(二) 巨灾期货

巨灾期货是一种套期保值的工具。全球首支巨灾期货是芝加哥证券交易所(CBT)于1992年12月推出的。该期货产品的价格基于保险服务部提供的一个“损失率指数”。“损失率指数”等于一个季度内,所有发生的巨灾损失(针对全美26个保险公司)除以一个事先固定的保费数。用“损失率指数”乘以2.5万美元的合同尺寸就得到一个期货合同的价格。

(三) 巨灾保险期权

最典型的巨灾期权是1995年由芝加哥期权交易所推出的美国财产理赔服务局(PCS)期权。这种期权是一种欧式看涨期权,即只能到期执行期权。它是根据PCS计算的9种赔付率成交的。制定这种期权的根据是一批特定保单的赔付率,其基础指数等于该地区在损失期(一般为一年或一季度)因遭受灾害事故导致赔款损失的累计值除以1亿美元;同时,PCS期权使用者可选择一个6个月或12个月的发展期,即指出损失期后财产索赔服务公司估计继续影响该赔付指数的时期,在发展期结束时的PCS指数值方为执行指数值。发展期的设定是因为在发生巨灾之后需要一定的时间来完成理赔工作。期权费以点数报价,每点等于200美元。该期权规定了两个指数 a、b($a<b$),若到期执行指数低于 a,期权持有者不执行;若执行指数等于或高于 b,每个期权获利 $200\times(b-a)$ 美元;若执行指数 x 在 a、b 之间,则每个期权获利 $200\times(x-a)$ 美元。

(四)巨灾互换

巨灾互换是基于互换的基本原理,将一系列事先确定的固定付款与一系列浮动付款交换,而后者的价值与投保事件的发生与否相关联,但本金不作交换。交易可以由公司间自行谈判达成或者经由金融中介达成,相对比较简单,成本较低。这种方式的巨灾证券化主要是用于保险人对承保的巨灾风险在地域上的分散化。但是由于是双方互换,其中有一个违约风险。由于信息不对称导致的交易成本可能会有所上升。

五、中国巨灾风险证券化的可行性分析

(一)中国资本市场的风险承担能力

中国的资本市场从1990年起开始发展,且发展迅猛,近年来起伏较大,但是股市市价总值占GDP的比重一直处于上升态势,如表5所示。

表5　股市市值占GDP的比重

年份（年）	GDP（亿元）	市价总值（亿元）	市价总值/GDP（%）	流通总值（亿元）	流通总值/GDP（%）
1993	34 634.4	3 531.01	10.20	861.62	2.49
1994	46 759.4	3 690.62	7.89	964.82	2.06
1995	58 478.1	3 474	5.94	937.94	1.60
1996	67 884.6	9 842.37	14.50	2 867.03	4.22
1997	74 772.4	17 529.23	23.44	5 204.43	6.96
1998	79 552.8	19 505.64	24.52	5 745.59	7.22
1999	82 054	26 471.17	32.26	8 213.97	10.01
2000	89 404	48 090.94	53.79	16 087.52	17.99
2001	95 933	43 522.19	45.37	14 463.16	15.08
2002	102 398	38 329.12	37.43	12 484.55	12.19
2003	116 694	42 457.72	36.38	13 178.52	11.29
2004	136 513	37 055.57	27.14	11 688.64	8.56

数据来源:《金融年鉴2004》,中国统计出版社2005年版,第384页。

除了2000年的飙升及其后的大幅回落可能暗示中国股市中有泡沫的成分,总体上讲股市对国民经济的影响作用是在不断增大的,其在融资领域的作用也是不能被抹杀的。而且较之发达的资本主义国家(如英国的119%、美国的106.4%),[①]中国的股市还是有很大的发展前景的,市场容量也将会不断扩大。

标准普尔的报告显示,截至2002年底,中国债券市场的市值规模已达到30 720亿元人民币,其中63%为国债,33%为政策性金融债券,4%为企业发行的债券。

如果把股市和债市合计,以2000年为标准,则1998年洪水这样的300亿美元的损失只占中国资本市场总市值的3.48%。所以,无论是否通过国际再保转移一部分风险,通过证券市场释放巨灾风险对整个经济体的震动都远小于把风险留在保险业中。

① 《国际统计年鉴2003》,第179页。

另外，近年来，中国城乡居民收入持续增长，人民币储蓄存款余额从1997年的4.6万亿元增加到2004年底的12.0万亿元。[①] 这部分资金所面对的投资渠道不外乎股市和债市两种。而中国股市中股权分置的根本问题尚未完全解决，影响未定；加之近年来猛爆出的券商的违规，人们更多地选择逃离市场或者观望；而债市中企业债的比重不到5%，人们没有什么选择。如果此时巨灾证券化产品能得以发行，则正好拓宽了人们的投资渠道。根据前文的分析，可以看到，巨灾证券化产品和其他金融产品是不相关的，在资产组合中beta值等于0。投资者在原先的有效组合上的投资加入巨灾证券化产品后仍在有效边界上。

所以说中国的资本市场是能够承担巨灾风险的，同时对巨灾证券化产品也有着巨大的需求。

（二）洪水债券的模式设计

本文对巨灾债券进行了简单的模式设计，进而分析了在中国进行巨灾债券发行的可行性。

在巨灾证券化的全球实践中，主要的方式有巨灾期权、巨灾债券、巨灾期货、巨灾互换等。其中比较成功的形式还是巨灾债券，所以如果要在中国进行巨灾证券化的实践，优先选择巨灾债券的方式更为稳妥。

下面针对中国的洪水灾害设计一个巨灾债券。中国国民经济命脉在七大流域的中下游地区，占全国国民生产总值的70%以上。我们就以长江流域的洪灾风险作为证券化的对象。保险公司A通过设立特殊目的再保险公司（SPV）B来发行巨灾债券，对于下一年度的长江流域的洪灾进行证券化处理。

---

① 《中国金融统计年鉴2005》。

1. 触发事件

触发事件是下一年度长江流域发生了洪灾。在具体操作上可以有多种方法界定“发生洪灾”。

第一种方法是:地理地质学上的科学界定,即通过对“巨灾”定义的条件进行核对,发现符合其中所有条件的则视为巨灾发生。但是事实上“巨灾”的定义在国际上没有统一的执行标准。美国保险服务局(ISO)财产理赔部按照1998年的价格将巨灾风险定义为“导致财产直接保险损失超过2 500万美元并影响到大范围保险人和被保险人的事件”。

第二种方法是:以保险公司的具体赔付金额作为衡量标准。当该公司在一次灾害事故中的所有标的赔付金额超过某个预定值时,则视为巨灾发生。这种方法的缺陷是存在着较大的道德风险。保险公司由于存在着证券化产品作为再保后盾,在实践的赔付中往往很容易放松对理赔的控制,使得总赔付额上升,从而人为地扩大了巨灾发生的概率。

第三种方法是:以全国或某一地区的保险业在一次巨灾事件中的赔付支出总额作为衡量标准。当该地区的保险公司在一次巨灾事故中的赔付支出总额超过了预定值,则视为巨灾发生。这个方法在很大程度上降低了道德风险,因为相对于行业来说,单个保险公司在理赔支付方面的放松给总损失额带来的影响不是很大,加权影响已经被稀释了。但是这种方法在解决道德风险这个问题的同时也带来另外一个新的问题,即基差风险。行业损失一般与单个企业的损失是正相关的,但是相关系数不为1,不是完全正相关。因此在以行业损失为衡量标准的条件下,单个企业得到的再保补偿可能不能完全抵消其在保险赔付中的支出。

具体选择以何种方式作为巨灾债券的触发条件,可以由保险公司自身对道德风险带来的对销售的影响和基差风险对赔付的补偿不足之间进行权衡判断,作出选择。

这里为了简化问题,我们选择第二种方法作为触发事件。

2. 巨灾证券化产品供给分析

SPV B 统计 A 公司在长江流域的洪泛区的承保标的价值,以确定发行巨灾债券的总金额。B 通过投行设计把债券销售给投资者。同时 A 把从原投保人处收到的保费分出一部分以再保费的形式缴付给 SPV B。SPV B 把投资者支付债券认购款和 A 公司的再保费一起投入到像国债等无风险的投资产品上。至于期限的选择根据发行债券的内容进行匹配处理。

发生洪灾时的支付方式也可以包括很多,一种是设立支付顺序,另外,也可以在支付内容上有所区别。为简化问题,本文选择在巨灾发生时不归还本金和利息的方式,因此也就没有受偿顺序的问题,同时我们把该模型设为一期模型。

以下的分析主要是以巨灾债券的供给方为角度。核心想法是:保险公司通过 SPV B 进行巨灾证券化的成本低于传统再保险的成本,则保险公司有动机去进行巨灾证券化,巨灾证券化的供给不成问题。

SPV B 销售的巨灾债券为一年期,面值 X,设计好息票率 a 使得该巨灾债券平价发行。A 和 SPV B 签署再保险协议,支付给 B 再保费。SPV B 投资无违约风险的国债,无风险利率为 b(显然 b 小于 a)。巨灾损失为 L。合约为:触发事件实际发生,投资人本息全无;触发事件实际没有发生,投资人得到本息。

若巨灾债券平价销售则:

$$X = \frac{X(1+a)(1-\Pr(\text{风险事故发生}))}{1+b}$$

由上式反解出:

$$\Pr(\text{风险事故发生}) = 1 - \frac{1+b}{1+a} = \frac{a-b}{1+a} \tag{1}$$

同时 SPV 筹集的资金用于投资无风险收益资产,则:

$$(w+X)(1+b) = L$$

由此解得:

$$X = \frac{L}{1+b} - w \tag{2}$$

由巨灾债券的收益率 a 的定义可知:

$$a = \frac{L-X}{X} \tag{3}$$

把(2)代入(3),则:

$$a = \frac{L-X}{X} = \frac{w+L-\dfrac{L}{1+b}}{\dfrac{L}{1+b}-w} = \frac{\dfrac{bL}{1+b}+w}{\dfrac{L}{1+b}-w}$$

$$= \frac{bL+w(1+b)}{L-w(1+b)} \tag{4}$$

传统再保的精算合理费率为:

$$P = \frac{\Pr(\text{巨灾发生})L}{1+b} \tag{5}$$

理论上,Pr(巨灾发生)和 Pr(风险事故发生)是同一件事情,都是巨灾发生的概率,只是由于信息不对称等问题,两者的概率估算可能会有所差异。

把(4)、(1)式代入(5)式,得:

$$P = \frac{1}{1+b}\frac{\dfrac{bL+w(1+b)}{L-w(1+b)}-b}{1+\dfrac{bL+w(1+b)}{L-w(1+b)}}L$$

$$= \frac{1}{1+b}\frac{bL+w(1+b)-b[L-w(1+b)]}{L-w(1+b)+bL+w(1+b)}L$$

$$= \frac{1}{1+b}\frac{w(1+b)^2}{L(1+b)}L$$

解得：

$$P = w$$

所以当传统再保费率大于上式中的 P，或者在(5)中的估算 Pr(巨灾发生) > Pr(风险事故发生)时，证券化是优于传统再保险的，并且一般的条件都能够得到满足，因此保险公司有动力进行巨灾证券化。

当然在实际中，保险公司没有对所承担的巨灾风险进行大规模的证券化进程。因为以上的计算都是在没有考虑交易成本和其他费用的前提下进行比较的。首先，我们就交易费用来看，传统再保险的操作是个案处理，再保险合同往往是专门拟定的。交易成本应该大于大规模发行巨灾债券后的原保险与 SPV 之间的交易成本。同时，巨灾证券化最初引入的一项交易成本是投资者购买债券时的交易成本，由于信息不对称，需要信用评级等手段，自然会增加交易费用。但是可以合理地预见到，随着大规模的巨灾证券化的进行，将会产生规模经济效益；随着投资者对巨灾证券化产品的熟悉，以及投资者变得更为理性，这一成本将会递减。

设立 SPV 也是有成本的，这项成本随着巨灾证券化的大规模进行在一定程度上会有所下降。此外，成本还包括支付给投行的费用。

在现实的市场条件下，巨灾证券化的成本可能在目前仍然没有很大的优势，但是随着市场条件的成熟，证券化的实践增多，投资者更加理性，相信巨灾证券化的成本优势会逐渐体现。

3. 巨灾证券化产品需求分析

我们再从巨灾证券化的需求方角度进行分析。

首先，巨灾证券化的需求包括两个方面：一是通过巨灾证券化控制风险的需求；二是对巨灾证券化产品的需求。

巨灾风险控制的需求方包括了原被保险人和原保险人,原保险人从表面上看是直接的需求方。保险人从巨灾证券化中可能获得的益处如下:

(1) 通过巨灾证券化,保险人通过证券市场把巨灾风险转移给投资者;

(2) 可以承保各种新的风险;

(3) 改善资产负债表,扩大承保能力(同时带来的 SPV 的高负债率,进而对其的合法存在所受的影响在下文会有讨论);

(4) 可以通过证券化产品的设计进行长期的再保,而传统再保往往只有一年期的;

(5) 保险产品创新。

可以看到,保险人是风险控制的直接需求方。通过证券化过程的创新,承保的风险种类增多,进而给原被保险人也会带来好处,使其可以控制更多的风险,经营更加稳健。所以,原被保险人也是不容忽视的风险控制的需求方,他和原保险人均构成了对风险控制方面的强烈需求。

另外,传统再保险在应对巨灾风险再保险时,巨灾发生的概率上升,再保费上升,同时供给减少。在这种情况下,原保险人对新的不受制于国际再保险人的形式的巨灾再保的需求更加旺盛。

下面我们来看看对证券化产品本身的需求——投资者的需求。

根据资产组合理论,多项资产的收益是组合中的各项资产的收益的加权平均,即

$$R_p = w_1R_1 + w_2R_2 + \cdots + w_nR_n = \sum_{i=1}^{n} w_iR_i$$

其中 w_i 是第 i 项资产在资产组合中所占的价值比重,R_i 是第 i 项资产的收益率。

这 N 项资产构成的资产组合的期望收益 $u_p = E(R_p)$，那么该资产组合的期望收益为：

$$u_p = \sum_{i=1}^{n} w_i E(R_i)$$

该资产组合的风险，用方差来衡量为：

$$\sigma_p^2 = \sum_{i=1}^{n} w_i^2 \sigma_i^2 + \sum_{i=1}^{n} \sum_{j=1}^{n} w_i w_j \sigma_i \sigma_j \rho_{ij}$$

其中，w_i 是第 i 项资产在资产组合中所占的价值比重，σ_i 是第 i 项资产的标准差，ρ_{ij} 是第 i 项资产和第 j 项资产的收益的相关系数。

根据期望收益和方差的公式，以期望收益和方差分别为两个坐标可以得到一个所有资产组合的图形。左上边界形成效率边界，即该边界上的点所对应的资产组合，或者在同等期望收益下方差最小，或者在同等方差下期望收益最大。在效率边界上的资产组合是最有效率的，理性经济人只会在以上边界上进行选择。这是在只有风险资产的条件下的情况。

实际当中还有国债等无风险的债券。那么过无风险收益率的点，作效率边界的切线，所得到的新的效率边界，这上面的点比其他可能的任何资产组合点满足或者在同等期望收益下方差最小，或者在同等方差下期望收益最大。公式表达为

$$E(R_p) = R_f + \frac{E(R_M) - R_f}{\sigma_M}\sigma_p$$

其中，$E(R_M)$ 是市场资产组合的期望收益，σ_M 是市场资产组合的标准差，σ_p 是资产组合的标准差，R_f 是无风险收益率。

现在我们引入巨灾债券 Cat Bond（以下记为 C），巨灾债券 C 有着较高的收益，当然是对应于其较大的变化幅度，即较大的方差。同时，巨灾发生与否和传统的金融产品的涨跌

几乎没有关联,即相关系数极小,甚至趋近于0:

$$\rho_{C,M} = \frac{\mathrm{Cov}(R_C, R_M)}{\sigma_C \sigma_M} \to 0$$

引入巨灾债券之后,投资者可以在原来的资产组合的基础之上进行重组。在认购巨灾债券部分的权重设为 a 的条件下,投资者新的资产组合的投资收益和方差如下:

$$r_{\mathrm{new}} = aE(R_M) + (1-a)E(R_C) = ar_M + (1-a)r_C$$

$$\sigma^2_{\mathrm{new}} = a^2\sigma^2_M + 2a(1-a)\rho_{C,M}\sigma_C\sigma_M + (1-a)^2\sigma^2_C$$

通过以上两个指标,我们来判断投资者的状况是否有所改善。简单地看,通过收益率与方差的数值大小是没有办法进行判断的,因为没有具体的数量化的量可以代入,单纯的未知量,只有大小之分,具体的差距多少难以界定与假设。

因此,只能通过图形进行分析。根据前面已知的资产组合中的效率边界,我们知道,一旦引入新的投资产品之后,效率边界向左、向上方有所移动,则投资者的状况是有所改善的。因为向左、向上的移动,不是意味着在同等方差下投资收益上升,就是意味着在同等投资收益下方差减小。

效率边界的移动可以通过市场资产组合点 M 点的斜率变化来进行判断。对斜率变化的讨论要分两种情况:第一种情况是巨灾债券 C 的投资收益大于市场资产组合,即 $r_C > r_M$。效率边界将只在原 M 点右边的一段变化。那么只要 M 点新的正斜率 > 旧的正斜率,或者 M 点新的斜率变为负,则效率边界向左上移动。第二种情况是巨灾债券 C 的投资收益小于市场资产组合,即 $r_C < r_M$,效率边界将只在 M 点左边的一段变化。那么只要 M 点新的正斜率 < 旧的正斜率,边界将变得更平缓,则效率边界向左上移动。

下面进行计算判断。

根据投资收益的方程式,对投资收益 r 求 a 的偏导:

$$\frac{\partial r_{\text{new}}}{\partial a} = r_M - r_C$$

根据方差的方程式,对方差 σ 求 a 的偏导:

$$\frac{\partial \sigma^2_{\text{new}}}{\partial a} = \frac{2\sigma_{\text{new}} \partial \sigma_{\text{new}}}{\partial a}$$

$$= 2a\sigma^2_M + 2(1-2a)\rho_{C,M}\sigma_C\sigma_M - 2(1-a)\sigma^2_C$$

在 M 点,则 $a=1$,那么

$$\left.\frac{\partial \sigma_{\text{new}}}{\partial a}\right|_{a=1} = \sigma^2_M - \rho_{C,M}\sigma_C\sigma_M$$

那么斜率为

$$\frac{\dfrac{\partial \sigma_{\text{new}}}{\partial a}}{\dfrac{\partial \sigma_{\text{new}}}{\partial a}} = \frac{r_M - r_C}{\sigma_M - \rho_{C,M}\sigma_C}$$

在 $r_C > r_M$ 的条件下,上式分子 <0,M 点的新斜率为负,则效率边界向左边突拐,投资者显然因引入巨灾债券而收益。在 $r_C < r_M$ 的条件下,上式分子大于0,分母因为 $\rho_{C,M}$ 趋向于0而为正,整个式子为正,斜率为正。M 点的旧的斜率为 $\frac{r_M}{\sigma_M}$。那么由于 $\rho_{C,M}$ 趋向于0,新斜率中分母后一项也趋向于0,新斜率的分母与旧斜率的分母几乎相当。但是新斜率的分子显然小于旧斜率的分子,即符合之前的讨论,新的正斜率 $<$ 旧的正斜率,边界更加平坦,效率边界向左移动,这意味着投资者因为引入了巨灾债券而获益。

根据以上针对巨灾证券化产品本身的需求分析,投资者本身将从中得到状态的改善,或者在同等方差下投资收益上升,或者在同等投资收益下风险减小。对巨灾证券化产品的需求是不成问题的。

前文还就巨灾证券化的风险控制方面的需求作过分析,

风险控制的需求本身旺盛,加之传统再保的定价规则,更导致了原保险人对新的不受制于人的巨灾再保的需求飙升。

供给角度的分析,也证明保险公司愿意设立SPV发行巨灾债券,以便进行较低成本的巨灾再保险。

综上所述,整个巨灾证券化的供给和需求都是可行的。

六、问题与建议

(一)存在的问题

中国严重的自然灾害状况,使得巨灾证券化有着巨大的市场前景;中国保险公司承保能力不足,巨灾证券化是可行的解决途径之一;巨灾证券化一方面是一个很好的投资渠道,另一方面也可以舒缓高额储蓄的压力。

但在实践中,在中国真正推行巨灾证券化还存在着若干障碍和问题。

首先,数据资料的错误与缺失。中国的数据统计记录工作还有待改善,很多相同的数据项目在不同的政府部门统计下的数据是不同的。另外还有就是数据缺失问题,有些年份的数据大段缺失(这有着历史的原因),还有个别项下的数据缺失。这些都直接影响到巨灾风险证券化产品的定价。

其次,法制体系还不完善。最为基本的证券化基础SPV的设立是否合法目前还是一个未知数。因为SPV的注册资本远不及所发行的巨灾债券的额度,如此低的资产负债率的公司的存在如何让投资者放心、让监管者放心是一个很大的问题。这也是中国目前其他行业进行证券化中的一个主要障碍。

第三,信用评级制度还未建立。证券化的一般程序中评级机构参与的步骤有两个:信用初评和发行评级。初评以确定增级的目标，发行评级是向投资者传递正确的信息，但中国的信用评级可以说是缺失的。

第四，证券和保险专业人才还比较缺乏。目前保险业的人才还比较缺乏。单纯的巨灾保险和证券化都是较为复杂的过程，把两者很好的结合更是一项庞大复杂的工程，需要专业的投行人员和保险精算人员的合作；保险产品的定价还是一门科学，不是一般的投行人员所能胜任的；而两种知识、能力兼备的人才更是不可多得，这种人才在中国是极度匮乏的。

（二）建议

针对以上问题，笔者提出如下粗浅的建议：

首先，要建立巨灾风险的数据库。此项措施无论是在巨灾预防还是巨灾证券化中都有着重要的意义。数据库的建设包括两个方面，一个是重视历史数据的保存、积累，另一个更重要方面是通过具体的自然科学模型进行拟合预测。后者主要是用科学的手段来解决数据缺失的问题并预测未来。

这些历史记录最终都是为了预测将来。根据历史数据进行回归分析，构造拟合方程；同时结合新的卫星、水文等观测数据，进行修正、预测。所得数据一可用以防灾、转移等预防性措施；二可作为巨灾风险证券化的定价基础。

在实践中，中国的保险公司已经有了一定的探索——中国人民财产保险股份有限公司从 1992 年起开始立项对全国的自然灾害进行区划研究和分析，到 1998 年项目完成，根据研究取得的成果，中国人民财产保险股份有限公司于 1997 年在系统内推行洪水风险图——但是要走的路还很长。

数据库建设中要做好兼容问题，不能出现相互矛盾、不一致的情况；各公司及政府有关部门可以在一定的协议下数据共享,这样有利于资源的有效配置。

如果以行业损失指数为触发事件,数据库能保证这些行业损失数据的真实性和完整性。

第二,要加强全面的法制建设。前面所述的SPV的合法合理性问题,目前在其他实业证券化的实践过程中,一般进行复杂的设计以规避。但是如果能从法律上直接解决,则是最低成本的方法。

整个证券化过程还涉及方方面面的事情,监管、税务、政策倾斜等,这都需要有一整套完善的法律制度来规范。当然这是一项复杂而浩大的工程,这些制度可以按重要性分批出台。

第三,加强信用评级的有效性和可信性。信用评级之所以重要是因为它是解决投资者和SPV(或者说对应资产的未来现金流)之间的信息不对称问题的成本最低的办法。公正的信用评级机构的产生也有利于解决中国目前股市的困境,而良好的证券市场的发展也有利于巨灾风险证券化。中国目前规模较大的信用评级公司包括中诚信、大公等,中诚信的历史只有短短十几年,而美国的标准普尔和穆迪都已有了上百年的历史。评级行业的性质决定其注重历史和信誉,所以其间的差距不是一朝一夕能赶上的。现阶段还需要通过合资合作的方式来解决证券化过程中的评级问题。

第四,重视人才建设。人才培养要靠大学教育,辅以一定的实践操作,这是一个稳扎稳打的过程。短期人才需求的满足可以通过对已有的保险人才和证券人才进行再培训来解决。

参考书目

1. 高庆华等编著,《中国21世纪初期自然灾害态势分析》,气象出版社2003年版。

2. 黄斌,《巨灾风险证券化的经济学分析》,《江西财经大学学报》,2003 年第 1 期。
3. 李友声主编,《祸兮? 福兮? 中国保险业问题报告》,沈阳出版社 1998 年版。
4. 陆珩、陈伟忠,《保险风险证券化——巨灾债券》,《华东经济管理》,2003 年 8 月第 17 卷第 4 期。
5. 田玲、王萍,《巨灾风险债券的经济学分析》,《数量经济技术经济研究》,2003 年第 11 期。
6. 姚壬元,《巨灾风险证券化研究》,《中南财经政法大学学报》,2004 年第 5 期。
7. 周伏平,《巨灾风险证券化研究——金融、保险一体化的典范》,《财经研究》,2002 年 2 月。
8. 张莉、钟玲,《再谈保险风险证券化》,《南京财经大学学报》,2004 年第 3 期。
9. J. David Cummins, David Lalonde, Richard D. Phillips, The basis risk of catastrophic-loss index securities, fic. wharton. upenn. edu/fic/papers/00/0022. pdf.
10. J. David Cummins, Neil A. Doherty, Can insurers pay for the "big one"? measuring the capacity of an insurance market to respond to catastrophic losses, knowledge. wharton. upenn. edu/papers/38. pdf.
11. Sam Cox, Hal Pedersen, Catastrophe risk bonds, www. actuaries. org/AFIR/ colloquia/Cairns/Cox_Pedersen. pdf.
12. Samuel H. Cox, Joseph R. Fairchild, Hal W. Pedersen, Economic aspects of securitization of risk, www. casact. org/library/astin/vol30no1/157. pdf.
13. Samuel H. Cox, Joseph R. Fairchild, Hal W. Pedersen, Valuation of structured risk management products, *Insurance*: *Mathematics and Economics*, 34 (2004), pp. 259—272.

中国保险市场开放模式研究

王绪瑾　徐东炜*

内容提要：在中国保险市场发展的过程中，保险市场开放模式的选择直接影响到保险业的发展，影响到社会经济的稳定。本文拟在分析中国保险市场开放的现状、特点和借鉴海外模式的基础上，结合中国保险市场的实际情况，提出中国保险市场的开放模式为数量主导型模式。其实现的途径在于：完善企业机制，优化企业股权结构，增强自主创新能力；加速集团化；完善保险监管；完善保险法律法规；加强保险业的风险管理。

关键词：保险市场　开放模式　数量主导型

---

* 王绪瑾，北京工商大学保险系主任、保险学教授；徐东炜，北京工商大学保险系 2003 级研究生。

中国自1980年恢复国内保险业务至2005年的26年间,保费收入年增长约为33.5%,远远高于同期国内生产总值约9.5%的增长速度。自1992年保险市场开放以来,外资保险公司由一家发展到2005年底的40家。其间,入世起了很大的推动作用。中国保险市场的开放直接影响着中国保险市场的发展,因此,中国保险市场的开放模式不仅关系到保险业的发展、保险市场的稳定,也关系到社会经济的稳定。基于此,本文拟在分析中国保险市场现状、借鉴海外模式的基础上,结合中国的实际,提出中国保险市场的开放模式。

一、中国保险市场开放的现状

(一) 开放进程

1. 酝酿阶段(1980年—1991年)

1980年,中断20年的中国保险业得以复苏,同时,也开始了中国保险业对外开放的酝酿——批准设立外资保险公司代表处。1980年到1988年间先后有美国、英国和日本16家保险公司在华设立代表处或联络机构。这些公司的代表处积极与国内保险公司、政府机构和社会各界开展联系、提供培训、收集资料,并参与许多社会公益活动,树立公司形象,期待进入中国市场的许可。正是从20世纪80年代起,中国的保险市场日趋开放,走上了一条通过试点逐渐扩大对外开放度和开放区域的循序渐进之路。

2. 开始阶段(1992年—1995年)

1992年,国务院批准在上海进行保险市场开放的试点,并由中国人民银行颁布了《上海外资机构暂行管理办法》以实施对外保险公司的监督。中国第一家外资保险公司——美国友邦被批准在上海设立分公司,从而迈出了市场开放的第一步。其后1993年东京海上火灾保险公司在上海开业。1993年5月我国第一家外资保险经纪人公司——英国塞奇维克保险与风险管理咨询(中国)有限公司在北京开始营业。国务院1995年又将试点城市扩大至广州并批准美国国际集团的友邦保险公司和美亚保险公司在广州设立分公司。从这一阶段开始,中国保险市场开始了真正意义上的对外开放的进程。

3. 发展阶段(1996年—2001年)

从这一阶段开始,我国开始逐步尝试市场主体产权的多元化,1996年加拿大宏利保险公司与中国石化总公司合资在上海成立中宏人寿保险公司,这是中国第一家中外合资的保险公司。其后又批准设立了一系列的合资保险公司。1996年,瑞士丰泰保险集团宣布在上海建立经营普通财产险业务的分公司,营业范围为上海地区,这是获准开业的第一家欧洲保险公司,其后又批准了一些外资保险公司筹建开业或扩大业务。2000年在上海、广州开放保险市场试点成功的基础上,我国进一步扩大保险开放区域到深圳、重庆、大连、天津等地。

4. 履行承诺阶段(入世至今)

世贸组织于2001年11月10日通过中国加入WTO的决定,据此,中国在历经15年的艰苦谈判后,于12月11日成为世贸组织的正式成员。中国保险业入世承诺的主要内容包括:

第一,企业设立形式。加入时,允许外国非寿险公司在中国设立分公司或合资公司,合资公司外资股比可以达到51%;中国加入后两年内,允许外国非寿险公司设立独资子公司,即没有企业设立形式限制。

加入时,允许外国寿险公司在中国设立合资公司,外资股比不超过50%,外方可以自由选择合资伙伴。

加入时,合资保险经纪公司外资股比可以达到50%;中国加入后3年内,外资股比不超过51%;加入后5年内,允许设立全资外资子公司。

随着地域限制的逐步取消,经批准,允许外资保险公司设立分支机构。内设分支机构不再适用首次设立的资格条件。

第二,地域限制。加入时,允许外国寿险公司、非寿险公司和保险经纪公司在上海、广州、大连、深圳、佛山提供服务;中国加入后两年内,允许外国寿险公司、非寿险公司和保险经纪公司在北京、成都、重庆、福州、苏州、厦门、宁波、沈阳、武汉和天津提供服务;中国加入后3年内,取消地域限制。

第三,业务范围。允许外国非寿险公司从事没有地域限制的"统括保单"和大型商业保险。加入时,允许外国非寿险公司提供境外企业的非寿险服务、在中国外商投资企业的财产险、与之相关的责任险和信用险服务;中国加入后2年内,允许外国非寿险公司向中国和外国客户提供全面的非寿险服务。加入时,允许外国寿险公司向外国公民和中国公民提供个人(非团体)寿险服务;中国加入后3年内,允许外国寿险公司向中国公民和外国公民提供健康险、团体险和养老金/年金险服务。加入时,允许外国(再)保险公司以分公司、合资公司或独资子公司的形式提供寿险和非寿险的再保险业务,且没有地域限制或发放营业许可的数量限制。

第四,营业许可。加入时,营业许可的发放不设数量限制。申请设立外资保险机构的资格条件为三个:投资者应为在WTO成员国超过30年经营历史的外国保险公司;必须在中国设立代表处连续2年;在提出申请前1年年末总资产不低于50亿美元。

第五,关于法定保险的范围。中国承诺,中外直接保险公司目前向中国再保险公司进行20%分保的比例,在中国加入WTO时不变,加入后1年降至15%;加入后2年降至10%;加入后3年降至5%;加入后4年取消比例法定保险。但是,外资保险公司不允许经营机动车辆第三者责任险、公共运输车辆和商业用车司机和承运人责任险等法定保险业务。

入世以来,中国保险业认真履行入世承诺,逐步取消了对外资保险公司的限制。外资保险公司数量从入世前的14家公司19家总分支公司,增加到2005年底的40家公司99家总分支公司。《财富》世界500强企业中的40多家境外保险公司,已有27家在中国设立了营业机构。19个国家和地区的128家外资保险机构在华设立了192个代表机构和办事处。截至2005年底,外资保险公司的市场份额已经达到6.92%。中国保险业已对外资保险公司放开了全部地域和除有关法定保险以外的全部业务。

(二)中国保险市场开放的成就

1. 保险主体增加,市场模式开始转变

2001年加入WTO时,我国保险市场共有保险公司52家,其中,中资公司24家、外资公司28家。中资保险公司的市场份额为98.35%,外资(含中外合资)保险公司的市场份额为1.65%。2004年12月11日,中国保监会宣布允许外资寿险公司提供健康险、团体险和养老金、年金险业务,同时取消外资保险机构设立分支机构的地域限制,中国保险市场开始全面对外开放,外资保险公司由此进入新一轮成长期。截至2005年12月底,我国共有93家保险机构,其中保险公司88家,保险资产管理公司5家。在保险公司中,外资和中外合资保险公司为40家,市场份额也已经从2001年的1.65%增长到6.92%。

随着保险市场主体数量的增加,各保险公司之间的竞争不断加剧,市场份额在逐渐增加的各主体之间出现了重新分配,我国保险市场的市场模式已悄然变革。2001年,中国人寿保险公司和中国人民保险公司保费收入的市场占有率分别为38.51%、23.96%;中国平安保险(集团)股份有限公司为22.19%;中国太平洋财产保险股份有限公司为10.84%。4家总计95.55%,其余11家保险公司的市场占有率仅为4.45%,中国保险市场属于寡头垄断市场;根据2005年保险市场78家保险公司的统计,市场占有率分别为:中国人寿保险公司37.71%;中国人民保险公司13.39%;中国平安保险(集团)股份有限公司14.52%;中国太平洋财产保险股份有限公司10.28%;其余70家保险公司的市场占有率仅为24.1%。[①] 8大保险公司(包括前4家的子公司)占有市场份额的75.9%(如图1所示),显示中国保险市场的市场模式正在由寡头垄断向垄断竞争型发展。

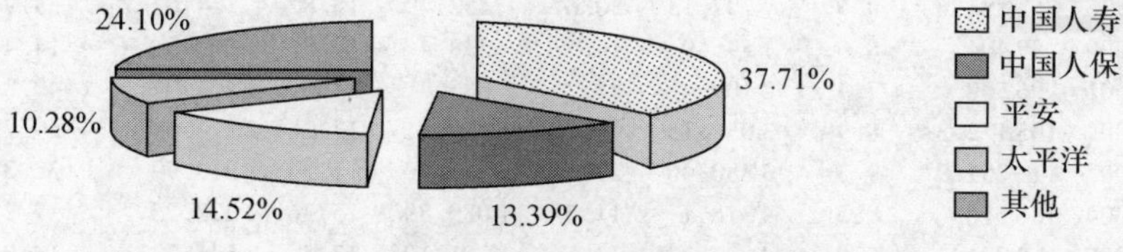

图1　2005年中国保险市场份额图

2. 保费收入加速增长

从表1可以看出,从2001年开始到2003年,我国的保费收入每年都保持了27%以上的高增长率,2002年甚至达到44.59%的高速增长。从2004年开始,我国保险市场进入

① 根据中国保险监督管理委员会网站的资料整理,不含分入保费。

注重效益的调整时期,但保费规模仍保持了较高的增长速度,2004年全国保费收入为4318亿元,同比增长11.3%;保险深度为3.4%,同比增长0.06%;保险密度为332元,比上年增长了44.7亿元。2005年全国保费4927.335亿元,同比增长14.1%,其中,财产保险业务增长较快,保费收入达1281.108亿元,同比增长17.5%;人身保险业务也摆脱了2004年增长速度明显放缓的趋势,保费收入达到3646.227亿元,同比增长12.9%。在业务总量中,寿险仍占74%。随着保险市场的逐步开放,保险市场主体增加,竞争不断加剧。激烈的竞争将使市场需求潜力得到进一步开发,保费收入保持持续高速增长。

表1　1980—2005年中国保费收入状况表

年份	国内生产总值(亿元)	增长速度①(%)	保费收入②(亿元)	增长速度③(%)	财产保险保费收入(亿元)	增长速度(%)	人身保险保费收入(亿元)	增长速度(%)
1980	4517.8	7.8	4.6	—	4.6	—	—	—
1981	4862.4	5.2	7.8	69.5	7.8	69.5	—	—
1982	5294.7	9.1	10.3	32.1	10.284	31.8	0.016④	—
1985	8964.4	13.5	33.1	65.5	28.69⑤	49.94	4.41	508.3
1990	18547.9	3.8	135.17	38.5	106.76	36.78	28.41	45.1
1996	67884.6	9.6	777.13	30.6	452.49	15.82	324.62	58.97
2000	89404	8.0	1595.9	14.5	598.4	14.8	997.5	14.4⑥
2001	96500	7.4	2109.4	32.2	685.4	14.6	1424.0	42.8
2002	105172.3	8.99	3054.15	44.59	779.51	13.26	2274.64	59.73
2003	117251.9	9.3	3880.40	27.05	869.40	11.53	3010.99	32.37
2004	136515	9.5	4318.1	11.3	1089.89	25.36	3228.25	7.22
2005	182321	9.9	4927.335	14.1	1281.108	17.5	3646.227	12.9

① 1998年以前国内生产总值及增长速度的资料均来源于《中国统计年鉴》,中国统计出版社1999年;1999年、2000年的资料则来源于统计公报。

② 部分资料来源:根据裴光所著《中国保险业监管研究》第378、380页整理而得,中国金融出版社1999年版。

③ 除1999年外,其余年份的保费收入、财产险保费收入、人身险保费收入的增长速度均与相邻年份的保费收入、财产险保费收入、人身险保费收入对比推算而得。

④ 中国保险学会,《中国保险史》,中国金融出版社1998年版,第464页。

⑤ 1985—1988年资料根据保费收入与人身保险保费收入推算得到。

⑥ 2000年保费收入、财产保费收入、人身险保费收入及其增长率资料均来源于《中国保险报》2001年。

3. 营销逐步走向多元化

保险市场的对外开放,促进我国保险营销模式发生巨大变革,保险营销正逐步走向多元化。中国自恢复国内保险业务以来,其展业渠道最初是保险公司直接展业,这种展业方式成本高、信息渠道窄,导致保险业务量有限。1992年,友邦保险开始在中国招募第一批个人代理人约20余人,自此中国保险市场的营销模式开始出现巨大的变革。经过几年的发展,到1996年,中国已经基本形成专业代理人、兼业代理人和个人代理人相结合的保险代理制度。到2005年底,我国的保险个人代理人规模已经将近150万人,保险代理人所招揽的保费收入占保费总收入的73%,其中,人身保险业务中通过保险代理人招揽的占80%以上。2005年,保险中介共实现业务收入290.61亿元,其中保险经纪机构共实现营业收入10.6亿元,同比增长54%;保险公估机构实现公估服务费收入2.97亿元,同比增长98%;保险代理公司实现营业收入10.3亿元,代理手续费收入同比增长94%。由外资保险公司引入、在中国保险市场发展形成的保险代理制度,突破了传统营销体制的局限性,使保险营销队伍迅速增长,为中国保险业的发展积累了有生力量,并以此为途径广泛启蒙了民众的保险意识,为中国保险业的长期健康发展打下了坚实的基础。但这种"粗放式"的保险营销模式在给中国保险市场带来巨额增长的同时,也产生了诸如诚信等问题。

近年来,随着我国保险市场的进一步开放,市场主体不断增多,保险险种日益丰富,我国的保险市场已经开始进入需求决定销售的阶段,保险公司之间的竞争日益加剧。各个保险公司开始试图突破传统的以个人代理和银行保险为主的营销模式,探索与保险市场发展相适应的新型营销模式。一些外资保险公司将国外先进的保险营销模式带入中国,且成绩斐然,例如,以海尔纽约人寿保险公司、招商信诺为代表的电话营销;以瑞泰人寿、中英人寿为代表的专业代理;以中美大都会保险、光大永明人寿保险为代表的精英营销,中美大都会保险打造的精英营销员平均业绩达到业界的3—4倍。

随着保险市场的对外开放,国外先进的营销理念大量涌入,并在中国这块发展迅速的土壤上进行实践,产生了多种营销模式,促进了中国保险市场的发展和保费规模的增长。我国的保险营销模式,借保险市场逐步开放的契机走向多元化。

4. 行业自律加强、企业内控完善

随着保险业的发展,对外开放的扩大,市场竞争的加剧,保险市场健康有序的运行、保险行业和被保险人的权益的维护显得尤为重要,亟须加强保险行业自律。2001年3月,中国保险行业协会成立,成为中国保险行业的自律组织,其会员包括保险公司、保险中介机构、地方保险行业协会和精算师。中国保险行业协会主要负责通过签订自律公约、制定行业标准和行业指导性条款来约束不正当行为,维护公平竞争的市场环境;弘扬诚实守信的职业道德,建立健全保险业诚信体系;加强保险从业人员和中介机构的自律管理,监督执业行为,进行自律惩戒;反映行业呼声,维护行业利益;与各方进行沟通与交流,协调各方关系;宣传保险行业知识,树立行业形象。目前中国保险行业协会及其分支机构,针对全国以及各地保险市场的情况,已经制订了一系列行业自律方面的规定,如:中国保险行业公约、中国财产保险业自律协定、机动车辆保险行业自律协定、保险经纪从业人员执业行为守则、保险代理从业人员执业行为守则、保险公估从业人员执业行为守则、中国保险行业协会保险中介机构自律公约、团体年金(分红型、万能型)保险产品销售的自律公约、健康保险业务自律公约等;各地方保险行业协会也制定了一系列的公约或规定,如北京的北京市保险行业机动车辆保险服务承诺等,为我国保险市场公平竞争环境的维护以及保险行业的健康发展发挥了重要作用。

保险市场对外开放以来,在企业内部控制方面,从保险公司到监管机构都给予了高度重视。针对保险公司的一些内控漏洞,如用被注销保单作保,双重欺诈;擅自更改保险额度,侵吞差价;开具阴阳发票,占据公款;内外勾结,转移资金等,各保险公司均积极行动,采取有效措施加以控制。同时,保监会颁布了一系列有关公司内控的法规,其中包括 1999 年颁布的《保险公司内部控制制度建设指导原则》,2006 年颁布的《寿险公司内部控制评价办法(试行)》和《寿险公司非现场监管规程(试行)》等,从指导原则、评价方法到监督管理等各层面形成了有关保险公司内控制度监管的完整体系,推动了全行业内控水平的提高。

5. 保险市场逐步与国际接轨

从上世纪 80 年代开始,世界各国逐步放松了对混业经营的限制。1998 年美国颁布《金融服务业法案》,开始积极促进银行、证券和保险业之间的混业经营;同年,日本出台了《金融体制改革法》,准许保险公司同银行、证券公司、信托银行等公司之间以子公司的方式相互渗透。随着保险业和其他金融服务业的融合,保险业的服务范围得到了极大的拓展。目前,大型保险集团都在朝着"金融超市"的方向发展,提倡为客户提供"一站式"的服务,既能提供保险业务,也能提供资产管理、证券承销和证券经纪等业务。

近年来,我国保险市场也呈现出金融综合经营的趋势。银行业与保险业的合作起于 2000 年 8 月,中国平安保险公司在同业中率先推出专门由银行代理销售的“千禧红”系列保险产品,此后以销售协议为主的银保合作成为各保险公司拓展业务空间、增强市场竞争力的有效手段,因而备受保险业的推崇。2002年,我国银行代理寿险的保费收入超过了388亿元,占人身险保费收入的17%以上。到2004年,银行代理寿险业务保费收入为764.87亿元,占寿险总保费收入的26.83%。我国证券业与保险业的业务合作,主要通过保险基金投资证券市场和证券公司代理销售保险产品两种方式进行。证券公司与保险公司的合作,共享客户资源,互相提供投资理财和顾问服务,对证券业和银行业的发展起到了促进作用。

目前,中国金融控股集团也开始崭露头角。2001年,国务院正式批准成立的中信控股,就通过整合中信集团旗下遍及银行、证券、保险、信托诸业的全部资产,形成联合经营的金融平台;此外,中国光大集团也是以经营银行、证券、保险、信托等金融业务为主的国有特大型企业集团公司,其负责管理的全资、绝对控股、相对控股、合资参股的企业和项目多达60多家(项);2002年10月,中国平安保险公司也宣布成立金融控股集团,该集团将控股平安财险、平安寿险和平安信托公司,而平安证券公司则由平安信托投资公司控股。2003年下半年,中国人民保险公司、中国人寿保险公司、中国再保险公司三大国有独资保险公司都先后进行了股份制改革,成立了中国人保控股公司、中国人寿保险集团公司和中国再保险公司,形成以保险企业为主的集团公司。金融控股集团的出现,尤其是以保险为主业的金融控股集团的出现,是保险业对外开放的必然结果,也是当今分业体制下综合经营的最高形式。

二、中国保险市场开放的特点

（一）从沿海到内地开放

中国保险市场的对外开放，是从沿海地区开始，逐步走向内地的。这一特点不仅与我国对外开放的整体国策相一致，而且与我国区域经济发展不平衡的现状相适应。1992年，上海以其沿海优势以及在我国经济中的特殊地位成为保险市场开放的首个试点，随后，1995年，国务院又将试点城市扩大到中国改革开放的先锋沿海开放城市——广州。2000年在上海、广州开放保险市场试点成功的基础上，我国进一步将保险开放区域扩大到深圳、大连、天津等沿海城市。2001年，中国加入WTO时承诺：在加入时，允许外国寿险公司、非寿险公司和保险经纪公司在上海、广州、大连、深圳、佛山提供服务；加入后两年内，允许外国寿险公司、非寿险公司和保险经纪公司在北京、成都、重庆、福州、苏州、厦门、宁波、沈阳、武汉和天津提供服务；加入后三年内，取消地域限制。从我国保险市场对外开放的进程可以看出，我国保险市场的对外开放，走了重点沿海城市——一般沿海城市——重点内地城市——全国这样一条循序渐进、逐步开放的道路。

（二）从寿险到非寿险开放

寿险是与人的身体和生命有关的科学，与非寿险相比，其受地域以及自然条件等的影响相对较小。我国保险市场的对外开放是从寿险业开始的，1992年，中国第一家批准设立的外资保险公司——美国友邦即为寿险公司。在随后的中国保险市场尝试市场主体产权的多元化的进程中，先后批准设立了一系列的外资（含合资）保险公司，其中大多数为寿险公司。2001年，在我国的保险市场上，8家外资（含合资）寿险公司的保费收入为28.07亿元，占2001年寿险市场保费收入的2.51%；6家外资（含合资）非寿险公司的保费收入为4.39亿元，占2001年非寿险市场保费收入的0.71%。到2005年，在已经开业的外资保险公司的统计中，外资（含合资）寿险公司24家的保费收入为324.4亿元，占2005年寿险市场保费收入的8.9%；12家非寿险公司的保费收入为14.43亿元，占2005年非寿险市场保费收入的1.13%。从中我们可以看出，中国保险市场的对外开放，是由寿险领域向非寿险领域发展的，从主体数量、保费规模以及市场份额等各方面的比较可以看出，外资（含合资）保险公司在寿险领域的发展更为迅速。

（三）从分公司到合资为主的开放

中国保险市场的对外开放是以美国友邦上海分公司的批准设立为标志的，美国友邦以分公司的形式进入中国市场，掀开了中国保险市场对外开放的篇章。其后，1993年东京海上火灾保险公司上海分公司开业；1995年友邦广州分公司和美亚广州分公司批准设立。在中国保险市场对外开放的开始阶段，外资保险公司多以开设分公司的形式进入中国市场，这一选择与当时的经济及政策环境是分不开的。在随后中国保险市场尝试市场主体产权多元化的进程中，一系列的合资公司，如中宏人寿、太平洋安泰人寿、安盛人寿、安联大众和中保康联等被批准设立。外资在进入中国保险市场的过程中，逐渐意识到中方潜在股东的本土化优势：熟悉中国国情；熟悉中国市场规则和消费者习惯；具有市场资源和公关资源等方面的优势。而中方潜在股东也逐渐认识到保险市场的巨大发展潜力以及外资所具有的先进技术和经营管理理念。于是,合资成为外资和中方更愿意采取的保险公司产权的设立形式。此外,除与中方股东合资建立新的保险公司外,很多外资公司通过直接参股已经在中国保险市场发展良好、占有一定市场份额的保险公司来完成其进军中国保险市场的夙愿。到2005年底,中国保险市场上的40家外资保险公司中,合资公司已占据绝大多数。

(四)公司数量急剧增长

1992年,美国友邦保险公司在上海设立分公司时,中国只有4家保险公司,它们分别是:中国人民保险公司(PICC)、新疆兵团保险公司、中国平安保险公司和中国太平洋保险公司。经过十几年的发展,在保险业不断壮大、保费收入迅猛增长、对外开放逐步扩大的同时,保险公司的数量也出现了急剧扩张。1996年,新华人寿保险公司、泰康人寿保险公司、华泰财产保险公司成立;同年,原中国人民保险公司更名为中国人民保险(集团)公司(简称中保集团),分为中保集团财产保险有限公司、中保集团人寿保险有限公司、中保集团再保险有限公司;1999年中保集团解散,原所属的3个公司分别更名为中国人民保险公司、中国人寿保险公司、中国再保险公司,同时,将原中保集团经营海外保险业务的部门划归中国保险股份有限公司;2001年底,全国共有保险公司52家,其中,中资保险公司24家、中外合资保险公司28家。截至2005年底,保险机构的数量已经增长到93家,其中,保险公司88家。1998年至2005年间,我国保险市场上公司数量的增长情况如图2所示。

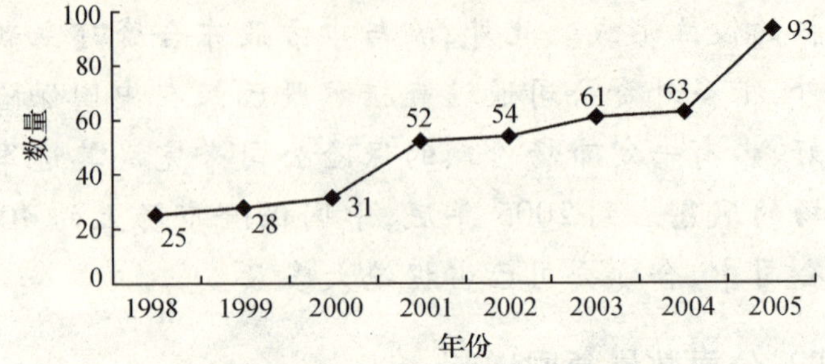

图 2　1998—2005 年中国保险市场上公司数量变化情况图

（五）引进多于输出

截至 2005 年 12 月底，我国外资保险公司数量已经达到 40 家，有 19 个国家和地区的 128 家外资保险机构在华设立了 192 个代表机构和办事处。名列《财富》世界 500 强企业中的 40 多家境外保险公司，已有 27 家在中国设立了营业机构。我国保险市场的对外开放取得了一定的成就，但这些都是用我国保险市场“引进”外资的数据加以佐证的，相对而言，中国的保险企业走出去的步伐要慢一些。造成这种局面的原因是多方面的：首先，我国保险企业竞争力相对薄弱，与国外具有长时间历史的保险企业相比，中国保险企业发展的时间短，在承保技术、产品创新、产品价格、资金实力、经营经验等方面都处于明显劣势；其次，缺乏“走出去”的氛围，中国无论是法规、政策的制定，还是舆论宣传，都倾向于构筑吸引外资公司进入我国市场的“环境”，而缺乏走出去的意识和政策引导，更没有与“走出去”相配套的法规；第三，国内保险市场的潜力较大。

（六）外资公司数量所占比重高，而保费份额所占比重低

由图3[①] 可以看出，在外资保险公司的数量所占的比例中，中国处于较高的比重，而在市场份额方面，中国则处于较低的水平；从整个国际保险业的情况看，美、英、德、法等发达国家的外资保险公司的数量和份额均较低；从整体上看，中国目前保险市场的开放程度和有些发达国家相比，还相对较低，但在外资保险公司的数量比例上远远超过了大部分发达国家。

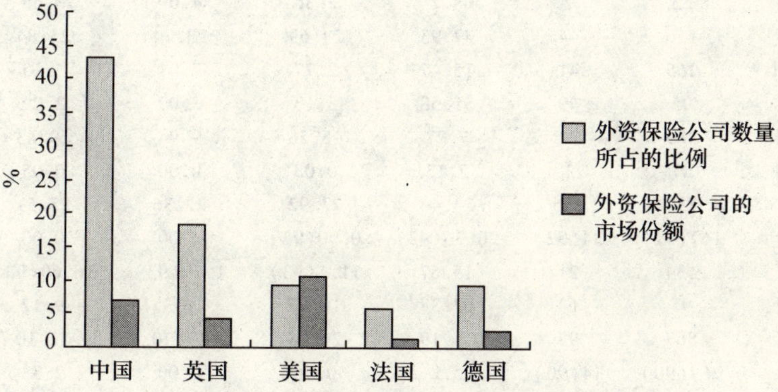

图3　保险业对外开放情况国际比较图

三、海外保险市场开放模式

按照外资保险公司占公司数量的比重和市场份额的不同，海外保险市场开放模式可以根据如下资料进行分类：

① 由于数据搜集上的困难，英、美、法、德四国的数据为1994年的数据；中国为2005年的数据。

表2　西方国家保险市场上外资保险公司的数量比例和市场份额(1994)①

国　家	保险公司			外资公司市场份额(%)		
	公司数(家)	外资公司(家)	外资公司数量比(%)	占全部保	占寿险	占产险
澳大利亚	210	116	55.23	29.41(93)	27.51(93)	34.81(93)
奥地利	66	30	45.45	43.3	37.51	49.25
比利时	171	13	7.6	5.1	8.29	2.98
加拿大	374	282	75.4	44.1	33.17	70.50
捷克	27	17	62.96	19.23	14.96	20.66
丹麦	256	34	13.28	16.8	8.67	22.15
芬兰	172	2	1.16	0.16	0.00	0.21
法国	514	29	5.64	1.24	1.04	1.59
德国	685	64	9.34	2.38	2.95	1.99
希腊	149	49	32.89	17.36	24.18	10.76
冰岛	23	2	8.7	2.86	4.09	0.68
爱尔兰	116	44	37.93	24.69	23.74	25.84
意大利	265	41	15.47	2.77	2.01	3.15
日本	95	49	51.58	3.13	3.07	3.29
卢森堡	289	21	7.27	16.26	9.94	19.43
墨西哥	47	1	2.13	0.03	0.00	0.05
荷兰	757	185	24.44	22.92	22.36	23.51
新西兰	167(92)	34(92)	20.36(92)	0.00(92)	0.00	0.00
挪威	134	21	15.67	11.1(93)	1.77(93)	16.60(93)
葡萄牙	95	64	67.37	16.07	29.35	9.12
西班牙	867	97	11.19	26.08	17.70	32.10
瑞典	269(90)	14(90)	5.2	0.96	0.00	2.38
瑞士	151	67	55.37	5.49	4.64	6.86
土耳其	56	12	21.43	9.56	5.80	10.01
英国	822	150	18.25	4.07	2.12	6.59
美国	4741	439	9.26	10.35	13.41	9.81
匈牙利	14	11	78.57	95.40	99.62	93.94
韩国	50	8	16.00	0.34	0.38	0.19
波兰	30	9	30.00	2.36	5.3	1.05

第一类,公司数量主导型:指外资保险公司数量在本国保险公司总数中所占的比重与外资保险公司市场份额相比较小,两者存在一定的差距。从表2中得知,公司数量主导型的国家主要有捷克、日本等。

① OECD, *Insurance Statistics Yearbook* 1987—1994, 1996 ed., OECD.

第二类，市场份额主导型：指外资保险公司的数量在本国保险公司总数中所占的比重与外资保险公司市场份额相比较大。从表2中得知，公司数量主导型的国家主要有西班牙等。

第三类，数量份额并重型：指外资保险公司的数量在本国保险公司总数中所占的比重与外资公司市场份额大体相当。从表2中得知，公司数量主导型的国家主要有美国、荷兰等。

四、中国保险市场开放模式及其实现途径

（一）中国保险市场开放模式

从表3可以看出，从我国保险市场开放以来，外资保险公司数量在我国保险市场公司总量中所占的比重一直保持在50%左右，而外资保险公司的市场份额却一直在10%以下，外资保险公司数量所占的比重远远高于外资保险公司的市场份额。虽然自2001年加入WTO至今，两者之间的差距一直呈下降趋势，但绝对差距仍然很大，根据国际经验以及中国目前的国情，在未来相当长的时间内，中国保险市场的开放模式仍然是数量主导型。

表3 中国保险市场结构表

年 份	外资保险公司数量占比(%)	外资保险公司市场份额(%)
1998	48	缺
1999	67.8	6.3
2000	45.2	2.8
2001	53.8	1.55
2002	62.3	缺
2003	60.7	1.73
2004	58.7	2.3
2005	43	6.92

(二)实现中国保险市场开放模式的途径

1. 中资保险公司要进一步完善企业机制,优化企业股权结构,增强自主创新能力

目前我国保险市场上的中资保险公司,从管理体制、经营机制和竞争能力等方面,都同发达国家的保险公司有较大的差距。因此,完善企业机制,优化企业股权结构对于中资保险公司而言,具有极其重要的意义。对已经进行股份制改造并成功在海外上市的国有保险公司,要建立科学的现代企业制度,完善法人治理结构,形成有效的内部激励与制约机制;对尚未完成股份制改造的国有独资公司,要通过相互参股、中外合资和规范上市等多种形式,理顺产权关系;对中资股份制保险公司,要通过鼓励吸收外资、民营和上市公司参股等多种形式,增强偿付能力,强化公司治理结构,促进机制转换,符合条件的,还要鼓励其规范上市。中资保险公司还应在经营管理过程中积极探索各种方式,增强自主创新能力。主要表现在:

第一,营销理念创新。主要包括:信用理念、以人为本的经营理念,具体表现为方便消费者、重视人才。做到疑人不用,用人未必不疑,不得"法外施恩"。

第二,险种创新。促进新产品开发以满足客户需求,并适应市场竞争。只有提供多样化商品,才能满足不同层次的需求。

第三,服务创新。首先要开发以核心产品为主的附加产品,并提供附加服务。如对寿险的保险人提供一年一次的体检,既可降低定期寿险的赔付率,又可招揽客户;售前(承保、展业)服务、售中服务、售后(理赔、投诉)服务等。其次,要注意提高服务质量,重视保户申诉。保险监管机关相当重视

保户申诉制度,未来将注重提高理赔人员的素质,在规定理赔人员责任的同时,加强保户服务,提高续保率,增加回头客。

第四,营销渠道创新。包括:完善保险代理人、经纪人、营销员的营销系统,健全保险营销体系(业务员、代理人、经纪人),建立公平、合理且持续经营的业务制度;与其他金融行业机构进行合作,探索混业经营的有效方式。

第五,营销手段创新。引进新营销方法与技巧,如网上保险、电话销售等。

第六,用人机制创新。培训专业人才,提高核保技巧,作好风险选择,提高业务竞争力,稳健经营及采用电脑作业配合,同时要用好人。

第七,内控制度创新。完善保险公司的内控制度是完善保险公司制度的重要内容。形成保险公司的内控制度,建立现代企业制度,保证保险公司的合法经营、自负盈亏、自我发展机制的形成。除了保证保险公司的基本素质外,还必须制定必要的规章制度,如财务制度、用工制度、培训制度等。应增强保险公司的竞争力,督促保险公司建立一套完整、有效、合理的内部控制体系。

落实内部稽核制度,增进经营绩效。保险业应当遵循《保险业建立内部控制与内部稽核制度实施要点》,以适应保险市场开放后激烈竞争的需要,要配合内部稽核制度与预警制度的建立,根据该指标,了解经营上的问题。同时,为适应费率的自由化,主管机关未来采用业务从宽、纪律从严的制度,所以要加强内部稽核、外部控制工作,并选任合格的人员担任。

2. 加速集团化

循序渐进发展综合经营,加速集团化的进程,逐步建立

起金融集团。主要包括:

第一,鼓励保险集团发挥现有优势,优化产寿险综合经营的效率。我国还处于发展综合经营的初级阶段,因此,首先,要做好产寿险的综合经营,提高经营效率,发挥相对优势,实现资源的优化配置,为金融综合经营打下良好的基础。例如,中国人保首先要保持和继续发挥其在财产保险经营中的优势地位;其次,可以利用其多年来在产险经营中建立起来的营销网络和业务体系为寿险业务服务;再次,要注重处理好业务结构的问题,使产险和寿险在现有的资源条件下协调发展,而不是盲目追求规模的扩张。

第二,在适当时机放开金融混业经营的限制,发展真正意义上的金融集团。适当时机是指在保险集团良好经营的基础上,金融环境逐步成熟的时机。在这样的时机下,一方面,可以通过共同设立金融产品销售机构或入股银行和证券机构的方式拓展经营范围,拓宽销售渠道和增加收入来源,发展真正意义上的金融集团。另一方面,可以通过收购中小型金融机构,或与大的银行集团、证券集团并购,最终形成金融集团。通过并购,保险集团可以实现由单一的保险商品供给者向多样化金融商品供应商的转变,同样可以拓展经营范围。

第三,根据发展情况建立与之适应的组织结构。如同其他事物一样,保险企业也要经历一个发展壮大的历史过程,从小到大,从国内到国外,从地方性到全球性,也就是说,一般的保险企业都会经历本国经营、多国经营和全球经营三个阶段。因此,我们要根据企业的发展情况不断变化组织结构,以适应其发展的要求。

3. 完善保险监管

职能转变在于发挥监管部门应当发挥的职能,在监管方式方面,从市场行为与偿付能力并重逐步转换到以偿付能力监管为主,最终引入全面风险管理的机制。

鉴于中国保险业起步较晚,对保险市场的政府监管宜采用严格监管的形式,以保护被保险人的利益。加强保险监管主要体现在完善监管组织和监管制度两方面:

从监管组织上看,要加强保险监管组织体系的建设,在全国范围内形成各有侧重、协调行动、高效运转的保险监管体系;同时,加强监管队伍建设,引进懂保险经营和保险监管的优秀人才充实保险监管队伍,进一步提高其监管人员的素质和监管水平。

从监管制度上看,一是应充分吸收和利用国外、境外先进有效的监管理念与监管手段,包括建立风险监测和预警系统、保险会计制度、年度审计报告制度、信息披露制度、公司评级制度等监管制度;二是应加强对监管机构及其工作人员的建设,加强以偿付能力监管为核心的监管方式。其监管的宗旨应该是:最大的服务,最小的干预。

4. 完善保险法律法规

要逐步完善保险法律和法规制度,形成与国际接轨的完善的保险法律法规体系。其具体内容包括:修订保险法,完善保险法规。完善保险法律法规应主要做到两点:

第一,建立以保险法为核心的配套的法律和法规,形成以保险法为核心,以保险法实施细则和各种保险法规相配套的保险法律法规体系,从而形成两个层次的保险法律法规:第一个层次是保险法律,包括《保险法》、《海商法》(海上保险合同一章)、《强制汽车责任保险法》;第二个层次是保险法规,包括《保险法实施细则》、《保险公司管理规定》、《保险代理人管理规定》等各种具体法规。

为此,应尽快制定《保险法实施细则》、《承保人员和理赔人员管理规定》等法律法规细则;制定保险业资讯公开办法,使其财务公开、业务公开,甚至采用未来评级制度,从而形成完整的调整保险行为的法律法规体系。

第二,要着眼于国际保险市场的变化和保险业的未来发展,结合本国的国情,修订《保险法》中关于保险公司组织形式、经营范围、资金运用范围、受益人等的规定,尤其在保险资金运用渠道方面,保险监管部门虽已开始有步骤、有计划地开放,但保险公司目前的投资现状并没有得到根本性的改善,所以应本着"渠道要宽、比例要严、松紧有度"的原则,进一步开放,以实现保险资金的保值增值,充分发挥保险的经济补偿和保险金给付、资金融通以及社会管理功能,使保险立法具有前瞻性。

5. 加强保险业的风险管理,防范金融风险

保险业的风险管理既包括风险投资、保险购买和管理、安全、赔偿金管理、索赔管理,又包括公共关系、市场服务、培训员工、提供法律咨询等内容;既包括对保险公司的硬件失误风险和软件失误风险的管理,又包括组织性失误风险和人的失误风险的管理;既包括保险公司内部风险管理,又包括保险业风险管理;既包括显性风险管理,又包括保险经营隐性风险的管理。因此,只有建立起全面的风险管理观,才能实现保险业有效的风险管理,防范金融风险。主要包括:

第一,树立风险管理理念,将风险管理作为一种管理职能融于保险企业管理中。

第二,提高保险风险管理技术水平。制定风险评估、信用等级评定的有效评定标准;提高风险控制能力,拓宽风险融资方式;建立保险公司的防灾防损部门,为其配备充足的人力与财力。

第三,重视风险的事前控制。监管层面上要重视对保险

公司偿付能力、风险资本比率、再保险安排、资产配置等内容的监管。

第四，重视对隐性风险的管理。注重业务增长的质量而非数量；在实际展业过程中，重视理赔；在保险市场竞争中，杜绝价格的恶性竞争，杜绝盲目承保和劣质承保；在保险险种开发上，要重视对保险产品风险管理的控制。

第五，将外生风险放在与内生风险同样重要的地位上，建立有效的风险管理系统，并对其进行保护、开发和利用，为风险管理决策提供充足的依据。

参考文献

1. 陈朝先,《WTO 与中国保险市场开放研究》,中国保险网,2001 年。
2. 陈春洁等,《中国入世问题报告》,中国社会科学出版社 2002 年版。
3. 戴金平等,《WTO 与中国产业发展》,天津大学出版社 2003 年版。
4. 吕宙,《竞争力——中国保险业发展战略选择》,中国金融出版社 2003 年版。
5. 裴光,《我国保险业应对国际化的发展对策》,保险研究出版社 2002 年版。
6. 裴光,《中国保险业竞争力研究》,中国金融出版社 2002 年版。
7. 王绪瑾,《保险学》(第 3 版),经济管理出版社 2004 年版。
8. 王绪瑾,《论中国大陆保险市场模式的选择》,《保险学报》,中国台湾保险学会主办,2005 年第 2 期。
9. 王绪瑾,《WTO 与中国的保险业》(演讲稿),中国人寿保险公司在南京召开的人寿保险会议上的讲话,2001 年 11 月。
10. 雄贤良,《WTO 与经济全球化浪潮》,广东旅游出版社 2000 年版。
11. 张汉林等,《复兴之路:WTO 与中国经济未来》,人民日报出版社 2002 年版。

我国县域人身保险市场需求分析
——基于对13个省、市、自治区的问卷调查

庹国柱　朱俊生*

内容提要：县域保险的发展必须以满足县域居民的保险需求为根本出发点。为了进一步了解县域居民对人身保险的真实需求状况，我们在13个省、市、自治区进行了需求调查，本文对调查结果作了初步分析。

关键词：县域地区　人身保险　需求

大力推进以县城为中心、乡镇为纽带、农村为腹地的县域保险，为县域经济提供全方位的保障，循序渐进地建立起农村居民保障体系，是保险业参与和谐社会构建的具体

* 庹国柱、朱俊生，首都经济贸易大学金融学院保险系，农村保险研究中心。

体现,也能够促进农村地区加快现代化的进程。县域保险的发展必须以满足县域居民的保险需求为根本出发点。为了进一步了解目前县域保险发展的实际状况和县域居民对保险消费的认知程度、需求行为、消费趋势以及发展前景,我们在全国进行了较大规模的问卷调查。本文主要是对问卷调查的结果作相应的分析,主要包括以下内容:一是关于此次县域保险需求调查样本情况的说明;二是对问卷结果整体性的描述性统计分析,分析了县域居民对保险的认知、目前的保险消费行为以及未来的保险消费趋势等;三是东、中、西部的对比分析,主要分析了东部、中部、西部县域居民由于经济、社会、文化等条件的不同而产生的保险需求的差异性。

一、关于县域保险需求调查样本情况的说明

1. 样本数量和分布

调查时间为2005年1月20日—2月28日。本调查共回收问卷1699份,剔除无效问卷,共回收有效问卷1605份,其中东部地区650份,中部地区465份,西部地区490份,具体分布如表1所示。

表1 问卷发放及回收情况统计表(单位:份)

		有效问卷	回收问卷	发放问卷
东部	北京	118	125	130
	河北	30	30	30
	浙江	211	219	230
	福建	200	200	200
	海南	91	98	100
	合计	650	672	690

(续表)

		有效问卷	回收问卷	发放问卷
中部	安徽	92	94	100
	河南	134	200	200
	湖北	239	240	250
	合计	465	534	550
西部	四川	110	110	120
	重庆	81	81	90
	陕西	149	150	150
	甘肃	91	93	100
	新疆	59	59	60
	合计	490	493	520
全国	总计	1 605	1 699	1 760

2. 样本选取

根据上述各省的经济社会发展状况,在不同经济发展水平的地区选择调查点,一个省选4—10个调查点(村、镇),具体到一个村子或一个乡镇,如果户数太多,则选其中的一部分居民户做样本,样本户的确定按随机数表抽取(或将全村居民户编号后按所需户数随机抽取),以保证样本的随机性和代表性的要求。

二、对13个省、市、自治区县域人身保险需求的统计分析

(一)对保险的认识与评价

1. 保险认知程度

对保险的了解程度:调查结果显示,76.4%的农村居民对保险有一定的了解,其中,"比较了解"的占11.2%,"了解一点"的占65.2%,23.6%的农村居民对保险"不了解"。

了解保险的途径:被调查对象主要是通过"报刊杂志、广播电视、互联网"和"保险公司业务员介绍"了解保险的,其占比均为32.2%;另外,通过"亲戚朋友介绍"而了解保险的

也较多,占比为23.9%;而通过“公司组织的宣传活动”以及“通过银行储蓄所、邮政局的宣传材料”了解保险的比较少,占比分别为9.2%和2.5%。

可见,县域绝大多数居民了解保险的途径比较单一,主要了解渠道提供的保险知识也很有限,这导致了绝大多数居民对保险了解较少,甚至不了解,从而制约了对保险的购买。

40.1%的被调查者回答村里有推销保险的业务员,27.6%的被调查者的村里没有推销保险的业务员,另外32.3%的被调查者不清楚。

在回答村里有推销保险的业务员的被调查对象中,21.4%的人回答有村干部在村里推销保险,24.1%的人回答有信贷员在村里推销保险,9.2%的人回答有教师在村里推销保险,68.5%的人回答有其他人在村里推销保险(主要是专职的保险业务员)。

对于购买保险必要性的认识:61.7%的被调查户认为农村居民“有必要”买保险,认为“没有必要”的占10.2%,认为“买不买无所谓”的占28.1%。可见,大部分被调查对象还是意识到了保险的必要性,但还有近40%的被调查户对保险重要性的认识存在偏差。

2. 对商业保险、市场主体及从业人员的评价

对于当前保险从业人员素质的看法,认为“很高”或“较高”的占18.5%,认为“一般”的占65.8%,认为“较差”或“很差”的占15.8%。可见,在被调查户看来,保险从业人员的总体素质不高,显然,这在很大程度上会制约人们购买保险。

对于保险的看法:52.2%的被调查者认为“买保险可以使被保险人获得一定的保障,减少后顾之忧”,10.1%的人认为“买保险是一种投资”,8.2%的人认为“买保险和储蓄差不多”,17.5%的农村居民认为“目前商业保险运作很不规范,

让人不敢相信”,8.1%的人认为“买保险是一种从众心理”。

可见,有近一半的人对保险的本质和功能存在认识上的偏差,这在某种程度上诠释了为什么有近40%的被调查户认为没有必要购买保险,这可能与县域居民缺乏了解保险知识的渠道有关系。

对主要市场主体的认知:被调查对象最熟悉的是中国人寿保险、太平洋保险和平安保险。其中,知道中国人寿的占被调查对象的88.7%,知道太平洋寿险的占78.3%,知道平安寿险的占57.9%。对其他市场主体相对比较陌生,如知道太平人寿的占18.6%,知道泰康的占18.5%,知道新华的占14.4%,知道友邦的占6.3%。另外,知道其他市场主体的占5.5%。

可见,中国人寿在县域的知名度最高,这与中国人寿在广大县域有大量的分支机构和辐射面较广的农村营销服务部有关。

有意思的是,在其他中小型公司中,被调查户对太平保险的认知最高,甚至超过了泰康和新华,这可能是由于被调查户无形中将太平和太平洋联系起来的缘故,即太平洋保险的品牌宣传客观上对太平保险产生外部经济效应(溢出效应)。

知道中国保监会是全国商业保险主管机关的农村居民仅为30.6%。对于“你认为下列哪一种保险市场主体的功能和作用最需要进一步加强”的问题,33.5%的被调查户选择“保险公司”,33.2%选择“保险中介机构”,29.6%选择“保险监管机关”,3.7%选择“保险行业协会”。

(二)保险消费行为分析

1. 保险渗透率

调查显示,被调查者中买过保险的占60.6%,保险渗透率较高。这和我们通常对县域保险的一般印象有偏差,可能的原因是大多数中小学校的学生都购买了学平险。问卷中有一题问到所购买保险产品的缴费额时,22.1%的被调查户的缴费额为50元以下,可以推测大部分为学平险,这也验证了我们的设想。

在没有买保险的被调查对象中,“没有钱购买保险的”占28.5%,“不了解保险条款的”占29.0%,认为没有必要的占22.1%,认为保险不可靠的占20.5%。

这个问题提供了一个重要的信息,大多数没有买保险的被调查户并不是没有实际购买能力,而是不了解保险的功能或对保险产生怀疑。如果保险公司加大宣传力度,让居民更多地了解保险、认同保险,潜在的需求还是很大的。

2. 购买保险的决策

第一,在为谁买的问题上,已购买保险的被调查户中,给孩子买过的最多,占60.9%;给自己买的也比较多,占56.1%;其余依次是给配偶买的占31.2%,给老人买的占9.9%,给其他人购买的占3.9%。

和前面的推测相互印证的是,被调查户中给孩子买保险的最多,其中部分是学平险。

第二,在购买险种的问题上,购买新型产品的占22.0%,购买传统型产品的占78.0%。这一方面和县域居民的经济承受能力有关,新型产品的缴费相对较高,制约了居民的保险消费;另一方面也反映出县域居民更迫切需要的是保障型产品。

另外,48.3%的被调查户购买过意外伤害保险,46.0%购买过医疗保险,36.0%购买过人寿保险,34.2%购买过养老保险,24.0%购买过重大疾病保险,8.2%购买过其他险种。

可见,在生、老、病、死、残等人身风险中,目前县域居民更为关注的是病和死。

第三,在所购买保险产品的缴费额问题上,调查显示,缴费额为50元以下的占22.1%,51—100元的占13.5%,101—500元的占18.0%,501—1 000元的占15.4%,1 001—3 000元的占21.4%,3 001—5 000元的占5.6%,5 000元以上的大额缴费保单占4.0%。

可见,由于受收入的限制,县域居民普遍购买"低保费、低保障"的保险产品,缴费额在3 000元以下的占90%以上,缴费额在1 000元以下的高达70%。

第四,从购买渠道看,42.0%的被调查户通过上门推销的保险公司业务员购买过保险,23.3%通过其他形式购买过保险,18.6%通过村里统一购买过保险,16.8%通过保险公司现场宣传介绍购买过保险,11.6%通过亲朋代为购买过保险,自己去保险公司购买过保险的占7.7%,7.2%在银行邮政储蓄柜台购买过保险,有0.8%在网上购买过保险。

可见,县域保险目前主要是个人营销业务。同时,展业渠道逐渐多元化,团险和兼业代理也占有一定的比重。在比较发达的地区,保险公司通过产品说明会等形式现场宣传购买的也占一定的比重。另外,在经济比较发达、组织能力比较强的乡村,通过村统一购买的也占有一定的比例。利用银行、邮政储蓄等网点兼业代理保险的占7%左右。

第五,从购买动机看,对于"您是在什么情况下买的保险",选择"出于需要主动购买"的明显较多,占46.8%;其他几种购买动机占比则相差不大,选择"在保险业务员的强烈游说下"的占16.7%,选择"因保险公司业务员是亲友,买保险是碍于情面"和选择"别人买自己也买"的各占12.6%,选择"乡、村干部动员购买"的占11.4%。

从购买动机看，很多被调查户购买保险的行为不够理性。保险业务员诱导、人情、从众心理等占相当的比重，这也为今后的退保埋下了伏笔。

第六，从对所购买保险的保险责任和条款等的了解途径看，购买保险人员对已购买保险的保险责任、条款等的主要了解途径是保险业务员的介绍，占47.8%；自己主动研究和向别人请教的分别占11.2和16.4%；至今也不了解保险责任和条款的占24.5%。

这一方面表明了相当一部分被调查户的保险消费非常被动，买了保险也不了解自己会得到哪些保障，更谈不上按照自己的需求去选择合适的险种；另一方面，这也暴露了保险营销员和公司提供的服务不够，没有帮助客户认真分析其面临的风险及其保障缺口，并根据需求设计和提供相应的保单组合。

第七，从对保险公司服务的满意程度看，对保险公司服务满意的占83.1%，其中基本满意的占77.2%，但非常满意的占比很低，仅为5.9%。16.9%对保险公司的服务不满意。

对保险公司的服务非常满意的不到6%，不满意的却高达17%，这表明保险公司和营销人员的服务不尽到位，距离客户的期望值较远。

第八，从对保险公司服务的期望看，购买保险的居民，最希望保险公司加强的服务依次为：及时给付保险金（61.9%）、更加详细的解释条款（60.9%）、帮助办理理赔手续（52.6%）、代理人根据需求和经济水平设计保单组合的能力（47.9%）、加强定期回访（36.5%）、及时送达保单服务（29.0%）以及及时收取续期保费（14.6%）。

可见，客户非常希望保险公司能够履行承诺，在保险事故发生时及时给付保险金。同时，客户普遍希望保险业务员根据其需求设计保单组合,并通俗易懂地解释条款,这表达了客户明明白白消费的愿望。客户对理赔手续不太清楚,希望提供帮助。同时,客户对售后服务也有相当的需求。

第九,买保险后的影响。普遍认为购买保险基本不会加重家庭经济负担,其中50.9%的认为购买保险对家庭经济负担有影响,但负担不大;38.0%的认为不会加重家庭负担;仅有11.1%的认为购买保险会加重家庭经济负担。

可见,对大多数被调查户来说,通过调整支出结构来购买保险,一般不会明显加重家庭经济负担。

买保险后是否真的就能保险了,对这一问题,认为"确实能够保险"的占11.4%,认为"买了保险心里踏实"的占43.5%,认为"不一定保险"和"不好说"的占45.3%。

约45%的被调查户买了保险却对保险的功能和作用非常悲观,这在一定程度上说明了在保险业务员的诱导下的非理性消费行为。

3. 退保行为

在已买保险的被调查户中,想过退保、已经退保或部分退保的占27.3%,退保的原因排在第一位的是"保费高、收益低、缴费期长",占25.9%;其余依次是"当初对所买保险不了解,现在感到不合算",占18.5%;"当初在别人劝说下买了保险现在后悔",占16.6%;"发现保险公司业务员的承诺与保险公司兑现不一致"等,占13.5%;"经济收入减少,缴不起保费",占12.7%;"原投保时的营销员找不到了,对后续服务不放心",占6.9%;而"在保险营销员动员下,退原保买新的险种"和"看到别人退自己也退"的占比很小,分别为4.6%和1.2%。

约6%左右的被调查户选择退保,另有21%的被调查户想过退保,这表明县域保险的退保率较高,保单保全的压力很大。退保的原因主要是保险产品不适合、当初的非理性消费、保险业务员的误导、经济收入能力不济等。

（三）未来保险消费趋势分析

1. 未来保险消费意愿

调查显示，69.2%的被调查户，考虑今后几年买保险；83.7%的被调查户愿意为家里的主要劳动力购买保险；66.4%的被调查户愿意通过保险来分担经济压力。这表明，越来越多的被调查户表达了未来消费保险的意愿。

2. 影响保险消费的因素

(1) 观念

本次调查设定专门的题目对农村居民可能影响保险消费的观念问题进行了调查。结果显示，对于怎样安排自己节余的钱，被调查户的选择率排序依次是：储蓄(66.6%)、资助儿女(66.1%)、生产性投资(55.6%)、买保险(51.8%)、修建房屋(44.9%)、自己保管(16.1%)和其他去向(3.9%)。

对于养老问题的安排方式，被调查户的选择率排序依次是：儿女赡养(48.8%)、个人储蓄(28.3%)、买保险(16.5%)、去敬老院(2.6%)、其他(2.3%)、政府或村里照顾(1.5%)。

对于应付天灾人祸的方法，被调查户的选择率排序依次是：自己承担(71.8%)、亲朋好友帮忙(69.3%)、政府或村里救助(38.7%)、购买保险(36.4%)、听天由命(18.3%)。

上述分析表明，无论是养老还是应付天灾人祸以及对节余的钱的使用方面，保险都没有被作为首选，这一方面反映了被调查户的观念制约了保险的消费，另一方面，对保险的不了解、保险公司及其从业人员的口碑不好、宣传缺乏力度等供给层面的因素也可能是重要原因。

(2) 经济实力

2004 年全家现金收入:被调查对象 2004 年全家现金收入在 2000 元以下到 30000 元以上的九个级别上分布比较分散,除了 2000 元以下和 2001—4000 元的占比小于 10%,以及 10001—15000 元占比为 16.1% 以外,其他各级别占比比较均衡,均介于 10% 到 13% 之间。

4000 元以上的现金收入分布比较均匀,这主要是因为样本点比较均匀地分布于东、中、西部,覆盖了各个收入阶层,这恰恰也说明了东、中、西之间以及省际之间的收入差距。

关于"近年来,您的家庭主要的支出项目有哪些"的问题,调查显示排在前三位的是:衣食住行等日常消费(85.0%)、子女教育(75.1%)、生产性支出(52.3%),之后依次是盖房或房屋维修(45.1%)、医疗费支出(40.9%)、婚丧嫁娶(12.3%)。

调查结果显示,被调查户的收入用于日常消费的部分占有最大的比重,这和县域居民恩格尔系数较高是一致的,这也在一定程度上抑制了对保险的消费。

(3) 保险消费能力

如购买保险,被调查户能承担的年缴费额主要集中在 100—1000 元之间,其中 100—500 元占 24.2%,500—1000 元占 22.5%。51—1000 元和 1001—3000 元占比相对也较多,分别为 19.6% 和 15.4%;50 元以下占 12.0%;3000 元以上占比很小,仅为 6.3%。

大多数被调查户能承担的年缴费额集中在 50—1000 元之间,这表明大多数县域居民的保费支付能力有限,目前主要根据城镇人口的需求开发的产品很难和县域居民的需求匹配,需要专门开发"低保费、低保障"的产品。同时,支付能力在1000元及3000元以上的也占有一定的比例，说明县域居民之间的收入差距较大，需求呈现差异化，应该根据差异化需求供给差异化的产品。

在“一般而言，赔款越高，需要交的保险费越多”的提示下，对于“一旦意外发生，您希望得到多少赔付”，7.2%的被调查户选择5000元以下，20.0%的选择5001—10000元，12.8%的选择10001—20000元，14.5%的选择20001—30000元，6.7%的选择30001—40000元，9.9%的选择40001—50000元，11.3%的选择50001—80000元，7.3%的选择80001—100000元，10.4%的选择100000元以上。

可见，选择保险金额在40000元以下的占61.2%，这表明绝大多数县域居民根据自己的缴费能力选择较低的保障水平；选择80000元以上的较高保障水平的也占17.7%，这表明，县域居民收入水平的差异较大，对保障水平要求的差距也较大。

(4) 险种需求

如购买保险，在各种险别中，选择传统型人身保险的占46.4%，其次为万能保险，占25.6%，再次为分红保险占23.1%，选择投资连接保险的仅占5.0%。

从调查人员反馈的信息中我们发现，一些被调查户对传统型和新型人身保险产品的区别缺乏了解，同时有些调查人员也不能很好地解释其区别，可能只是简单地说“万能保险灵活”、“分红保险每年有分红”，这样被调查户只能在非完全信息的情况下想当然地选择，我们的判断是由于上述因素的影响，选择新型保险产品的占比高估。

如购买保险，选择重大疾病保险、人身意外伤害保险、个人养老金保险等险种的最多，分别占49.9%、49.2%、46.4%，其他依次为购买子女教育保险的占44.1%，购买终身寿险的占31.4%,购买意外伤害医疗保险的占31.4%,购买住院医疗保险的占30.9%,购买生死两全保险的占15.3%,购买定期寿险的占11.0%,购买收入损失保险的占8.9%,购买年金保险的占7.5%,购买手术保险的占6.4%,购买婚嫁保险的占6.1%。

对险种的偏好表明了县域居民的需求集中在疾病保障、意外伤害保障以及养老保障等领域。

(5) 对保险公司的要求

农村居民在购买保险、选择保险公司时,比较关注保险公司的知名度及保险产品和服务的质量,66.9%的人考虑保险服务质量,60.1%的人考虑保险产品的质量,59.4%的人考虑保险公司知名度,44.1%的人考虑投保及理赔程序,39.3%的人考虑保险公司员工及业务员的素质,22.5%的人考虑产品多样化。

对于购买保险时,希望保险公司提供哪些方面的信息,61.8%的人选择详细说明保险责任,53.9%的人选择介绍投保、索赔程序,48.2%的人希望保险公司推荐自己需要的有关产品,43.5%的人希望保险公司介绍责任免除内容,40.8%的人希望保险公司介绍双方各自的责任、义务,39.8%的人希望得到保险公司信誉、实力、规模等方面的信息,32.6%的人希望保险公司说明产品可能的收益及不确定性,24.3%的人希望了解保险公司提供的服务。

被调查户大多希望保险公司提供多方面的信息,这也表明了其对理性消费的渴望。

(6) 对购买渠道的偏好

调查中设定"您希望保险公司通过什么方式推销产品"来调查农村居民对保险购买渠道的偏好,结果显示,51.5%的人选择保险公司业务员上门推销,46.8%的人选择增设咨询服务场所由专业人士帮助介绍合适的险种,43.4%的人选择保险公司到村里召开产品宣传会,28.3%的人选择自己到保险公司购买,25.9%的人选择通过银行储蓄所、邮政等网点代销,19.6%的人选择保险经纪公司或保险代理公司销售,7.9%的人选择网上销售,4.8%的人选择电话销售。

超过一半的被调查户希望业务员上门推销,这表明一半以上的被调查户能够接受寿险营销。同时,47%左右的被调查户选择增设咨询服务场所由专业人士帮助介绍合适的险种,这表明在具备条件的地方设立农村营销服务部是非常可行的;43%左右的被调查户选择保险公司到村里召开产品宣传会,也表明在比较发达的地区通过产品说明会的形式推销保险业为县域的居民所接受。由于银行储蓄所、邮政的网络覆盖面广,代销保险业为一部分被调查户所接受。另外,网上销售、电话营销不为被调查户所熟悉。

对于“希望什么人在本村当保险业务员推销保险”,71.9%的人选择保险公司的正式工作人员,38.6%的人选择村里威信高、德高望重的人,21.6%的人选择村干部,21.0%的人选择见多识广能说会道的人,16.0%的人选择教师,14.3%的人选择村里的信贷员,6.7%的人选择离退休人员,9.9%的人选择邮局工作人员。

被调查户选择什么人在村里当保险业务员,实际上表明被调查户对什么人信任度更高。比较有意思的是,高达72%的被调查户选择保险公司的正式工作人员,显然,他们并不知道保险业务员是保险公司的代理人,不是保险公司的正式工作人员。但作出这种选择恰恰表明了被调查户觉得正式工作人员背后有一个单位在向他们承担责任,能够给他们带来较稳定的预期,而对其他人则不太信任,害怕被骗上当。除了保险公司的正式工作人员,被调查户选择的主要是乡村的“精英阶层”,显然,和一般村民相比,这些“精英阶层”更值得信赖。这些都充分表明了信誉对于县域保险发展的重要性。

(7) 对子女教育储蓄类保险的需求

孩子考上大学,每年能够承担10 000 元以上学杂费和生活费的占14.0%,能够承担4 000—8 000 元的占49.5%,仅能承担4 000 元以下的占36.4%。

目前大多数大学一年的学杂费和生活费一般都在10 000 元以上,但调查发现,能够承担10 000 元以上的居民并不多,县域居民对类似于子女教育、婚嫁金保险的储蓄类保险的需求潜力较大。

(8) 为什么没有买保险

目前农村居民购买保险较少的主要原因,81.9%的人认为是收入低、经济条件不允许;75.1%的人认为是对保险不了解,不知道买保险是否合适; 35.5%的人认为是保险公司骗人,保险不可靠; 25.7%的人认为是缴费高,缴费期长; 25.4%的人认为是针对农村家庭设计的险种太少;23.6%的人认为是保险公司业务员说话不算数; 13.4%的人认为保险公司服务不好; 10.0%的人认为是当地的风俗习惯。

在被调查户的自我评价中,高达82%的人认为经济原因是制约保险消费的主要原因。对保险不了解、产品不合适以及对保险公司和业务员不信任也占了相当大的比重。这也表明,提高县域保险的渗透面,除了发展县域经济,提高人均可支配收入水平外,还必须从提高县域居民对保险的认知、提供合适的产品以及提高保险公司及其从业人员的信誉等角度入手。

三、东、中、西部县域人身保险需求的对比分析

（一）东、中、西部样本情况比较

从调查结果来看，东部、中部、西部样本的性别结构和年龄结构非常类似，青壮年的男性居多，这提高了横向对比分析的意义。

从家庭结构来看，家庭人口为3人以下的小规模家庭，东部多于中部，中部高于西部，5人以上的大家庭占比则正好相反，这可能是由于东部经济较发达，计划生育政策执行得比较彻底，符合东部、中部和西部一般家庭结构的特征。

从家庭的收入结构看，中、西部地区的主要收入来源是传统农业收入和外出打工收入，其比重均高于东部地区。而东部地区的工资性收入则远远高于中西部地区，这主要是由于东部地区乡镇企业发达，在乡镇企业就业的比重较高。除了主要收入来源外，全国农村居民的兼业情况比较普遍，收入来源日趋多元化，现金收入来源渠道逐渐增多，这有利于提高其现金收入，增强对保险的购买力。

（二）东、中、西部对保险的认识和评价

对于购买保险必要性的认识，认为有必要购买的，东部地区的被调查户比西部地区高5个百分点，相反，认为没有必要购买的，西部地区比中部地区高2.6个百分点，认为买不买无所谓的，西部地区同样比东部地区高出2.4个百分点。这表明，东部地区比中部和西部地区居民对保险必要性的认识更高。

(三)东、中、西部保险消费行为比较

1. 保险渗透率

在保险渗透率方面,东部比中部高出6.5个百分点,比西部高出8.8个百分点。这主要是由于东部地区居民的收入更高,保险意识更强,购买保险的比例自然更高。

2. 购买保险的决策

第一,在为谁购买的决策上,为自己和配偶购买的,东部地区的比例要远远高于中部和西部地区。相反,西部地区为孩子购买保险的比例要高于东部和中部地区。

这一方面表明,东部地区居民购买保险的行为更为理性,更多地考虑为自己和配偶这样的家庭主要劳动力投保(我们的调查对象主要是青壮年)。另一方面,中西部,特别是西部地区,由于受经济收入的影响,购买保险主要表现为学平险。

第二,在所购买的险种上,东、中、西部地区存在一些差异:西部和中部地区,特别是西部,和其他险种相比,居民购买医疗保险和意外伤害保险的比例明显更高,这一方面反映了居民目前更关注疾病和意外伤害等人身事故,另一方面,也是因为这些保障性的险种缴费较低,而中西部地区收入普遍不高,对于缴费较高的养老保险缺乏支付能力。而东部地区由于收入较高,除了较多地购买意外伤害保险和医疗保险外,对缴费较高、储蓄性较强的养老保险和人寿保险的购买比例也高于中西部地区。

第三,在购买保险产品的缴费额上,东、中、西部差别非常明显。在500元以下的较低缴费额中,特别是50元以下的低额缴费中,中、西部地区所占比重远远高于中部地区。对于501—1 000元的中等数额保费,中部地区居民的支付能

力要高出西部地区8个百分点。在1000元以上的较高数额的缴费中,特别是3000元以上的高额缴费中,东部地区居民的支付能力要远远高于中西部地区,中部地区要略高于西部地区。对保险支付能力的这种分布是符合东、中、西部经济发展水平的一般规律的。

第四,关于购买保险对家庭负担的影响,认为会加重家庭负担的,中、西部地区的比例高于东部,相反,认为不会加重家庭经济负担的,或虽有影响,但影响不大的,东部的比例均要高于中西部地区。这表明,和中西部地区相比,东部地区居民的经济承受能力更强。

3. 退保行为

被调查户中,“想过退保”的,中部地区稍高,东部和西部地区基本持平;而实际上“已经退保”的,西部地区最高,东部次之,中部最低;而“没想过也没有退保”的,则是西部地区最低,东部和中部地区基本持平。单从这个方面来看,东、中、西部的消费者没有明显的差异。

(四) 东、中、西部未来购买保险的趋势

1. 未来保险消费意愿

从对保险未来的消费意愿看,东、中、西部县域被调查的居民,这种欲望比较强烈,占被调查对象的68.8%。但东部和中部地区在考虑今后买保险、愿意为家里的主要劳动力买保险以及愿意通过保险来分担经济压力等三个方面,都比西部的比例要高一些,但是这种意愿的差异并不太大。

2. 影响保险消费的因素

第一,观念。对于余钱的处理方式,比较一致的是,东、中、西部地区的居民都没有把购买保险作为首选,其中东部地区把保险作为第三选择,中西部地区把保险作为第四选

择。中西部地区居民把余钱用于储蓄的比重稍高些,这和这些地区金融工具比较缺乏不无关系。同时,中西部用于资助儿女和生产性投资的比例要明显高于东部地区,这可能出于两个原因:一是中西部地区家庭人口相对较多,子女数量较多;二是中西部地区主要是家庭生产,其生产性投资主要依靠家庭的内部积累,而东部地区乡镇企业较发达,工资性收入占比比较大,生产性投资相对较少。

对于养老问题的安排方式,三地区有接近和超过一半的被调查居民准备依靠子女。但比较有意思的是,西部地区的家庭人口最多,但选择儿女赡养的比例却相对最低,选择通过个人储蓄和买保险养老的却相对较多,其中的原因有待进一步调查和分析。

对于应付天灾人祸的方法,三地区居民的结论比较一致,买保险均不是首选,由自己承担和亲朋好友帮忙才是县域居民应付意外事故的主要选择。特别值得注意的是,被调查户的选择很大程度上是基于其现实情况,因此,我们一方面可以理解为县域居民应付意外事故的观念比较落后,另一方面更要看出他们目前主要依靠非制度化的风险处理和融资手段,而像保险这种制度化转嫁风险的机制占比却过低,这恰恰反映了其对保险的功能认识不足,同时也说明他们对保险存在巨大的潜在需求。

第二,经济实力。对于被调查户全年的现金收入,东、中、西部的差别非常明显。西部地区居民的现金收入主要集中在4 000—8 000元之间,10 000元以上占比较低,同时,4 000元以下的占有一定的比例。而中部地区居民的现金收入主要集中在8 000—15 000元之间,20 000元以上的也占有一定比例。而东部地区的收入明显较高,10 000元以上的占比很高,特别是30 000元以上的占近21%。可见,东部地区的收入明显高于中西部，同时东、中、西部内部居民之间的收入差距也较大。

在家庭的主要开支方面，东、中、西部地区居民在衣食住行等日常消费方面所占的比例均最高。中西部地区在子女教育、生产性支出以及医疗费支出方面所占的比例要高于东部地区，这一方面是由于中西部地区家庭的子女数要多于东部，家庭联产承包责任制是主要的生产组织形式，另一方面，虽然东部地区医疗费用支出的总量高于中西部地区，但由于后者收入较低，医疗费用占比反而较高。

第三，保险消费能力。在保费的支付能力方面，对于支付1 000元以下的较低保费，中西部地区的比重比东部地区大得多。而对于支付1 000元以上的较高保费，东部地区所占的比重要远远大于中西部地区，对于3 000元以上的高额保费的支付能力更是如此，中西部地区的被调查户所占的比例微乎其微。这集中体现了东、中、西部地区经济发展水平的差异对保险需求的影响。

在对赔款额的选择方面，与能够支付的缴费水平相联系，在意外事故发生时，中西部地区的被调查户希望得到的赔付总体上偏低，集中在5 000—30 000元之间，选择80 000元以上保障水平的所占的比例较少。相反，东部地区选择50 000元以上保障水平的被调查户所占的比例较大。

3. 险种需求

在对险种的偏好方面，西部地区居民选择重大疾病保险、意外伤害保险、子女教育以及住院医疗保险的比例明显偏高，中部地区选择子女教育、意外伤害的比例也高于东部地区。而东部地区选择养老保险的比例则高于中西部地区。主要原因可能是中西部地区居民总体收入较低，对缴纳保费较多的储蓄类的养老保险缺乏支付能力，比较适合购买缴费相对较低的保障型产品。同时,西部地区普遍缺乏健康保障,因病致贫、因病返贫的现象比较严重,人们对医疗保险的需求比较强烈。另外,从东、中、西部地区居民能承担孩子上大学的费用的比较中也可以看出,西部地区每年普遍能承担的费用是2 000—6 000元,子女教育,特别是大学教育是沉重的负担,居民主观上希望能通过保险来分担这种负担。

4. 对保险公司的要求

在"选择保险公司时考虑的主要因素"方面,东、中、西部地区没有明显的差异,都希望选择产品和服务质量好、知名度高、投保和理赔手续简单明了的保险公司投保。

在"购买保险时希望保险公司提供的信息"方面,东、中、西部地区没有明显的差异,都希望保险公司提供详细说明保险责任、介绍投保和索赔程序以及推荐需要的产品等服务。

5. 对保险业务员人选的偏好

在"希望的保险业务员的人选"方面,东、中、西部地区比较一致的选择是首选保险公司的正式工作人员,其次是威信高、德高望重的人,这表明他们选择的是信得过的人,这比较突出地反映了信誉对于县域居民购买保险决策的重要性。

海峡两岸“保险法”关于人身保险合同若干法定除外责任的比较分析

郑　伟*

内容摘要：保险法通常会对人身保险合同规定若干法定除外责任。本文对《中华人民共和国保险法》(以下简称《保险法》)和我国台湾地区“保险法”关于人身保险合同的三项法定除外责任进行了比较分析，这三项法定除外责任涉及投保人或受益人故意致事故发生、被保险人自杀致事故发生和被保险人犯罪致事故发生三类情形。文章还讨论了人身保险分类、产寿险兼营和保单现金价值退还等相关问题。在分析的基础上，文章

* 郑伟，北京大学副教授，北京大学经济学院风险管理与保险学系副主任，北京大学中国保险与社会保障研究中心(CCISSR)秘书长。

提出了若干法律修改建议,并提出了若干需要进一步研究的问题。

关键词:保险法　人身保险　法定除外责任

一、引　言

在人身保险合同中,通常设有关于除外责任的条款。一般说来,除外责任可以由保险人和投保人自由约定,但是保险法通常会规定若干法定除外责任。“法定除外责任”是法律规定的必须除外的责任,不论合同中约定与否。如果保险人对此承担保险责任,则可能损害被保险人的利益或危害社会公共利益,属于违法行为。《保险法》在第65条、第66条和第67条中,分别规定了人身保险合同的三项除外责任。这三项除外责任涉及投保人或受益人故意致事故发生、被保险人自杀致事故发生和被保险人犯罪致事故发生三类情形。台湾地区“保险法”也有类似规定。本文将对海峡两岸“保险法”关于人身保险合同的这三项法定除外责任进行比较分析,并希冀通过分析得出一些有益的结论。

二、人身保险分类和产寿险兼营问题

(一)法律规定

1. 中华人民共和国保险法

《保险法》第52条规定:“Ⅰ人身保险合同是以人的寿命和身体为保险标的的保险合同。”第92条规定:“Ⅰ保险公司的业务范围:(一)财产保险业务,包括财产损失保险、责任保险、信用保险等保险业务;(二)人身保险业务,包括人寿保险、健康保险、意外伤害保险等保险业务。Ⅱ同一保险人不得同时兼营财产保险业务和人身保险业务;但是,经营财产保险业务的保险公司经保险监督管理机构核定,可以经营短期健康保险业务和意外伤害保险业务。"《保险法(修改草案送审稿)》第109条规定:"Ⅲ同一保险人不得同时兼营财产保险业务和人身保险业务;但是,经营财产保险业务的保险公司经保险监督管理机构核定,可以经营意外伤害保险业务和短期健康保险业务。"

2. 中国台湾地区"保险法"

台湾地区"保险法"第13条规定:"Ⅰ保险分为财产保险及人身保险。Ⅱ财产保险,包括火灾保险、海上保险、陆空保险、责任保险、保证保险及经主管机关核准之其它保险。Ⅲ人身保险,包括人寿保险、健康保险、伤害保险及年金保险。"第138条规定:"Ⅰ财产保险业经营财产保险,人身保险业经营人身保险,同一保险业不得兼营财产保险及人身保险业务。但法律另有规定或财产保险业经主管机关核准经营伤害保险者,不在此限。"

(二)比较讨论

1. 人身保险分类

人身保险的分类,不论是《保险法》将其分为人寿保险、健康保险和意外伤害保险,还是台湾地区"保险法"将其分为人寿保险、健康保险、伤害保险及年金保险,似乎都有欠缺。

从分类学基本原理看,一个好的分类应当至少满足两个基本条件:一是完备性,二是互斥性。举一个例子说明,比如某事物分为A、B和C,"完备性"意味着"A+B+C"能够概括该事物的全貌,"互斥性"意味着A、B、C三者之间没有交叉重叠。

在内地人身保险业务分类中,"意外伤害保险"与"人寿保险"存在一定程度的重叠。比如,因意外伤害导致被保险人死亡的风险,是由意外伤害保险覆盖还是由人寿保险覆盖?两者均可。还有,内地《人身保险产品定名暂行办法》将年金保险包含在人寿保险中,《保险公司管理规定》又将年金保险与人寿保险并列列举,似有矛盾。

在台湾地区人身保险业务分类中,“健康保险和伤害保险”与“人寿保险”存在一定程度的重叠。比如,因疾病导致被保险人死亡的风险,是由健康保险覆盖还是由人寿保险覆盖?两者均可。又如,因意外伤害导致被保险人死亡的风险,是由伤害保险覆盖还是由人寿保险覆盖?两者均可。

关于人身保险的分类,本文建议将其分为人寿保险、健康保险和年金保险。人寿保险是指以被保险人在合同约定年限内死亡或至合同约定年限仍生存为给付保险金条件的保险,可包括定期寿险、终身寿险和两全保险等。健康保险是指以因意外伤害或疾病导致健康受损、费用支出或收入减少为给付保险金条件的保险,可包括疾病给付保险、医疗费用保险和失能收入保险等。年金保险是指在被保险人生存期间或特定期间内,依照合同分期给付一定保险金的保险。大致而言,年金保险承保“老”的风险,健康保险承保“病”的风险,人寿保险承保“死”的风险,与中国人通常说的“生老病死”偶合了。

需要说明的是,以上建议并不意味着现实中不能有意外伤害保险这一险种,只是说从分类学的角度看,将意外伤害保险与人寿保险、健康保险并列似乎不妥。在现实中,许多具体产品都是“菜单式组合”产品,即可将人寿保险、健康保险和年金保险的相关元素进行菜单式组合,构造适合市场消费需求的具体产品。意外伤害保险亦可视为将人寿保险(承保死亡风险)和健康保险(承保伤残风险)进行组合,同时将损失原因限定为“意外伤害”的一种保险产品。

2. 产寿险兼营

《保险法》与台湾地区“保险法”在产寿险兼营问题上采

取了大致相同的监管规则：同一保险人一般不得同时兼营财产保险业务和人身保险业务，但对于所谓“第三领域”的业务，则产险公司和寿险公司均可经营。略有区别的是，对于“第三领域”业务，台湾地区“保险法”仅放开意外伤害保险，而《保险法》同时放开了短期健康保险和意外伤害保险。从保险原理看，意外伤害保险和短期健康保险，与财产保险一样具有补偿性质，精算基础也相同，国际通行做法也允许寿险公司和非寿险公司同时经营这两个险种。因此，允许产险公司经营短期健康保险，应该没有问题。

需要说明的是，《保险法》在这方面的表述“经营财产保险业务的保险公司经保险监督管理机构核定，可以经营短期健康保险业务和意外伤害保险业务”有模糊之处：这其中的“短期”是仅限定健康保险业务，还是既限定健康保险业务又同时限定意外伤害保险业务？从文义上看，两种理解均可，有歧义。

《保险法(修改草案送审稿)》第109条将该表述修改为“经营财产保险业务的保险公司经保险监督管理机构核定，可以经营意外伤害保险业务和短期健康保险业务”，消除了歧义，十分值得肯定。

三、投保人或受益人故意致事故发生

（一）法律规定

1. 中华人民共和国保险法

《保险法》第65条规定：“Ⅰ投保人、受益人故意造成被保险人死亡、伤残或者疾病的，保险人不承担给付保险金的责任。投保人已交足二年以上保险费的，保险人应当按照合同约定向其他享有权利的受益人退还保险单的现金价值。Ⅱ受益人故意造成被保险人死亡或者伤残的，或者故意杀害被保险人未遂的,丧失受益权。"《保险法(修改草案送审稿)》第65条规定:"Ⅰ投保人故意造成被保险人死亡、伤残或者疾病的,保险人不承担给付保险金的责任。投保人已交足二年以上保险费的,保险人应当按照合同约定退还保险单的现金价值。Ⅱ受益人故意造成被保险人死亡、伤残或者疾病的,或者故意杀害被保险人未遂的,保险人承担给付保险金的责任,但该受益人丧失受益权。"

2. 中国台湾地区"保险法"

台湾地区"保险法"第121条规定:"Ⅰ(人寿保险)受益人故意致被保险人于死或虽未致死者,丧失其受益权。Ⅱ前项情形,如因该受益人丧失受益权,而致无受益人受领保险金额时,其保险金额作为被保险人遗产。Ⅲ要保人故意致被保险人于死者,保险人不负给付保险金额之责任。保险费付足二年以上者,保险人应将其保单价值准备金给付与应得之人,无应得之人时,应解交'国库'。"第134条规定:"Ⅰ(伤害保险)受益人故意伤害被保险人者,无请求保险金额之权。Ⅱ受益人故意伤害被保险人未遂时,被保险人得撤销其受益权利。"

(二)比较讨论

1. 受益人故意致事故发生

《保险法》关于"受益人故意造成被保险人死亡、伤残或者疾病的,保险人不承担给付保险金的责任"的规定,明显不妥。从保险法立法原理上讲,受益人故意致事故发生,其法律后果仅可为使该受益人丧失受益权,而不可为完全免除保险人承担给付保险金的责任。因为其一,这不是被保险人的故意致害行为,对被保险人而言,受益人故意致发生的事故是意外事故;其二,被保险人、故意致害受益人之外的其他受益人、被保险人的继承人,他们基于保单的受益权不应被剥夺。

在这方面，台湾地区“保险法”规定：“Ⅰ（人寿保险）受益人故意致被保险人于死或虽未致死者，丧失其受益权。Ⅱ前项情形，如因该受益人丧失受益权，而致无受益人受领保险金额时，其保险金额作为被保险人遗产”，这样的法律处理较为妥当，值得借鉴。

《保险法（修改草案送审稿）》已对此进行修改，规定：“受益人故意造成被保险人死亡、伤残或者疾病的，或者故意杀害被保险人未遂的，保险人承担给付保险金的责任，但该受益人丧失受益权。”这一点十分值得肯定。

2. 投保人故意致事故发生

在投保人故意致事故发生的法律处理方面，《保险法》和台湾地区“保险法”的规定基本一致。《保险法》规定“投保人故意造成被保险人死亡、伤残或者疾病的，保险人不承担给付保险金的责任。投保人已交足二年以上保险费的，保险人应当按照合同约定向其他享有权利的受益人退还保险单的现金价值。”台湾地区“保险法”规定“要保人故意致被保险人于死者，保险人不负给付保险金额之责任。保险费付足二年以上者，保险人应将其保单价值准备金给付与应得之人，无应得之人时，应解交‘国库’。”

这里有一个问题值得讨论：投保人故意致事故发生，为何可以完全免除保险人承担给付保险金的责任？与此直接相连的另一个问题是：法律对于“投保人故意致事故发生”和“受益人故意致事故发生”，为何要规定不同的法律后果？

赞同目前法律规定即持“免责说”的基本理由是：投保人与受益人不同，受益人只是保险合同的关系人，而投保人是保险合同的当事人（缔约人），且保险合同须遵循最大诚信原则，投保人故意致事故发生违背了最大诚信原则，因此保险人得以免责。

但是,“免责说”仍有值得商榷之处,原因如下:其一,规定最大诚信原则的主要目的是为了防止投保人或被保险人因为不诚信而从保险人处获得不当得利。在财产保险领域,投保人和被保险人往往合二为一,且基本为保险金受领人,所以如果投保人故意致事故发生,保险人往往可以免责。但是在人身保险领域,投保人很可能与被保险人、受益人分离,当投保人与被保险人、受益人分离时,保险合同实际保障的是被保险人和受益人的利益,而不是投保人的利益,投保人无法从故意致害中获得好处,因此如果规定凡投保人故意致事故发生则免除保险人责任,那么将有悖于保险合同的本意,将使被保险人和受益人的预期受益权落空。其二,如同受益人故意致事故发生一样,对被保险人而言,投保人故意致发生的事故也是意外事故,而不是被保险人的故意致害行为。其三,如果投保人与被保险人合一,则投保人故意致害行为相当于被保险人自杀自残自害行为,另当别论。其四,如果投保人与受益人合一,则投保人故意致害行为相当于受益人故意致害行为,则同时适用前述“受益人故意致事故发生”的情形,即丧失受益权。就此而言,只要限定受益人故意致害将丧失受益权即可,而不必对投保人致害作出保险人免责的规定。

试想,如果投保人故意致被保险人死亡,保险人不承担给付保险金的责任,即受益人无法获得死亡保险金,那么这意味着受益人不仅在精神上受到失去亲友的创伤,而且在保险合同方面还要遭遇无法获得保险金的打击,该双重伤害是否合理?再想,如果投保人故意致被保险人伤残或者疾病(被保险人未死亡),保险人不承担给付保险金的责任,即被保险人无法获得伤残保险金或疾病保险金,那么意味着该被保险人不仅在身体上受到创伤,而且在保险合同方面还要遭遇无法获得保险金的打击,该双重伤害又是否合理?

因此，本文建议，当投保人故意造成被保险人死亡、伤残或者疾病的，保险人承担给付保险金的责任，但该投保人丧失成为受益人的权利。

3．保单现金价值退还问题

按照上文分析，不论是受益人还是投保人故意造成被保险人死亡、伤残或者疾病的，保险人均应承担给付保险金的责任，如果这样，则不存在退还保单现金价值的问题。退一步说，如果在某些情况下，保险人不承担给付保险金的责任，那么保单现金价值应当如何退还呢？

在退还保单现金价值这一问题上，《保险法》和台湾地区“保险法”的规定基本一致。《保险法》规定：“投保人已交足二年以上保险费的，保险人应当按照合同约定向其他享有权利的受益人退还保险单的现金价值。”《保险法（修改草案送审稿）》修改为：“投保人已交足二年以上保险费的，保险人应当按照合同约定退还保险单的现金价值。”台湾地区“保险法”规定：“保险费付足二年以上者，保险人应将其保单价值准备金给付与应得之人，无应得之人时，应解交‘国库’。”

这里有两个问题值得讨论：第一，为何保险人退还保单现金价值的条件均设定为“已交足二年以上保险费的”？难道未交足两年保险费的不应退还保单现金价值？第二，如果退还保单现金价值，那么退还给谁？是投保人、被保险人还是受益人？这两个问题稍后一并分析。

四、被保险人自杀致事故发生

（一）法律规定

1．中华人民共和国保险法

《保险法》第66条规定：“Ⅰ以死亡为给付保险金条件

的合同,被保险人自杀的,除本条第二款规定外,保险人不承担给付保险金的责任,但对投保人已支付的保险费,保险人应按照保险单退还其现金价值。Ⅱ以死亡为给付保险金条件的合同,自成立之日起满二年后,如果被保险人自杀的,保险人可以按照合同给付保险金。"《保险法(修改草案送审稿)》第66条规定:"Ⅰ以死亡为给付保险金条件的合同,被保险人自杀的,除本条第二款规定外,保险人不承担给付保险金的责任,但对投保人已支付的保险费,保险人应按照保险单退还其现金价值。Ⅱ以死亡为给付保险金条件的合同,自成立之日起或者合同效力恢复之日起满二年后,如果被保险人自杀的,保险人可以按照合同给付保险金。Ⅲ以死亡为给付保险金条件的合同,被保险人为无民事行为能力的,其自杀不适用第一款规定。"

2. 中国台湾地区"保险法"

台湾地区"保险法"第109条规定:"Ⅰ(人寿保险)被保险人故意自杀者,保险人不负给付保险金额之责任。但应将保险之保单价值准备金返还于应得之人。Ⅱ保险契约载有被保险人故意自杀,保险人仍应给付保险金额之条款者,其条款于订约二年后始生效力。恢复停止效力之保险契约,其二年期限应自恢复停止效力之日起算。"第128条规定:"(健康保险)被保险人故意自杀或堕胎所致疾病、残废、流产或死亡,保险人不负给付保险金额之责任。"第133条规定:"(伤害保险)被保险人故意自杀,或因犯罪行为,所致伤害、残废或死亡,保险人不负给付保险金额之责任。"

(二)比较讨论

在人寿保险被保险人自杀问题上,《保险法》和台湾地区"保险法"采用的都是"二年"的国际惯例:两年之内自杀的,保险公司不予赔付；两年之后自杀的，保险公司可以赔付。但是，二者也有一些区别。

第一，关于复效情形下两年自杀期限的起算问题。台湾地区“保险法”对人寿保险保单复效之后的自杀期限的起算问题作出了限定，即如果是复效，其两年期限一律自复效之日起算。《保险法》规定“以死亡为给付保险金条件的合同，自成立之日起满二年后，如果被保险人自杀的，保险人可以按照合同给付保险金。”《保险法（修改草案送审稿）》修改为“以死亡为给付保险金条件的合同，自成立之日起或者合同效力恢复之日起满二年后，如果被保险人自杀的，保险人可以按照合同给付保险金。”对后者，应理解为，两年自杀期限既可以从合同成立之日起算，也可以从合同复效之日起算，具体由合同约定。当然，如果合同未就复效情形下两年自杀期限起算问题作出约定，或者甚至完全未就两年自杀期限问题作出约定（实践中较少见），则从文义解释和有利于非起草人的解释原则出发，通常应理解为两年自杀期限从合同成立之日起算。需要说明的是，在复效情形下两年自杀期限是否可以或应当重新起算，存在不同的观点，值得进一步探讨。

第二，关于两年自杀期限的险种适用问题。《保险法》规定的是“以死亡为给付保险金条件的合同”，即不论具体是什么险种，只要合同中包含死亡给付，就适用该两年自杀期限的规定。台湾地区“保险法”对于健康保险和伤害保险，规定被保险人故意自杀导致死亡、伤残、疾病等，保险人不负给付保险金额之责任，而没有两年期限的规定。在台湾地区“保险法”下，不知是否意味着在健康保险和伤害保险领域，只要被保险人自杀，保险人一律不负赔付责任，而不论是两年之内自杀还是两年之后自杀？若是如此，当人寿保险与健康保险、伤害保险的承保范围出现交叉重叠时，或者当某一份保单既含有人寿保险元素,又含有健康保险或伤害保险元素时,两年自杀条款如何适用?

第三,关于无民事行为能力被保险人自杀问题。台湾地区“保险法”没有对无民事行为能力被保险人的自杀作出特别规定。《保险法(修改草案送审稿)》增加了一个第三款:“Ⅲ以死亡为给付保险金条件的合同,被保险人为无民事行为能力的,其自杀不适用第一款规定。”该款的立法意图较为明确,即认为无民事行为能力被保险人的自杀不应被混同于完全民事行为能力被保险人的自杀,不应被当然推定为其目的是为了谋取保险金,因此即使自杀发生在合同成立之日起两年内,保险人也可以承担给付保险金的责任。但由于该条第一款表述较为复杂:“Ⅰ以死亡为给付保险金条件的合同,被保险人自杀的,除本条第二款规定外,保险人不承担给付保险金的责任,但对投保人已支付的保险费,保险人应按照保险单退还其现金价值”,所以“其自杀不适用第一款规定”,既可理解为“凡被保险人自杀的,不论两年内外,保险人都可以承担给付保险金的责任”,亦可理解为“凡被保险人自杀的,不论两年内外,保险人都不承担给付保险金的责任”,可能引起歧义。因此,建议将该第三款明确为:“Ⅲ以死亡为给付保险金条件的合同,被保险人自杀且被保险人为无民事行为能力的,保险人可以按照合同给付保险金。”

五、被保险人犯罪致事故发生

(一)法律规定

1. 中华人民共和国保险法

《保险法》第67条规定:“被保险人故意犯罪导致其自身伤残或者死亡的,保险人不承担给付保险金的责任。投保人已交足二年以上保险费的,保险人应当按照保险单退还其现金价值。”《保险法(修改草案送审稿)》第67条规定:“Ⅰ被保险人因故意犯罪行为导致其自身伤残或者死亡的,保险人不承担给付保险金的责任。投保人已交足二年以上保险费的,保险人应当按照保险单退还其现金价值。Ⅱ被保险人因抗拒司法机关依法采取的刑事强制措施导致其自身伤残或者死亡的,适用前款规定。”

2. 中国台湾地区“保险法”

台湾地区“保险法”第109条规定:“Ⅲ(人寿保险)被保险人因犯罪处死或拒捕或越狱致死者,保险人不负给付保险金额之责任。但保险费已付足二年以上者,保险人应将其保单价值准备金返还于应得之人。”第133条规定:“(伤害保险)被保险人故意自杀,或因犯罪行为,所致伤害、残废或死亡,保险人不负给付保险金额之责任。”

(二)比较讨论

1. 保险人免责范围

在被保险人犯罪致事故发生而致保险人免责这一问题上,《保险法》与台湾地区“保险法”有一些区别。

在台湾地区“保险法”下,对于人寿保险,只有当被保险人因犯罪处死或拒捕或越狱致死者,保险人才可以不负给付保险金的责任;对于伤害保险,只要被保险人因犯罪行为所致伤残或死亡,保险人均不负给付保险金的责任。这里似乎有几个问题值得思考:第一,为何要对人寿保险和伤害保险在这一问题上进行区分?第二,当人寿保险与伤害保险的承保范围出现交叉重叠时,或者当某一份保单既含有人寿保险元素,又含有伤害保险元素时,法律如何适用?第三,人寿保险项下的保险人免责范围是否太窄?是否容易遭被保险人滥用? 第四,伤害保险项下的保险人免责范围是否太宽? 是否容易遭保险人滥用?

相比之下,《保险法》在这方面的规定较为统一,也较为合理。当然,在具体的司法实践中有两个关键问题:第一,对"故意犯罪"的认定;第二,对"导致"的理解。对"故意犯罪"的认定更多的是刑法上的问题,而对"导致"的理解则更多的是保险法上的问题。"导致"应理解为被保险人的故意犯罪行为与其伤残或死亡之间具有因果关系,但现实中造成被保险人伤残或死亡的原因往往有很多,即多因造成一果,这多因中既有被保险人故意犯罪的原因,也有其他原因,在这种情形中如何认定故意犯罪与伤残死亡之间是否具有因果关系? 这是一个十分复杂的问题。

此外,《保险法》和台湾地区"保险法"还共同面临一个问题:如果保险合同约定扩大保险人免责范围,是否有效? 例如,在保险合同条款中约定"被保险人违法犯罪导致其自身伤残或者死亡的,保险人不承担给付保险金的责任",如何理解? 在这方面,保监复(1999)168 号《关于保险条款中有关违法犯罪行为作为除外责任含义的批复》(1999 年 9 月 6 日)作出了一个较好的说明:"一、根据合同法"意思自治"的原则,保险条款中的约定与法律、法规中的授权性规范或任意性规范虽有不同或重叠,但不抵触的,约定有效,对保险合同当事人有约束力。…… 三、在保险条款中,如将一般违法行为作为除外责任,应当采用列举方式,如酒后驾车、无证驾驶等;如采用"违法犯罪行为"的表述方式,应理解为仅指故意犯罪行为。"

2. 保单现金价值退还问题

当被保险人犯罪致事故发生而致保险人免责时,《保险法》和台湾地区"保险法"基本均规定退还保单现金价值。同样,这里有两个问题值得讨论:第一,为何保险人退还保单现金价值的条件均设定为"已交足二年以上保险费的"？难道未交足两年保险费的不应退还保单现金价值？第二，如果退还保单现金价值，那么退还给谁？是投保人、被保险人还是受益人？这两个问题也留待稍后一并分析。

此外，台湾地区"保险法"对于伤害保险没有规定保单现金价值退还问题，难道这意味着在伤害保单项下，凡因被保险人犯罪行为所致伤残或死亡的，保险人不仅不负给付保险金的责任，而且不必退还保单现金价值？

六、关于保单现金价值退还的讨论

（一）退还条件

在退还保单现金价值问题上，《保险法》和台湾地区"保险法"在各自法律中都有不同的条件规定。以《保险法》为例，在退还保单现金价值的问题上，至少有三种不同规定：第一，已交足二年以上保险费的，退还保单现金价值；未交足二年以上保险费的，不退还保单现金价值（第 65 条和第 67 条）。第二，未交足二年以上保险费的，退还保单现金价值（第 66 条）。第三，已交足二年以上保险费的，退还保单现金价值；未交足二年保险费的，扣除手续费后退还保险费（第 59 条和第 69 条）。在这三个方面，台湾地区"保险法"也有类似的规定，虽然在具体细节上存在区别。

由此产生一个问题：为何保险人退还保单现金价值的条件多设定为"已交足二年以上保险费的"？难道未交足两年保险费的不应退还保单现金价值？我们知道，保单现金价值通常是由投保人在保单早期多缴的保费"预积累"而形成的，它虽然存放在保险人处，但对于保险人而言相当于一笔负债，其所有权仍属于投保方。因此，除了当投保人故意不履行如实告知义务等“欺诈”情形之外，即使保险人不承担给付保险金的责任，也应退还保险单的现金价值，而不应附加“已交足二年以上保险费”等额外条件（至于两年之内保单是否产生现金价值则是另外一个问题）。此外，“扣除手续费后退还保险费”的表述也容易引起误解，从本质上看，它与保单现金价值基本相同（有些保险公司在保险合同释义中明确约定“扣除手续费后退还保险费”等同于“保单现金价值”），在保单早期因为“前端费用”较高而往往使“扣除手续费后退还保险费”变得很低甚至可能为零，但投保方往往将其理解为能够取回大部分的已缴保费。

《保险法（修改草案送审稿）》对第 59 条和第 69 条作了修改，即对于合同效力中止期间保险人解除合同以及投保人解除合同的，不再要求已交足二年以上保险费，均规定退还保单现金价值。这一修改十分值得肯定。同时，本文建议对《保险法》第 65 条和第 67 条等相关法条进行类似的修改。

（二）退还内容

虽然为简便起见，我们在本文其他部分的表述中未对退还内容进行区分，但实际上，《保险法》和台湾地区“保险法”对此有不同的规定。

《保险法》规定退还的是保险单的现金价值，而台湾地区“保险法”规定退还的是保单价值准备金。台湾地区“保险法施行细则”规定：“本法所称保单价值准备金，指人身保险业以计算保险契约签单保险费之利率及危险发生率为基础，并依主管机关规定方式计算之准备金。”据此可知，台湾地区“保险法”所称“保单价值准备金”基本对应于《保险法》所称的“责任准备金”。此外，对比《保险法》第 69 条和台湾地区“保险法”第 119 条，可知《保险法》所称“现金价值”基本对应于台湾地区"保险法"所称的"解约金"。在其他条件相同的情况下,保单责任准备金通常高于保单现金价值。

(三)退还对象

如果按照法律规定,保险人需要退还保单现金价值(或保单责任准备金),那么应当退还给谁?是投保人、被保险人还是受益人?对此,台湾地区"保险法"第109条规定"保险人应将其保单价值准备金返还于应得之人",问题是谁为"应得之人"?《保险法》在不同地方有不同表述,例如,有规定"向其他享有权利的受益人退还"(第65条,《保险法(修改草案送审稿)》修改为"按照合同约定退还"),有规定"按照保险单退还"(第66条和第67条),有规定"按照合同约定退还"(第59条),还有直接规定"退还"(第69条)。在这些情形下,保险人究竟应当将保单现金价值退还给谁?法律是否需要作出明确规定?如果法律赋予合同自由约定权而合同没有对此作出约定,应当如何处理?这些问题都需要进一步探讨。

参考文献

1. 陈欣,《保险法》,北京大学出版社2000年版。
2. 江朝国,《保险法论文集——保险法之理论与实务》,瑞兴图书股份有限公司2001年版。
3. 李玉泉,《保险法》(第二版),法律出版社2003年版。
4. 秦道夫,《保险法论》,机械工业出版社2000年版。
5. 沙银华,《日本经典保险判例评释》,法律出版社2002年版。
6. 孙祁祥,《保险学》(第三版),北京大学出版社2005年版。
7. 王绪瑾,《保险学》(第三版),经济管理出版社2004年版。
8. 温世扬,《保险法》,法律出版社2003年版。
9. 朱铭来,《保险法学》,南开大学出版社2006年版。
10. 邹海林,《保险法教程》(修订第二版),首都经济贸易大学出版社2004年版。
11. 邹辉,《保险纠纷案例》,经济日报出版社2001年版。

运用套期保值理论进行投资基金的市场风险管理：基于我国金融一体化趋势背景的研究

潘　涛*

内容提要：在金融一体化背景下，证券投资基金迅猛发展，由于资产证券化使资产流动性提升，金融体系的不稳定因素也随之迅速增加，金融风险在金融衍生工具的大量运用下，随着证券投资基金等金融资产的快速流动而在全球金融业迅速传导。本文从金融衍生工具套期保值的全新分析视角，通过对金融一体化背景下大量运用金融衍生工具套期保值的证券投资基金面临的风险及其管理策略作出全面的分析研究，对我国证券投资基金的健康发展，具有一定的借鉴和参考。

* 潘涛，北京大学经济学院金融学博士后。

关键词:金融一体化　证券投资基金　套期保值　市场风险管理

一、导　言

随着金融自由化、金融全球化和金融电子网络化的发展,国际金融一体化(International Financial Integration)不断深化。在金融一体化背景下,证券投资基金(Security Investment Fund)迅猛发展,成为当今世界金融业的重要组成部分。随着金融一体化的发展,银行业、保险业与证券业日益成为统一的金融服务业主体,现代金融从以商业银行为主体过渡到以资本市场为核心。银行业、证券业和保险业纷纷涉足证券投资基金业务。在美国,广义的基金业务甚至超过了传统的商业银行、投资银行和保险业务。

金融衍生工具(Financial Derivative Instruments)是指那些从基础的金融交易标的资产衍生出来的金融交易工具。基础的交易标的资产(Underwriting Asset,即原生资产)包括各种商品、外汇、股票及债券等。依据《美国会计准则公告》第119号(SFAS NO.119),金融衍生工具被定义为:"一项价值由名义规定的衍生于所依据的资产或指数的业务或合约"。仅从其自身交易方式和特点考虑,金融衍生工具可分为远期合约、金融期货合约、金融期权合约、互换合约四类。

大量运用金融衍生工具的证券投资基金也是金融一体化进程中引发各种金融风险的导火索。金融一体化过程中,由于资产证券化使资产流动性提升,金融体系的不稳定因素也随之迅速增加,金融风险在金融衍生工具的大量运用下,随着证券投资基金等金融资产的快速流动而在全球金融业迅速传导。不断出现的由证券投资基金交易引发的国际金融危机令世人震惊。证券投资基金对金融风险的传导,主要表现为市场风险在各金融子行业之间的传导、在金融控股集团的内部传导、金融控股集团内部风险向全球金融业的外部传导三种形态。总之,金融一体化使大量运用金融衍生工具的证券投资基金的市场风险在银行业、证券业和保险业的传导加速加深,使金融风险传导的可能性和破坏性空前加强。

随着入世过渡期行将结束,我国金融体系即将全方位开放。金融一体化对国内金融业形成的整体压力日益加剧。从某些方面讲,国际金融一体化的实质就是金融规则的全球化。从长远来看,中国金融业最终将融入全球化的竞争规则中,与世界金融混业巨头进行竞争。金融一体化不仅会大大推动和深化我国金融创新的进程,而且还会对我国金融监管提出新的挑战。由此决定了在金融一体化背景下,中国的银行业、保险业和证券业等混业经营、混业监管的趋势日益增强。这样,证券投资基金作为金融一体化中引发各种金融市场风险的导火索,备受瞩目。因此,如何加强未来金融一体化下我国大量运用金融衍生工具的证券投资基金的市场风险管理(Marketing Risk Management),成为摆在我们面前的亟待解决的问题。

本文拟从金融衍生工具的分析视角为证券投资基金的市场风险管理的创新研究建立一个完整的分析框架,通过理性地分析金融一体化下证券投资基金的风险本质,从而科学地对我国证券投资基金进行风险管理,对我国证券投资基金的健康发展,提供一定的借鉴和参考。

二、证券投资基金市场风险的管理:基于最优套头比率理论的研究

证券投资基金的市场风险是指因市场波动而导致证券投资基金某一头寸或组合遭受损失的可能性。这些市场波

动包括:(1) 利率、汇率、股价及其他金融产品价格的波动;(2) 收益曲线的变动;(3) 市场流动性的变动;(4) 融券成本风险、股息风险和关联风险等。市场风险是其他风险的基础。市场风险是证券投资基金最经常面对的一种风险,是风险管理中的重点内容。针对不可经资产多元化分散的风险,证券投资基金可以利用金融衍生工具进行风险规避。以下主要研究基于金融衍生工具管理市场风险的最优套头比率套期保值法。[①]

衍生工具大多是用来规避现货资产头寸的暴露风险,即建立与现货头寸方向相反的衍生头寸对冲现货风险。管理市场风险关键在于确定最优套头或套期保值比率。[②]

套头比率是指衍生工具风险头寸与现货市场风险头寸的比例。就传统概念的套期保值来说,套期保值者的主要目的是利用它来规避证券投资基金在现货市场上所面临的价格风险,证券投资基金在期货市场上的交易头寸和在现货市场上的交易头寸是相同的,即套头比率为 1:1,这个比例也称为原始方法的套期保值比例(Native Approach)。

从 20 世纪 60 年代开始运用 Jonson/Stein/Ederington(JSE)方法,即用最小二乘法对现货价格和期货价格进行回归,主张套期保值的目的是使现货头寸和期货头寸总“利润”差的方差最小,即风险最小,这被称为回归分析方法的最佳套期比率。

20 世纪 80 年代提出的方法对一些特定类型的风险特别有效,例如 DV01 模型只对利率风险起作用,套期保值比率可以通过将现货头寸的 DV01 比率除以期货头寸的 DV01,然后乘以收益 β 系数(通过对现货头寸收益变化值和期货头

---

① 约翰·赫尔,《期权期货和其他衍生产品》,华夏出版社 2000 年版。
② 宋逢明,《金融工程原理——无套利均衡分析》,清华大学出版社 1999 年版。

寸收益变化值回归可得)计算得出。DV01 模型现在已成为证券投资基金为现货头寸寻求有效率的套期保值比率的主要方法。

90 年代 HKM 法开始推广。传统的 JSE 回归分析方法假定期货头寸价格与现货头寸价格之间存在稳定的关系,但实际并非如此,期货价格最终收敛于现货价格。Herbst、Kare 和 Marshall(合称为 HKM)研究了直接套期保值(Direct Hedge)[①]和间接套期保值(Cross Hedge)[②]的套期保值比率的改进。Herbst 和 Marshall 则主要研究现货头寸价格和分散化的期货头寸价格间的相关程度。

不论如何演变,投资组合套期保值实际上是对现货市场和衍生工具市场上的资产进行组合,目的是形成现货市场和衍生工具市场的最优投资组合头寸。[③]

从理论上讲,投资组合的套期保值的最优比率不一定等于 1,它取决于套期保值者的效用无差异曲线,效用无差异曲线反映了证券投资基金对收益和风险的偏好。在同一条效用无差异曲线上,期望收益和风险的不同组合对证券投资基金的效用是相同的。如图 1 所示,I 曲线是证券投资基金诸多的效用无差异曲线中的一条,该曲线是一条向上倾斜的凸曲线,表明套期保值者是风险厌恶者。投资组合风险最小化的点出现在图 1 中无差异曲线 I 和投资组合的期货收益一风险曲线的相切点 h,即通过 h 点切线的斜率是最优套头比率。

---

① 即现货和期货头寸在整个期间是同一的,还包括头寸的交割。

② 即对任何资产头寸来签订期货合约进行保值。

③ 叶永刚、郑康彬、熊和平,《金融工程概论》,武汉大学出版社 2000 年版。

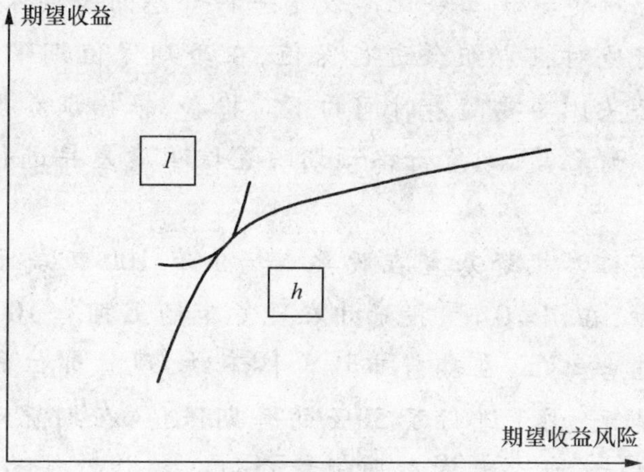

图1　最优套头比率的确定图

由图1可知，最优套头比率意为期货头寸与现货头寸的合适比率可以为证券投资基金提供最佳的风险与收益的组合。最优套头比率实际上就是确定最小方差的保值比率，显然若保值者的目标是使风险最小化的话，正好为1的套头比率未必是最佳的。

假定：ΔS 为在保值期内现货价格的变化；ΔF 为在保值期内现货价格的变化；σ_S 为 ΔS 的标准差；σ_F 为 ΔF 的标准差；ρ 为 ΔS 和 ΔF 的相关系数；h 为套头比率；则以求极值的方法确定的最优套头比率为：$h = \rho\sigma_S / \sigma_F$。

由该式可见，最优套头比率与现货及期货市场两个部位的各自价格变化的方差以及两者的相关系数有关。因此，在选择衍生合约进口套期保值时，要考虑现货资产价格变动的相关性及各自价格变化的方差。在传统的套期保值中，套头比率为1，这事实上是隐含着 $\rho = 1, \sigma_S = \sigma_F$ 的假定，也就是说，假定期货价格的波动与欲保值资产的现货价格的波动是同幅的。若 $\rho = 1, \sigma_F = 2\sigma_S$，即期货价格的变动总是现货价格的2倍，那么最优套头比率是0.5。

以上确定最优套头比率仅是一种静态的套期保值策略，为了更好地对投资组合进行保值，在套期保值期限内，投资组合的套头比率要随着时间的不断推移，根据证券投资基金对风险偏好程度、期货价格预期的置信程度差异进行动态的套期保值。①

如某证券投资基金在股票市场上有100万美元的投资组合部位，在 $T=0$ 时，投资才在现货市场上拥有100万美元的投资组合部位，在期货市场价格下跌，现货部位的价值损失2万美元，由于进行了50%的套期保值，在期货市场上赢利1万美元，所以现货与期货投资组合的总价值为99万美元。证券投资基金为了防止更大的损失，又在期货市场上卖出5万美元的期货合约，这样套头比率上升为0.56(55/99)。在 $T=2$ 时，证券投资基金在期货市场的部位赢利为 $2\times0.56=1.12$ 万美元，现货与期货部位的总价值为98.11万美元。以此类推，每当现货市场的价格下跌一次，证券投资基金就增加在期货市场上的套期保值比率。直至 $T=5$ 时，证券投资基金在现货市场的完全的套期保值，其动态套期保值的结果如表1所示。②

表1　动态套期保值过程表

时间	股票市场	期货市场赢利	总价值	期货部位	套头比率
0	0.00	0.00	100.00	-50.00	0.50
1	-2.00	1.00	99.00	-55.00	0.56
2	-2.00	1.12	98.11	-60.00	0.61
3	-2.00	1.22	97.33	-70.00	0.72
4	-4.00	2.88	96.21	-80.00	0.83
5	-36.86	30.65	90.00	-90.00	1.00

① 郭宝新、罗扬眉、曹志刚编著,《金融期货期权及其市场监管》,中国金融出版社1999年版。

② 潘涛,《金融衍生工具的市场风险及其管理》,《数量经济技术经济研究》,2004年第4期。

三、金融一体化趋势下运用金融衍生工具防范我国证券投资基金市场风险的策略建议

（一）构建我国证券投资基金“四位一体、内外结合”的控制体系

总体发展思路可以概括为：建立“四位一体、内外结合”的证券投资基金控制体系。控制体系包括四个层次：第一层次是机构内部控制，第二层次是行业和交易所控制，第三层次是政府控制，第四层次是国际合作控制。它们所起的作用各不相同，前者形成内部控制系统，后三者形成外部控制系统，相互联系形成整体的控制体系。在具体操作上，加强我国证券投资基金外部风险的控制体系应从以下几个方面入手：

1. 适度发挥政府的监管职能。首先，在金融一体化的趋势下，建议成立中国金融监管委员会，对银行业、信托业、证券业、金融衍生交易、保险业等进行系统的风险监管。其次，必须对政府在市场上的行为边界予以严格的界定。

2. 加强基金业协会的自律管理。首先，要建立真正意义上的基金行业自律组织，发挥行业的自律性监管作用。其次，应该把基金业协会行使的权力定位为公权力。

3. 加强证券交易所的自律监管。建议将我国的证券交易所改制为公司制，以推动交易所的市场化发展，增强证券交易所的独立性。

（二）建立符合金融一体化趋势的金融体系

1. 我国应早日实现汇率、利率、权益、信贷等的市场化，为金融衍生工具市场的建立和发展创造良好的外部条件。

西方发达金融市场的经验表明,活跃的金融现货交易会使金融衍生产品价格在合理的价位上波动,从而抑制金融衍生市场的过度投机,这一点对于今后中国衍生市场的发展十分重要。发展衍生市场的根本宗旨在于引入套期保值机制,因此,在金融衍生工具品种的确定上应选择现货市场规模大、发育成熟的金融产品(如股指、国债等)作为原生资产,以避免金融衍生产品价格的过分扭曲。建议先在我国证券市场自由化的基础上推出股指期货,在利率市场化后,再逐步推出国债期货、股票期权,最后在人民币资本项目自由兑换的条件下,再逐步推出债券期权、外汇期货和期权、互换等。

2. 通过加强对我国银行体系的监管,减少不良贷款的累积。发展金融衍生市场以后,国内和国际资本的大规模流动,使银行的可贷资金大量增加,一方面如果资本仅限于流入和流经银行体系,且规模巨大,就可能产生重大风险;另一方面,迅速膨胀的可贷资金如果没有有效的银行监管,就不能形成本国的实际生产力,盲目地流入金融衍生市场,结果很可能是灾难性的。

3. 加强对我国外汇市场的监管,谨慎对待资本项目的开放。东亚金融危机为我们敲响了警钟,一些东亚国家如泰国、印尼等之所以深受金融危机之苦,与它们急于求成的金融自由化有关。我国在对外开放资本市场上一定要慎之又慎,人民币实行在资本项目下的可兑换还有相当长一段路要走。

(三)加强我国证券投资基金市场风险的法律控制体系

首先,证券投资基金法的配套法规应明确基金可以买卖的投资品种和工具,并执行有效的程序,以确保有关规定获得遵守。有关的监控措施包括定期审查基金资产负债表及损益表，以及基金经理的记录、未经授权投资或交易的交易单位，以及与基金的交易对手就未完成或未平仓的交易进行确认。要求基金经理就基金所买卖或投资的每项认可产品，检讨及持续执行涉及基金的买卖及未平仓盘的买卖限额及持仓限额。

其次，证监会应制定及维持有效的证券投资基金的市场风险管理措施，以便衡量不断转变的市场情况对基金及客户所造成的影响，并要负责制定风险确认、评估的标准和方法。这些风险措施应包括以下事项：(1) 利用风险价值模型或其他计算方法，估计可能出现的潜在亏损；(2) 确认和计量风险的方法有 VaR 分析法等。为了正确评估各种市场风险，证监会需要发布确认和计量各种市场风险暴露的管理细则。[①]

最后，建立和完善我国金融衍生工具监管的相关法律支持体系。1. 国家要尽快制定和完善《期货法》、《期权法》、《金融监管法》等主体法律框架，并尽快制定法律实施细则，健全执法机制。2. 我国要借鉴国外金融衍生工具立法，致力于交易法规的进一步完善。例如，美国在客户保护、风险控制、市场监管方面都已形成了一整套行之有效的交易法规与管理方法，并以法律的形式固定下来，可供我国参考。

（四）推进国际合作监管机制

金融国际化进程的加快使得各国的金融市场越来越紧密地联系在一起。一国范围内的金融动荡很可能引起别国乃至世界范围的负外部效应的发生。面对着证券投资基金交易的全球化和连续性，加强我国证券投资基金国际监管合

---

① 许建华，《国外证券投资基金的市场风险管理模式和方法》，《证券市场导报》，2000 年第 6 期。

作变得日益重要。

1. 推进我国证券投资基金监管,要积极加入国际性组织,执行国际标准准则。当前,已有诸如十国集团(G-10)、巴塞尔委员会(Basle Committee)、国际证券监管组织联合会(IOSCO)、国际清算银行(BIS)、国际会计准则委员会(IASC)、三十国集团(G-30)等国际组织和全球性行业协会成立,并制定了一系列的标准和准则。这些标准和准则为各国证券投资基金的发展和有效利用起到了规范作用,也有利于打击证券投资基金领域的各种违法行为。其中著名的标准和准则有:G-30集团1993年7月发布的《关于衍生品内部风险管理的措施建议》;Basle委员会和IOSCO 1994年7月发布的《关于金融衍生品风险管理机制》及《关于金融衍生品风险管理指导方针》;IASC 1994年1月发布的《第48号征求意见稿》,1995年5月发布的《国际会计准则:〈金融工具:披露和列报〉》;BIS和十国集团从1998年6月开始实行的定期统计金融衍生品市场数据的计划;Basle委员会的几次《巴塞尔报告》等。

2. 建议把资本充足率和市场风险度量模型的发展纳入到我国证券投资基金市场风险的监管中。1993年,G-30集团在研究衍生品种基础上发表了《衍生产品的实践和规则》的报告,提出了度量市场风险的VaR(Value-at-Risk)模型。目前,基于VaR度量金融风险已成为国外大多数金融机构广泛采用的衡量金融风险大小的方法。VaR模型受到了监管部门的高度重视,并被纳入监管体系,不仅有利于金融机构进行风险管理,而且有助于监管部门进行有效监管。1995年巴塞尔委员会同意具备条件的金融机构可采用内部模型为基础,计算市场风险的资本金需求。1996年1月,巴塞尔委员会颁布了《资本协议市场风险补充规定》,该补充规定的核心内容是将资本充足率要求的范围由信用风险扩大到市场风险,要求金融机构根据指定的所谓标准化模型或被认可的内部模型来计量所承担的市场风险,并据此保持相应的资本水平。

参考文献

1. 郭宝新、罗扬眉、曹志刚编著,《金融期货期权及其市场监管》,中国金融出版社 1999 年版。
2. 蒋顺才、刘雪辉、刘迎新编著,《上市公司信息披露》, 清华大学出版社 2004 年版。
3. 门明,《金融衍生工具原理及应用》,对外经济贸易出版社 1999 年版。
4. 潘涛,《金融衍生工具的市场风险及其管理》,《数量经济技术经济研究》,2004 年第 4 期。
5. 宋逢明,《金融工程原理——无套利均衡分析》,清华大学出版社 1999 年版。
6. 王文星、于瑾,《衍生工具定价理论》,经济科学出版社 1998 年版。
7. 王春峰,《金融市场风险管理》,天津大学出版社 2001 年版。
8. 许建华,《国外证券投资基金的市场风险管理模式和方法》,《证券市场导报》,2000 年第 6 期。
9. 叶永刚、郑康彬、熊和平,《金融工程概论》,武汉大学出版社 2000 年版。
10. 张华,《金融衍生工具及其风险管理》,立信会计出版社 1999 年版。
11. 郭宝新、罗扬眉、曹志刚编著,《金融期货期权及其市场监管》,中国金融出版社 1999 年版。
12. 宋逢明、朱宝宪、张陶伟译,《金融工程》, 中译本,清华大学出版社 1998 年版。
13. 约翰·赫尔,《期权期货和其他衍生产品》, 中译本,华夏出版社 2000 年版。
14. 约翰·赫尔,《期权价格波动率与定价理论》, 中译本,经济科学出版社 2000 年版。
15. Zvi Bodie, Alex Kane, Alan J. , Marcus, 1999, *Investments*, McGraw-Hill.

论中国社会养老保险制度的选择与完善

邱　波　朱铭来*

摘要：实施多年的中国城镇职工基本养老保险制度目前存在较为严重的基金收支失衡问题。本文从现收现付制下养老保险制度的财务平衡模型分析入手，认为现收现付筹资方式并非是造成我国当前养老基金缺口的必然因素。根据我国的现实状况，以现收现付为基础的社会统筹养老基金在一定条件下依然可以实现收支平衡。本文主张通过制度改进提高参保人员的积极性，增加政府投入，进一步发挥公共养老计划的作用，从而达到增进国民福利、完善社会养老保障制度的最终目的。

* 邱波，宁波大学商学院金融系；朱铭来，南开大学经济学院风险管理与保险学系。

关键词:现收现付　财务平衡　制度可行性　收缴率

序　言

现收现付制是当今世界各国采用最多的养老保险制度的实施模式,在体现社会公平原则、降低缴费者缴费负担、减缓通货膨胀等因素对养老金造成损失方面具有无可比拟的优势。然而近年来,社会保障私有化(Social Security Privatization)开始在世界各国甚为流行。私有化拥护者认为社会保障私有化,尤其是社会养老保障私有化是提高养老基金运用效率的有效的方法之一,甚至认为现收现付制在人口老龄化加速、老年养老金逐年增加的条件下行将破产。世界银行在参照智利、新加坡和澳大利亚模式的前提下提出了私有化改革方案,即从收益确定型(DB)向缴费确定型(DC)转变,并按照积累制去运营养老保险模式,同时要求制度的管理运营应由政府转移到民间,但仍保留养老金的强制参保制度。这一方案得到私有化拥护者的热情赞扬,他们呼吁,人们应赶快为养老而储蓄,否则便无退休保障(马歇尔·N.卡特、威廉·G.希普曼,2003)。美国目前的社会养老计划(公共养老金计划)如果没有立法上的重大变革,现行法律下的信托基金资产和工资税收入在2042年以后将会耗尽。那时人们将欲哭无泪(Diamond,2004)。一般认为,养老金私有化概念包括两层基本含义:一是建立个人账户,即从无基金积累的现收现付计划向强制性的、基金积累性的个人账户计划转变;二是个人应对账户内资金的投资具有决策权(Feldstein,2000)。简而言之,养老金计划的私有化过程,就是建立私人管理的养老金个人账户计划的过程。

我国现行的社会养老保险制度是以社会统筹与个人账

户相结合为特色的部分积累制,其中社会统筹部分以现收现付的方式管理运作,类似于国际上公共养老金计划的管理模式。现收现付模式下的公共养老金计划是否必定面临破产危机?我国养老金制度是否应该顺应时代潮流,让公共养老金计划退出历史舞台?这是本文所要解决的问题关键。

一、现收现付制下养老保险制度的理论模型

现收现付制下养老金制度的突出特点是“代际赡养、以支定收”,即上一代人的养老需求由这一代人供给,根据上一代人的实际养老金支出确定这一代人应缴的养老税费。一般而言,养老税费是以工资的一定比例计算的,美国称之为工资税。确定养老税费缴纳水平后,在一段长时期内保持不变。这一代人缴纳的养老税费全部用于上一代人的养老金支出后没有积累,不用投资,政府管理养老金比较简单,容易实施。

根据上述思想,可以得出现收现付制下养老金收支稳定运行的理论模型:

模型一:

$$n \times w \times r = m \times p \tag{1}$$

$$r = \frac{m}{n} \times \frac{p}{w} \tag{2}$$

其中,n 是这一代(当期)缴纳工资税的总人数,w 是当期社会平均工资水平,r 是养老税费占工资水平的比例,即缴费率,m 是当期领取养老金的总人数,p 是每一个人领取养老金的单位金额。$\frac{m}{n}$指的是养老金制度的制度抚养比,$\frac{p}{w}$的经济含义是当期领取的养老金水平占当期社会平均工资水平的比例,又称工资替代率。可见,缴费率等于制度抚养比与

实际工资替代率的乘积。

由此人们得出结论，在一个养老金制度长期存在并趋于成熟的国家里，由于人口老龄化的威胁，制度抚养比水平持续上升，在养老金替代率不变的前提下，缴费率被迫上升。而缴费率的上升是有一定刚性的，不能无限上涨，由此得出结论：长此以往，现收现付制度必将破产。

模型二：

进一步分析，由于当期领取的养老金水平是以上一年或者上几年的社会平均工资水平的一定比例计算得到的，当期缴纳的工资税是以当期工资水平为基数计算的。假设当期领取的养老金基数是以上一年的社会平均工资水平为准，可以将模型一进一步表述为：

$$n \times w_t \times r = m \times w_{t-1} \times p' \tag{3}$$

$$r = \frac{m}{n} \times \frac{w_{t-1}}{w_t} \times p' \tag{4}$$

其中，n，m，r 代表当期缴纳养老金的总人数、当期领取养老金的总人数、当期养老金的缴费比率，w_t，w_{t-1} 代表当期以及上一期的工资水平，p' 代表工资替代率。由上述公式分析可知，影响养老金制度收支平衡的主要因素包括：缴费率、制度抚养比率、工资增长率以及工资替代率。

国内有学者也曾提出类似的结论。[①] 现收现付制下的缴费增长率取决于工资替代增长率和制度赡养增长率之和，并且工资替代增长率等于养老金给付增长率减去工资增长率之差，制度赡养增长率等于老年人口增长率减去劳动人口增长率之差。其结论为：缴费增长率受四类因素影响：养老金给付增长率（工资替代率）、工资增长率、老年人口增长率、

---

① 李昊宇，《现收现付制度下养老保险的均衡分析》，《数量经济技术经济研究》，1999年第8期，第37页。

劳动人口增长率。

二、模型分析

结合当前人口老龄化趋势不断加剧的严峻现实,即假定$\frac{m}{n}$趋升的前提不变的条件下,现收现付制下的养老金制度若要保持收支平衡,至少可以有以下几条路径:

1. 促使$\frac{w_{t-1}}{w_t}$下降,保持一定的工资增长率。降低该比率即要保证经济持续增长。当社会商品不断增长,总产出不断增加时,现收现付制度可以维系。由于全社会所需的养老资源最终都是由这一代劳动者在近年来的劳动供给提供的,实物不能像资金那样可以储蓄很长时间,因此从实物消费的角度来看,养老资源最终是由实物提供的现收现付制度。

2. 促使p'下降,降低工资替代率。现收现付制下养老金制度的目标替代率普遍定得过高,这无疑增加了养老金制度的财务困境。我国目前的实际平均工资替代率高达83%;拉美国家最高峰时,6个国家的最高工资替代率达到100%,4个国家超过90%,5个国家超过70%。[①] 世界银行提出的建议指出,合理的工资替代率水平(包括基本养老保险和补充养老保险)应该维持在64%左右。我国目前的实际工资替代率仍有较大的下调空间。

3. 促使r平稳上升,增加养老基金总额。在其他因素保持不变的条件下,缴费率的上升可以提高养老基金的总额,抵消老龄化压力带来的制度抚养比上升导致的收支失衡。

---

① 刘纪新,《拉美国家养老金制度改革研究》,中国劳动社会保障出版社2004年版,第12页。

增加基金总额对维持现收现付养老金制度具有特殊重要的意义。由于我国目前社会保障各项缴费比例已高达40%，在亚洲地区仅次于新加坡，因此在实际生活中，基金总额的扩大可以更多考虑从提高收缴率以及增加政府投入的角度来实现。

三、我国实行现收现付制下社会统筹养老保险制度的可行性分析

任何一种制度都不是十全十美，也不是一无是处的。社会养老保险制度中的现收现付制和基金积累制孰优孰劣的争论一直都没有中断过。每个国家都会从各自的社会基础、文化背景和经济环境等各方面出发，选择最适合本国民众需求的养老金制度加以实施。自1997年开始，我国开始推行"社会统筹与个人账户相结合"的新的养老金计划模式，虽然一开始就明确养老金缴费由国家、企业、个人共同负担，但由于制度配套改革迟迟未能启动和到位，导致养老金制度中最主要的一块——统筹资金(即公共养老金)长期处于"缺斤少两"的状态，日积月累后致使公共养老金缺口不断扩大。近年来我国不断完善深化养老金制度改革的思路大多侧重于强化个人账户的功能，对具有公共养老金特点的社会统筹部分则关注不多，甚至有些学者提出建立100%的个人账户，即推崇完全基金积累制以提高缴费主体加入养老金制度的积极性。这一改革探索值得商榷。

从我国的具体国情出发，以现收现付为特点的公共养老金计划仍然具有坚实的社会基础。首先，中国地域辽阔，人口众多，低收入人口乃至贫困人口仍占相当大的部分，社会贫富差距正在不断加剧，在相当长一段时期内，注重社会公

平和公正仍然是全社会关注的焦点,收入再分配功能仍需在养老保险制度中得到贯彻和体现。此外,全面实行基金积累制的社会经济环境并不成熟,不发达的资本市场是影响基金积累制实施的重要障碍之一。全国社会保障基金2004年年度报告显示,2004年社会保障基金总体收益率仅为3.32%,远远低于人们的期望收益率。第三,中国社会的平均储蓄率已经相当高,在基金保值增值目标无法确保之前,储蓄投资的转化机制不顺畅会导致积累制养老金更大量的闲置和浪费,加大制度成本。

如何解决现收现付制下养老金的收支失衡问题是能否继续实施这一制度的关键。虽然目前我国各类社会保障交费总比例已达到工资水平的40%左右,几乎没有上升空间,但是,依据上述模型分析结果,笔者认为,目前我国仍有相当大的活动空间来维系和完善养老金的支付体系。现收现付下的养老保险缴费率可以维持甚至能有所下降,确保参加者有能力承担可维持收支平衡的养老金制度的缴费负担。

1. 扩大覆盖范围,增加参保人数,可以降低$\frac{m}{n}$

与欧美等实施现收现付制下养老金制度的发达国家不同,我国现正拥有一项不可忽视的重要的制度优势,社会养老保险的制度抚养比不具有居高不下的刚性特征,即模型中$\frac{m}{n}$趋升的前提假设并不成立。我国劳动力供给不但没有衰竭,而且处于极大丰富的状态,在一定条件下,制度抚养比可以保持不变甚至下降。中国具有明显的二元经济结构,大量农村人口的存在为劳动力市场提供了几乎无限的劳动力供给。在城市化进程的推动下,大量年轻的农村劳动力大军源源不断地进入城镇就业队伍,使得制度抚养比不至于因为平均寿命的延长而居高不下。这一制度的潜在优势是任何其他发达国家所无法比拟的。

人口学家预测表明，中国今后15年处于收取“人口红利”的黄金时期。所谓“人口红利”，是指生育率迅速下降使少儿抚养比例迅速下降，总人口中劳动适龄人口比重的上升，在老年人口比例达到较高水平之前，将形成一个劳动力资源相对比较丰富，少儿与老年抚养负担均相对较轻，对经济发展十分有利的黄金时期。据2000年第五次人口普查数据显示，中国15岁—64岁劳动力人口为8.8亿，占总人口的70.15%。在未来的15年中，劳动力人口所占比重都在70%左右，到2020年达到峰值。从劳动人口构成看，中国“人口红利”的“大头”在农村，农村地区有丰富的劳动力资源，大量农村劳动力人群从乡村走向城市，走向发达地区，成为新增城镇劳动力人口的重要生力军。据国务院发展研究中心的研究报告预计，目前中国至少有1.2亿农村人口流入城镇，“农民工”占二、三产业就业人口的比重高达46.5%，其中第二产业占56.7%，建筑行业占80%。这批新生的劳动力人口充实了基本养老保险的缴费主体，一旦养老金制度覆盖到这批劳动力大军，养老基金的收入规模将得到迅速扩张。如果改进后的养老金制度能有效吸纳包括农民工等灵活就业人口的加入，就能迅速下降养老金制度的制度抚养比，使现收现付下养老金的收支状况得到改善。

2. 保持工资增长率的稳定增长，可以降低$\frac{w_{t-1}}{w_t}$

经济发展水平的稳步增长是保证工资水平稳定增长的重要前提。进入90年代以来，我国GDP的年均增长率达到8%以上，而工资增长率却没有相应的增长。调查显示，2003年我国平均工资增长率在6.7%—7.3%之间。上海市2001年高科技、制药、消费品等行业的平均工资增长率为8.36%，

2002 年则为 6.92%。[①] 因此,以工资水平为缴纳基数的养老金的筹集速度与规模无法与养老金的领取相匹配,从而影响了基金的收支平衡。此外,大量农村剩余劳动力进入城市,正在成为新增城镇劳动力的主要来源。这些必将进入养老保险体系的就业者,即使从事与城镇职工同等的工作,也无法获得与城镇在岗职工同等的工资待遇,他们的工资水平更低,缴纳养老保险费更加没有保障。长期以来,低工资水平是我国劳动力成本低廉的重要表现,一直作为保持我国经济长期增长的主要推动力。然而,近年来东南沿海地区"民工荒"的出现预示着低工资格局将被打破,维持低工资现象的成本越来越大。在宏观经济总体增长的前提下,外来就业者工资水平的增加既能保证实际就业人员生活质量的提高,满足自身的养老需求,又能成为养老基金重要的收入来源,扩大养老基金的规模。不仅如此,劳动力成本的上升还能进一步有利于农村剩余劳动力资源向现实劳动生产力转化,增加养老金的缴费主体,从而进一步扩大养老金的收入规模。

3. 逐步调整目标替代率,可以降低 p'

此外,随着企业年金等配套制度的逐步完善,基本养老金的目标替代率也将逐渐回归到理性的水平,已有研究结果表明,基本养老保险的工资替代率达到60%—70%就可以保持退休前的生活质量的水准,而我国目前平均工资替代率在83%左右,有些地区甚至达到100%以上。替代率的下降又将进一步有助于社会保险缴费率的同步下降。

综上所述,我国目前社会养老保险制度下的统筹基金平衡依然可以得到维持和继续,通过制度抚养比的下降、工资

① 中国人力资源开发网,http://www.chinahrd.net/zhi_sk/jt_page.asp?articleid=72696。

增长率的上升以及实际工资替代率的理性回归等措施可以确保现收现付制下统筹养老金的财务稳定。由于社会统筹基金具备收入再分配效应和明显的公共福利性作用以及我国当前贫富差距较大、社会公平问题较敏感的现实国情，在技术可行的前提下，我国养老保险制度"统账结合"下的社会统筹部分仍应得到坚持和强化。

四、导致基本养老保险收支失衡的主要原因分析

虽然从理论上探讨我国社会养老保险制度仍有较强的生命力，但是现行制度的弊端和危机也是不争的事实。笔者认为，造成目前困境的主要原因在于制度的执行过程不能达到预期的设想。

1. 制度收缴率过低，拖欠和逃避缴费现象严重。一方面，由于政府行政部门执行效率不高，使实际收缴率达不到模型计算的缴费率水平，企业恶意拖欠缴费现象导致制度覆盖率较低。由于存在逆选择，一些经济效益好、年轻职工占多数的新企业以种种理由逃避缴费责任，使基本养老保险制度的再分配功能得不到体现。而退休养老金却必须按月足额实行社会化发放，这就致使养老金总额入不敷出，收支失衡。从表1可知，我国参加基本养老保险的人数逐年增加，但是，与当年应参加养老保险的劳动力人口相比，参加基本养老保险的人数不足50%；相反，领取基本养老金的人数却占到当年离退休、退职人员的80%以上，且逐渐递增到85%以上。

表1　我国历年基本养老保险参加人数表

年份	1998	1999	2000	2001	2002	2003	2004
参加基本养老保险职工人数(万人)	8476	9502	10448	10802	11129	11646	12250
城镇就业人员人数(万人)	20678	21014	23151	23940	24780	25639	26476
实际覆盖率(%)	41.0	45.2	45.1	45.1	44.9	45.4	46.3
参加基本养老保险离退休、退职人数(万人)	2727	2984	3170	3381	3608	3860	4103
当年全国离退休、退职人数	3594	3727	3876	4018	4223	4523	4648
领取养老金比率(%)	75.9	80.1	81.8	84.1	85.4	85.3	88.3

资料来源：历年《中国劳动统计年鉴》、《2004年度劳动和社会保险事业发展统计公报》。

另一方面，就业人员所在的部门经济结构比重的变化导致制度无法对目标人群实现全覆盖。改革开放以来，随着国有企业改革的深入和社会主义市场经济的发展，我国城镇企业所有制结构发生了重大变化，传统的就业格局已经打破，劳动力的流动加快，就业的形势也日趋多样化，城镇就业人员构成中单位就业人员的比重下降明显，从1997年的72.4%下降到2002年的44.3%（如表2所示）。第三产业和民营组织越来越成为劳动力就业的主要渠道。此外，社会服务业和建筑业也成为新增就业人员的主要行业。单纯依靠行政手段推行的基本养老制度的运行效率越来越低。基本养老保险的覆盖人群应从目前的正规就业人员扩大到包括各类灵活就业人员[①]在内的所有城镇就业人员，并且通过制度改进提高制度的运行效率。此外，房地产业和金融、保险部门的就业继续增加。这些行业的就业人员流动性比较强，对现行养老保险制度的参保积极性不高，也很难被基本养老保险制度所覆盖。

① 灵活就业人员是指在劳动时间、收入报酬、工作场地、保险福利、劳动关系等方面不同于建立在工业化和现代化工厂制度基础上的、传统的主流就业形式的就业场所工作的人员。

表2　中国历年城镇就业人员构成统计(1997—2002年)

(单位:万人)

年份	合计	单位就业人员	私营个体就业人员	其他*
1997	20 781	15 036	2 669	3 076
1998	21 616	12 696	3 232	5 688
1999	22 412	12 130	3 467	6 815
2000	23 151	11 613	3 404	8 134
2001	23 940	11 166	3 658	9 116
2002	24 780	10 985	4 267	9 528

资料来源:中国劳动和社会保障部,《中国劳动和社会保障年鉴2003》。

* 包括在城镇就业的农林牧渔人员、乡镇就业人员、自由职业者、其他灵活就业人员。

2. 制度转型期间政府职能的缺位导致统筹基金缺口至今没有弥合。缺口存在的很大原因在于政府缺乏对社会保障基金投入的长期规划。2000年,国务院决定建立"全国社会保障基金",并设立"全国社会保障基金理事会"负责基金的管理。社会保障基金建立的目的是为了保证基本养老保险制度有稳定的财政来源,以便在养老金支付高峰时期进行缓冲。我国社会保障基金的资金来源包括财政预算拨款、国有股减持收入、彩票公益金收入和投资收益四部分,其中预算拨款是主要来源(如表3所示)。然而,近年来政府社会保障支出占财政总支出的比重却逐年递减(如表4所示),没能很好地发挥弥补基金缺口、缓解养老金支付压力的作用。

表3　财政拨入全国社会保障基金资金情况　(单位:亿元)

项　目	2000年	2001年	2002年	2003年	2004年	累计	占拨入资金比重(%)
财政拨款合计	200.00	595.26	415.76	49.08	278.54	1 538.64	100.00
其中:中央财政预算拨款	200.00	473.48	303.91	—	170.97	1 148.36	74.64
国有股减持收入	—	121.78	88.10	4.08	47.04	261.00	16.96
彩票公益金收入	—	—	23.75	45.00	60.53	129.28	8.4

资料来源:刘子兰,《中爱两国国家养老储备基金管理制度比较研究》,《中国人口科学》,2005年第4期,第35页。

表 4 社会保障支出占国家财政总支出的情况表 (单位:亿元)

年份	国家财政总支出	拨入社会保障基金的财政拨款额	拨入社会保障基金的财政拨款占国家财政总支出的比例(%)
2000	15 886.5	200	1.3
2001	18 902.58	595.26	3.1
2002	22 053.15	415.76	1.9
2003	24 649.95	49.08	0.2
2004	28 360.79①	278.54	1.0

资料来源:《中国统计年鉴 2004》。

五、名义账户制对我国的借鉴意义

上述收支失衡的原因除了政府相关部门执行效率不高之外,制度缺陷也是不可忽视的原因。现有制度不能原封不动地继续维持下去,对它加以改进是十分必要也是非常迫切的。最近出台的《劳动和社会保障事业发展第十一个五年规则草案》中,提到了五个层面的显性改进承诺:5 年内新增城镇养老保险参保人数 1 亿人;使财政支出用于社保的比重上升到 20%;立足于填平"空账",做实个人账户;改社保资金由目前的市级统筹、市级财政托底为省级统筹;对城镇个体劳动者、灵活就业人员、进城务工人员、被征地农民、务农农民等 5 类目前被排斥于社保范围之外的人员的社保问题作出相应的制度性安排。这些变化对于割断统、账基金之间的联系,锁定统筹基金的债务,减少个人账户的空账规模,提高社会统筹基金的地位和作用都有积极的意义。

然而,解决公共养老金缺口的根本途径在于稳步提高养老金制度的覆盖率,把更多的劳动力人口,尤其是包括农民工在内的灵活就业人口纳入到制度内部。实现这一路径的

① 数据来源于《关于 2004 年中央和地方预算执行情况及 2005 年中央和地方预算草案的报告(摘要)》。

关键在于增加现行制度中个人账户的便携性问题。只有让个人账户可以随人员一起流动,并且保证参保人员利益不受损害,才能提高流动人口的参保积极性和现实可行性。我国就业人员队伍结构中有相当大一部分是流动人员和灵活就业人员,他们不局限在某一企业或某一城市就业,现有制度的属地管理特性既增加了制度实施的成本,又损害了参保人员的既有收益。在这方面,欧亚六国的改革实践对我国具有一定的借鉴意义。

1995 年开始,瑞典、意大利、波兰、拉脱维亚以及中亚的蒙古、吉尔吉斯斯坦六国开始尝试一种新的养老保险模式——名义账户制,为经济转轨国家提供了一条新的思路。名义账户制是指各方缴纳的养老保险费进入一个名义的个人账户,在自身未来退休时将“名义账户”内的金额按照一定的原则变现提取或转化为可变年金,作为养老生活所需。名义账户制把现收现付下的给付确定型特征与个人账户交费确定型特征结合到一起,形成个人投资型 DC 账户与现收现付制下 DC 账户相结合的特殊的混合型养老保险制度。这一制度的优势之一是具有明显的“便携性”,由于给付确定的原因,账户的流动因此变得非常容易,方便劳动者在欧盟范围内安排工作及生活。由于个人账户积累的资产总额是缴税累计及其“名义回报率”的总和,因此在他缴费期间,工作国的政府会为其账户记入与当地税基增长率相等的回报率,一旦该劳动者移居国外,工作国的政府也非常容易将缴费期间个人账户积累的资产转移至后一个国家,个人随即按照后一个国家的税率进行支付,其个人账户的积累也开始按后一个国家的“名义回报率”进行计算。在名义账户制下,个人养老账户能够实现在不同主权国家之间的自由流动,这对于我国实行省级统筹的社会统筹养老基金很有启迪意义。如果统筹基金能够打破地域界限,实现跨省际流动,使劳动者可以携带个人账户以及相应的统筹部分基金进入新的工作地区,则既有利于劳动者人员的流动,又能增加社会养老保险制度的稳定性,减少参保人员的流失,增加和扩大参保人员的积极性和覆盖面,对完善“统账结合”的社会养老保险制度产生积极的现实意义。

六、结　　论

受全球人口老龄化影响的冲击,各国社会养老保险制度的改革势在必行,但具体改革的途径、力度和时间安排却是有不同的模式可供选择的。以拉美国家为例,拉美新建立的养老金制度可分为三种主要模式:替代式、并行式和混合式。[①] 而出生率和寿命预期这两个变量是导致目前欧盟国家DB型现收现付制养老金制度失衡的重要因素。就我国而言,由于大量劳动力人口的存在以及经济总量不断增加的事实,现收现付制在技术上仍有操作的空间,造成目前收支失衡的主要原因还在于执行实施的过程。因此,我国“统账结合”下新型养老保险制度的完善还须解决的一个基本认识是——我们应在多大程度上保留公共养老金计划?鉴于我国长期以来具有的社会互济传统和再分配价值观,以及完全做实个人账户条件下巨大的转制成本和政府隐性债务的存在,我国的养老金制度改革还应采取逐步推进的方式,在很长时期内仍可坚持以现收现付制为特征的社会统筹基金为主体的社会养老保险制度。如上所述,这在技术上是具有可行性的。在当前的社会养老保险制度改进过程中,应注重制

---

① 刘纪新,《拉美国家养老金制度改革研究》,中国劳动社会保障出版社2004年版,第32页。

度激励机制的配套加强，降低和减少拖欠、逃避交费现象，增加现有制度的流动性和便携性，在确保收缴率的基础上稳步提高覆盖率，兼顾制度公平性和效率性，保证我国“统账结合”的社会养老保险制度的成功运行。

参考文献

1. 陈伟诚、郭席四，《逃费：中国社会养老保障制度的困境》，《市场与人口分析》，2005 年第 2 期。
2. 李昊宇，《现收现付制度下养老保险的均衡分析》，《数量经济技术经济研究》，1999 年第 8 期。
3. 刘纪新，《拉美国家养老金制度改革研究》，中国劳动社会保障出版社 2004 年版。
4. 刘子兰，《中爱两国国家养老储备基金管理制度比较研究》，《中国人口科学》，2005 年第 4 期。
5. 马歇尔 · N. 卡特、威廉 · G. 希普曼，《信守诺言—美国养老社会保险制度改革思路》，中国劳动社会保障出版社 2003 年版。
6. 杨立雄，《对社会保障私有化认识的几个误区》，《中国人口科学》，2005 年第 4 期。
7. Diamond, Peter A., 2004, Social security, *American Economic Review*, March 94 (1), pp. 1—24.
8. Diamond, Peter A., 1977, A framework for social security analysis, *Journal of Public Economics*, December 8(3), pp. 275—298.
9. Diamond, Peter A. and Mirrlees James A., 1978, A model of social insurance with variable retirement, *Journal of Public Economics*, December 10 (3), pp. 295—336.
10. Diamond, Peter A. and Mirrlees James A., 1986, Payroll-Tax financed social insurance with variable retirement, *Scandinavian Journal of Economics*, 88 (1), pp. 25—50.
11. Feldstein, Martin, 2000, Privatizing social security, University of Chicago Press, Chicago and London.
12. Feldstein, Martin, 1987, Should social security benefits be means tested, *Journal of Political Economy*, June 95(3), pp. 468—484.
13. Feldstein, Martin, 2005, Rethinking social insurance, *American Economic Re-*

view, March 95(1), pp. 1—24.

14. Feldstein, Martin, 1985, The optimal level of social security benefits, *Quarterly Journal of Economics*, May 100(2), pp. 303—320.

15. Feldstein, Martin, 1974, Social security, induced retirement, and aggregate capital accumulation, *Journal of Political Economy*, September/October 85 (5), pp. 905—926.

16. Feldstein, Martin and Jeffrey B. Liebman, 2001, Social security, Working Paper No. 8451, National Bureau of Economic Research.

中国经济转轨背景下企业风险与管理研究

李心愉　滕贞旭*

内容提要：现阶段，我国正处于市场经济转型时期，由于市场经济环境中的一般风险和市场经济转轨过程中的特有风险同时存在，企业面临的风险变得更加复杂。而作为微观个体的企业风险一旦汇聚、触发，所影响的不仅是企业，而且很可能是整个宏观经济。本文正是基于微观个体企业的风险损失会积聚成行业的、乃至整个宏观经济损失的思路，在对现阶段我国企业风险存在、汇聚、触发的机理分析的基础上，探讨企业、政府所应采取的风险管理对策。

* 李心愉，北京大学经济学院风险管理与保险学系；滕贞旭，北京大学经济学院风险管理与保险学系博士生。

关键词:企业风险　风险因素　风险管理

现阶段,我国正处于市场经济的转型时期,由于市场经济环境中的一般风险和市场经济转轨过程中的特有风险同时存在,企业面临的风险将会更加复杂。企业风险的存在,不仅可能引起企业收益和财产的净损失,使得社会总财富下降,从而降低社会总体的效用水平,而且可能引发宏观经济总量的增长速度下降甚至倒退,并引发一系列严重的社会后果。因此,有必要对现阶段我国企业风险产生的根源进行深入的分析,并提出可行、有效的管理对策,尽量避免企业风险可能导致的严重后果。本文分析的基本思路是:首先对企业风险产生的机理进行分析。根据损失发生前的风险汇聚过程将企业风险划分为存在、发展、触发三个阶段,并分别在风险背景、风险因素和风险触发条件中对这三个阶段逐一进行分析,试图发现和揭示风险发展与损失发生的内在机理。然后,根据企业风险产生的机理提出有针对性的风险管理对策。

一、企业风险背景

21世纪以来,企业活动所面临的外部环境发生了前所未有的变化。从全球范围看,世界已经进入知识经济时代,企业的生产交易方式已从实物型向信息型转变,虚拟世界、电子商务、数字模拟、信息高速公路等形式的出现改变了传统的商业方式;世界范围或一国之内企业的合并与收购事件层出不穷,企业的生产、交易范围和企业信用体系扩大;WTO等通行的世界商业规则在各国普遍推广,跨国企业大量涌现,经济趋于全球化。从国内的形势看,中国正面临向市场经济转型深化的关键时期,企业既要面临计划经济时代所遗留下来的体制问题,如:产权不清、对政府的依赖性强、政府寻租现象严重等,又要面临市场经济条件下,国内外企业之间强大的市场竞争压力,还要面临我国市场经济发展阶段中所特有的现实条件限制,比如基础设施(如金融市场、法律体系等)不足、资源匮乏等。

从企业本身来看,企业风险的载体也发生了巨大的变化,具体变化表现为以下几个方面:

一是"财"和"物"的变化。"财"指的就是企业持有的各种金融资产,包括存款、证券、票据等有价金融工具。而"物"指的是企业的实物资产。这些是最通常意义上的企业资产,同时也是企业风险载体的最直接、最根本的表现形式。因为无论何种风险发生,最终一定会转化为企业的经济损失。它们变化的趋势是:"财"的形式更趋多样性,"物"在空间和时间上的分布更加广泛,如果不能有效掌控,都会使企业预期的财物损失加大。

二是人力资源含义外延。人是企业中的灵魂,是企业中最有活力和创造力的要素,同时也成为企业风险的来源之一。现代企业所面临的人力资源不仅包括"人力"的存在与否,更主要的还要考虑企业决策者、管理者、员工等人力要素的身体、心理与文化素质、行为的合意性以及对企业的诚信度等。可以说现代企业的竞争归根结底是高素质人才的竞争。

三是法律责任范围扩大。一方面,市场经济发展必然要求政府建立与之相配套的法律法规制度,使得各经济主体的责任和利益更加清晰明确,行为规范性增强。另一方面,加入 WTO 后,我国商业的运作规则将逐步向其靠拢,国际惯例、国际规则逐渐渗透到各行各业。因此,企业所承担的法律责任无论是范围上还是程度上,都有扩大和加深的趋势。

四是信息和技术资源占据战略性地位。知识经济时代所发生的最大变化就是,信息已经作为一种要素,同技术一道参与到企业的竞争力组成中。技术是实现企业竞争力的核心要素,而信息就成为企业赢得市场、赢得机遇的核心要素。反过来,信息的缺乏或不及时很可能导致企业发生严重损失甚至生存危机。

五是企业品牌等无形价值凸显。这里所说的企业品牌不仅包括企业本身的声誉、企业的信用,还包括企业的产品、注册商标、专利权、知识产权等具有商业价值的符号。由于商品和服务数量与种类的扩大,一个知名品牌就意味着获得人们普遍的信任与认可,就意味着可以创造价值。如果品牌受到损害,企业受到的损害将是长期的,在短时间内很难恢复。同样如果企业不遵守信用承诺,短期内可能会获得收益,比如违约欠款,但是从长期看会影响企业的品牌,从而影响企业发展的长期利益。

今后随着形势的发展,后三类风险载体在我国企业所面临的风险中将会占有越来越重要的分量。

二、企业风险因素

风险因素是指导致损失发生的频率增加或者损失严重程度加强的所有条件。也就是说,当风险存在、损失发生时,这些因素充当了放大器的作用,加大了损失的严重程度。企业风险因素多种多样,但从现阶段大多数企业所共同面临的风险因素来看,主要表现为以下几种:

(一)粗放型生产导致大量可控风险因素汇聚

粗放型经济发展模式是指经济的增长需要依靠生产要

素(例如资金、劳动力、资源)的高投入来实现。目前我国大部分行业的生产中,粗放型生产仍占主导地位。只重视数量而不重视效率,只重视产出而不重视投入的现象频频出现。企业在大幅度提高产量的同时,所消耗的资源也在成倍上升。2003年我国GDP约占世界的4%,但各种资源消耗占世界的比重分别为:石油7.4%、原煤31%、钢铁27%、氧化铝25%、水泥40%。我国用水总量与美国相当,但GDP仅为美国的1/8;消耗每吨标准煤实现的GDP仅为世界平均水平的30%。[①]

从近年来部分地区频繁发生的"电荒"、"油荒"中,人们已经强烈地感受到,传统的高投入、高消耗、低产出的老路已经走到了尽头。不转变增长方式,资源将难以支撑经济发展的需要。我国人口众多而资源短缺,未来资源供给的制约将会越来越突出,从而成为构成威胁我国经济可持续发展的重要因素。

不仅如此,企业为了追求企业产值、经济利益,而忽视员工的人身安全、健康,忽视对生态环境造成的严重破坏,忽视整个国家工业结构的合理性的现象也比比皆是。这种粗放式的经济发展模式使得在GDP指标高速增长的背后,隐含了大量经济和非经济层面的问题,这些问题积累到一定程度就会成为损失发生的必然因素。例如最近频繁发生的严重矿难事故,很大程度上是由这种粗放型的经济增长方式和发展模式所导致的。

(二)价格制度变革导致企业市场价格风险发生机会增加

我国的商品价格和劳动力价格制度改革进行较早,现在

---

① 夏光,《"从环境换取增长"到"环境优化增长"——"十一五"环境与经济关系的转机及对环境保护的意义》,http://www.njhb.gov.cn。

已经初见成效。而金融市场上的价格制度,如汇率制度和利率制度,还有待调整。目前,由于外汇市场压力等因素,我国的汇率制度改革已经展开。2005 年 7 月 21 日中国人民银行公布的《关于完善人民币汇率形成机制的改革》确立了我国实行"以市场供求为基础、有管理的浮动汇率制度",同时,人民币汇率"从盯住美元"转向"参考一揽子货币调节"。这些措施意味着我国的核心价格形成机制,即汇率制度将向市场化方向转变。从而使得原来对中国企业影响并不是很大的汇率风险逐渐突出,增加了企业市场价格风险暴露的程度。虽然目前利率仍然是由国家进行统一控制的,但是国家会根据经济状况随时作出调整,其变动性也很大,而且不易提前预测。从以上方面看,当前我国正处于价格制度深化的关键时期,汇率、利率制度正逐步向市场化方式转变。在多数企业对利率、汇率风险管理措施不熟悉的情况下,在制度变革的初期,势必会产生由价格制度变动导致的损失。

(三) 无形风险因素呈现多样性和广泛性

相对于物质方面的有形风险因素而言,无形风险因素是指影响损失发生可能性和受损程度的文化、习俗和生活态度等非物质因素。以前谈到无形风险因素,我们通常指的是人为方面的因素。现阶段,无形风险因素的内容越来越广泛,遍布于人力资源、法律、信息、企业品牌等载体的各个方面。由于无形风险因素形式的多样性和难以度量的特征,与有形风险因素相比,它们更加不易被人们察觉和难以预测。人力资源方面的无形风险因素包括企业决策者、管理者和员工的道德风险、行为风险,即他们的行为违背企业利益、欺骗企业的风险。而法律、文化条件的变化将成为无形风险因素的重要来源,比如:环境责任的出现扩大了企业所承担的法律责任范围;法律体系与国际接轨导致规则的增加;人们维权意识的提高将增加企业遭受诉讼的可能性。另外,信息渠道缺乏或取得虚假信息也将导致企业可能的损失上升。除此之外,企业因财、物、人力、责任、信息所导致损失的负面影响,将成为损害企业品牌的严重风险因素。

(四)企业产权模糊以及多级委托代理关系导致企业效率低下

目前在我国,国有制经济成分仍然占据主导地位。在实行公有制为主体的市场经济中,一方面,"国家所有"这种概念容易形成"名义上国有,实际上无人所有"的尴尬情况。一旦这些权利得不到切实有效的保护,就会形成对国有资产缺乏有效的监督管理,造成国有企业普遍经营效率低下,缺乏活力,在市场竞争中处于劣势的局面。

另一方面,多级委托代理关系也进一步导致了企业效率的低下。虽然政府可以代表国家对国有资产行使各种权利,但是"政府"仍然是比较模糊的概念,在具体实行的过程中,必然要委托给具体的机构或部门负责实施。中国目前采取的做法是在政府保持企业剩余索取权的同时,通过政府——国资委——国有企业这种多级委托代理关系来行使对国有资产的产权,弱化政府行为对企业的影响,实现政企分开。这种制度固然在一定程度上可以提高国有资产的运行效率,但仍存在着一些问题,可能导致国有企业效率低下。主要原因有以下几点:一是国资委作为政府部门分离出的一部分,从政府职能转变为以利润最大化为指导思想的商业行为需要一定的时间和条件。二是委托代理问题的存在使得国资委与国有企业可能会利用各自委托人的授权谋取特殊利益,从而导致经营效果不佳。三是多级委托代理关系下的交易费用无疑较高,这也是对国有企业经营利润的一种损害,致使效率低下。

(五)金融衍生工具的缺乏导致企业避险能力不足

金融衍生品在微观层次上的一个重要作用就是帮助市场中的各类主体在交易中套期保值、规避风险。在发达国家,金融衍生品种类丰富、衍生品市场规则成熟、交易频繁,可以给套期保值者提供足够的可供选择的避险工具。而在中国,由于汇率、利率市场化开始得比较晚,金融衍生品的种类和规模都十分有限,而且与金融衍生品交易配套的监管、市场规则等各项制度尚未建立,使得企业缺乏足够的可供选择的套期保值避险工具。在汇率、利率管制的条件下,其变动程度有限,企业面临的风险不大,因此,对金融衍生品的需求也很有限。然而,随着汇率、利率制度市场化改革进程的加速,企业面临的相关风险也越来越显著,企业在交易的过程中,比原来更容易因市场利率以及汇率的变化而使自身利润受到影响,也就产生了对相应金融衍生品的极大需求。这种情况在外贸企业中表现得尤为明显。在企业进行对外贸易时,一些远期合约等金融衍生工具本来可以很好地发挥规避汇率风险的作用,帮助企业取得稳定的现金流,然而由于我国开发和运用各种金融衍生产品的各种条件不具备,以至于在20世纪90年代的金融衍生产品交易试点过程中投机猖獗,并直接导致了试点的终止。

同时,由于国内金融衍生工具的缺失,企业转而投向国际金融衍生产品市场,而由于国内企业在衍生品交易方面的经验不足,避险的理念没有被完全正确地树立起来,导致一些企业在国际衍生品市场上进行投机交易,损失惨重,2004年中航油因为衍生产品交易而导致巨额亏损达5.5亿美元的事件就是一个典型案例。

三、企业风险的触发条件

风险载体和风险因素的存在未必一定会导致损失，风险的发生往往存在“导火索”，也就是触发条件。如果可以发现、控制或切断这些导致风险发生的“导火索”，那么企业就可以在风险管理中拥有主动权。

未来一段时期是我国经济体制改革的攻坚阶段，同时也将是入世所做的承诺在更基础、更核心的领域兑现的阶段，这一时期企业风险的触发条件将突出表现为：

（一）经济利益驱使的过度竞争

微观经济学中的市场供求理论告诉我们，当产品市场价格上升时，企业为了追求更高的利润，就会选择追加投资、扩大生产规模，同时进入市场的企业也会增加，生产者数量和产量的急剧增加带来供给量的大量增加。而当供给上升速度超过需求上升速度时，就会导致产品过剩，从而产品市场价格下降，甚至低于成本。而对于生产性企业来说，扩大规模简单，反之就不易了。生产投资的短期不可逆性，就必然引起企业“亏本生产”或者开工率不足，资本闲置，从而引起一连串的支付危机、信用危机、企业品牌危机，甚至导致全行业亏损。这种规律在中国的市场上不止一次地反映出来。如中国的彩电行业就是在高利润的刺激下，短短十年，发展成为世界彩电第一生产大国，然而到了20世纪90年代末期，严重的供大于求又使得行业的价格战愈演愈烈。仅在1994年到1999年之间，我国彩电行业就进行过7次价格大战,其结果是,目前中国的彩电价格已比美国市场低20%—30%,[①]属全世界最低。诚然最初的彩电业是具有高利润的,但是彩电业的过度竞争最终导致该行业无利可图。这种结果,不仅对市场中的一家企业、一个行业不利,而且会极大地损害整个国家范围的资源配置效率。目前,这样的趋势又出现在能源行业和房地产行业,如煤炭价格的上涨导致各地小煤矿大量涌现,房价的成倍上涨导致大量投资涌入房地产开发行业,这些利益驱动的过度竞争的危害在经过一段时期之后就会有所显现。

(二)国际能源价格陡然上升

国际能源价格的陡然上升会产生两个方面的影响:

第一,对能源行业本身的影响。国际能源价格的陡然上升会极大地刺激国内相关能源行业的生产投入。由于这些行业往往是以采掘业为主的,因此单纯重视数量而不重视质量、只考虑产出而不考虑经济成本等因素的粗放型经济生产方式就会表现得尤为明显。特别是,当地方政府官员的政绩考核方式是以当地的GDP来衡量的时候,就会对这种价格引起的生产刺激产生推波助澜的作用。

第二,对关联行业的影响。能源行业的价格上涨,必然会导致各行各业中以这些能源为原材料的企业生产成本上升,从而导致相应的产品价格上升。一方面,如果这些产品价格的上升可以通过产业链上的价格传导机制传递到下游产业,就会导致更大范围的产品价格上升,甚至全社会范围的价格水平上涨,诱发通货膨胀。另一方面,如果产品价格不能通过价格传导机制传递到下游产业,也就是一旦产品价

---

① 钟华云,《彩电战逼出技术牌——专家预言:企业遭淘汰将不在于价格劣势,而在于技术劣势》,《经济日报》,2000年8月28日。

格上涨，市场对该产品的需求就会明显下降（即该产品的市场需求是富有弹性的），而企业利润也随之下降，企业无法向下游产业传递价格上涨，那么其自身的经营就会受到威胁，轻则产品积压、资金周转不灵、无任何利润空间，重则停产甚至破产，而且这种损失还会从产品生产企业波及到金融机构等，造成更大范围的危害。

（三）政府政策的应急性特征

宏观调控是政府弥补市场经济缺陷很好的方式，但倘若运用不当，反而容易成为引发企业风险的诱因。我国政府的政策实施往往有应急性的特征，即往往针对出现的紧急状况而即时出台相应的政策，而当外部环境变化之后，又再紧急修正。这虽然可以称之为与时俱进，但是同时我们也该认识到企业的生产是有自己的周期和规律性的，特别是生产周期较长的行业（如房地产业），企业的生产投入不可能迅速转变。如果项目已经开始，在一个较长的时间内只能继续投入，不可中断，否则前期投入都会成为沉没成本。如果在一个生产周期还没有结束时就遇到政府转变政策，企业将会面临很大的损失。更严重的问题在于这种政策风险是企业难以控制，难以把握的。比如，1998 年亚洲金融危机之中，为了保证不受其他东南亚经济危机国家经济衰退的影响，我国政府决定启动内需，其中一项重要的措施就是鼓励房地产行业的发展，而到了 2004 年政府又宣布对房地产行业进行宏观调控，这时正在进行中的项目就难免要遭受损失。再比如，2005 年 7 月以前，政府一直否认人民币升值的说法，而到了 2005 年 7 月 21 日又突然宣布汇率制度改变，人民币升值，这就使得相关行业没有任何准备去应对由此可能带来的损失。

(四)国际游资(Hot Money)的流动

现阶段,我国发展资本市场面临与发达国家当初发展资本市场时不同的外部条件。发达国家在发展资本市场的初期,所面临的外部资本市场也同样不成熟,即国内外市场处于同样水平。因此,他们只需要考虑如何发展和完善本国资本市场就可以了。而我国的资本市场是在其他发达国家资本市场已经比较成熟之后才开始建立和发展的,即国内外市场处于"内弱外强"的状况。因此,我们一方面必须要注重自身市场的发展完善,另一方面还必须警惕来自外部成熟市场的影响和冲击。这种发展阶段所处的外部条件的差别使得我们在发展资本市场时面临更加严峻的挑战。在目前必须特别警惕来自国际资本市场的影响和挑战,就是国际游资的冲击。

一些发达资本主义国家的金融行业,无论从资本数量还是从资本运作的行业经验上看,都远远在我国之上。然而在金融一体化、入世承诺以及各国政要、金融巨头的压力之下,中国资本市场的开放已经是一种趋势,并且开放进程在不断加快。这种情况下就给国际游资,即所谓的"热钱"以可乘之机。热钱的大规模流动,极易引起股市等金融市场波动的加剧,甚至导致金融危机。东南亚金融危机中,部分国家发生危机的直接原因就与游资有关,如泰国在1997年前奉行高利率政策,大量"热钱"涌入;泰铢贬值后,"热钱"迅速逃逸,使泰国的经济大厦轰然倒塌。我国的资本市场也面临同样的处境。近两年,热钱进入我国部分城市炒作房地产就是一例。以上海为例,据人民银行上海分行统计,境外资金直接流入上海房地产市场的比重,2001年是16.1%,2002年上升到23.5%,2003年超过了25%,2004年前5个月达到32.6%。[①] 游资的进入炒高了房地产价格,形成泡沫,一旦游资撤出,房地产业的泡沫破灭,就会给经济造成极大的损害。以我国金融行业二十几年的发展,去应对外国金融业上百年的发展,如果没有充分的准备和足够的智慧与勇气,其形势都将是严峻的。

四、企业风险管理对策

无论在理论上还是实践上,企业风险管理都应该包括两层含义:

一方面,"防患于未然"是避免社会财富净损失的最佳途径,也是风险管理追求的终极目标。事实上,现代风险管理理论研究的重点已经由事后融资型策略逐渐转移到事前控制型策略上。保险是典型的事后融资型策略,但随着对风险管理领域实践和研究的深入,人们发现保险虽然可以补偿风险给个体带来的损失,但是依然无法避免全社会财富的减少。因此,仅仅依靠保险来控制风险是远远不够的。之后,控制型风险管理措施逐渐活跃,针对纯粹风险的防损、减损措施和针对投机风险的各种金融衍生工具都是控制型风险管理措施的具体体现。企业风险管理的对策也主要放在损失发生前的风险规避和控制工作上。

另一方面,企业作为国民经济的细胞,其风险不仅仅会给微观个体即企业本身带来严重、甚至是毁灭性的损失,而且通过风险的积聚和传递,还有可能对某个行业、乃至整个国家都产生严重的危害。以银行业来说,如果一家银行发生

---

① 王擎,《中国经济最大谜团是房价 房价究竟何时降》,《中华工商时报》,2005年5月10日,http://house.people.com.cn/xinwen/050510/article_3804.html。

“挤兑”现象,那么由此带来的恐慌就会使得其他银行同时发生“挤兑”现象,从而导致金融危机的发生。而金融危机的发生,又会导致其他行业中的企业的资金链断裂,从而成为经济危机的诱因。因此,应该从宏观和全局的角度,审视企业风险,引导各个行业、各种类型的企业积极应对企业风险。从这个角度来说,企业风险管理不单指微观企业针对其自身的风险管理,而且还应该包括从宏观的角度考虑如何避免或者降低企业风险可能导致的行业损失甚至整个国民经济损失的风险管理。本文基于上述两个方面的含义,对中国企业的风险管理提出如下对策:

(一) 建立风险预警机制,提高企业应对危机的能力

近几年,随着我国经济的发展壮大,企业的规模也在逐渐扩大,有的还成长为跨地区、跨行业、资产规模大、关联企业多的企业集团。这些企业对我国社会经济的发展作出了巨大的贡献,在扩大社会就业、增加财政税收、创造社会财富等方面的作用显著。但同时,我们也会发现,企业规模的扩大使得企业的经营变得更加复杂,不仅表现为企业的控制力受到影响,而且表现为企业的风险更加难以控制。近年来,不少企业由于规模扩大、管理不善,陷入经营困境或财务危机,走向破产或清算,造成巨大的经济损失和社会成本。因此从风险管理的角度看,企业应该建立风险预警机制,定期对企业内部控制机制和外部环境变化对企业风险状况的影响作出评估,力争在损失发生前做好预防工作。同时,企业应对可能发生的危机状况有所预测,并提前根据可能出现的危机,做好危机预案。

此外,随着我国市场经济的发展,会有越来越多的跨行业、多元化经营的企业集团出现。这些企业集团具有复杂的

关联关系、跨行业的经营方式和频繁的资金流动等特点,其产生的风险危机可能会牵扯到社会经济的方方面面,处理不当甚至可能影响社会经济的稳定。

(二)珍视人才资源,树立企业品牌

人才是企业竞争的关键要素。企业的人才竞争既包括拥有高素质人才的"人",也包括拥有他的"心",即高素质人才对企业的诚信度。如果说留住"人"可以通过经济激励的方式实现,那么留住"心"就没有那么简单了。取得员工的诚信是管理学中最核心的内容,甚至被称为"管理的艺术",足见其难。在各项提高人才对企业诚信度的措施中,树立企业的品牌是一项重要且有效的措施。这里所说的树立企业的品牌,不仅包括树立企业在外部人心中的品牌,而且包括树立企业在内部人心中的品牌。如果企业的品牌能得到内部人的认同,那么企业自然会赢得内部人对企业的忠诚度。高素质人才资源的获得和企业品牌的建立是相辅相成、互为有利的。另外还要重视人才在企业内部的培养过程。现代择业观中的一个重要指标就是衡量一个企业能否给个人提供良好的职业发展帮助,而良好的企业内部培训机制有助于体现这样的目标,同时还可以吸引人才,提高人才的稳定性。但由于人才也具有流动性,许多企业往往因为人才培养的"外部性"而不愿进行再培养,这样不仅不利于企业人才素质的提高,也不利于整个社会的发展。如果促使大多数企业建立培训机制,就可以实现"外部性"的交叉分享,在全社会范围内提高人才的总体素质,这对社会经济的发展是有利的。

(三)转移法律责任风险,降低企业责任损失

企业面临的法律责任范围越来越广,遭受责任损失的可

能性也越来越大,鉴于此,企业应该建立法律顾问和专业律师相结合的法律事务体系,适当运用保险等风险转移工具,转移法律责任风险,降低企业责任损失。企业的法律事务体系应当是分层次的,一般性质的公司法律事务由企业的法律顾问解决,而特殊的、专业性较强的法律案件则聘请专业律师来解决。企业应该在对自身面临的法律风险充分认识的基础上,选择适合投保、可以投保的责任风险,利用保险工具来转移其责任风险,将自身责任风险的成本降到最低。

同时,从事外贸业务的企业和正在开拓国际市场的企业,应该注意研究国际商业、行业规则及法律规定上的差别,避免由于对规则了解不够而造成不必要的损失。

(四)完善国有企业治理结构,提高国企效率

国有企业的产权模糊以及多级委托代理关系是导致其效率损失的最主要的风险,因此,要避免或控制这种风险,必须从国有企业的治理结构入手,建立多层次的制约机制。鉴于目前中国国有资产的多级委托代理关系,国资委既是受托方(相对于国务院而言),又是委托方(相对于企业而言),具有产权意义上的双重角色。所以控制多级委托代理风险,首先要加强政府对于国有资产管理机构的监督与激励,努力使其做到以国有企业的保值、增值为目的,还要组织专门机构对其进行定期的外部检查,督促其成立内部监督系统,加强内部控制,并对相关责任人采取适当的激励措施。其次要加强国资委对国有企业的监督和管理,国资委通过控制公司董事会或向企业派出监事会成员等方式,影响企业的决策行为,同时督促企业完善内部控制制度,对企业高管人员采取适当形式的激励,防止因监管缺位导致效率损失。

（五）强化信托责任，重视企业信用体系建设

曾经在我国极为严重的呆、坏账问题，以及前面提到的政府政策突然转变的问题，我们认为都是由于中国的市场经济尚处在一个信用缺失的阶段所造成的。这种信用缺失不仅表现为个人，如管理者、员工对企业的信托责任意识差，而且也表现为企业对社会的信托责任意识差。比如，有的资金经营机构或个人擅自挪用客户的账户金额从事其他投资活动，就是没有很好地履行他们对客户所应承担的信托责任。而我国屡禁不止、十分猖獗的制售假冒伪劣产品现象就是由于企业缺乏对消费者的信用造成的。在我国市场经济发展初期，信用缺失现象极为严重。从表面上讲，信用的缺失是由于缺乏相应的制度、信息传递机制；而从本质上讲，其原因是缺乏全民的信用意识，也就是缺乏“信托责任”。[①] 而市场经济恰恰是以信用的存在为基础的。交易双方必须相互信任，并履行自己对对方的责任。市场经济的发展需要完备、坚实的信用基石，而这种信用基石的建立要靠全社会的努力。政府要从监控制度、法律制度等方面完善信用体系的建立，而企业则要重视自身信用的建立，同时对员工进行信用意识的宣传与教育。最终要从个人信用、商业信用、国家信用等各个层次上，保证市场经济中信用的实现。

（六）完善市场信息分享制度

有效市场假说理论说明股票市场的有效性受到人们获取信息程度的影响。同样道理，实物市场也存在类似的规律。市场经济条件下，价格是所有信息的集中反映，人们通过观察价格来选择自己的行为方式，但是当人们的信息不充

① 见朗咸平在清华的演讲《资本主义精神与社会主义改革》，2005 年 12 月。

分时,市场价格就不能有效地调节供需行为,从而使得供给和需求严重失衡。如果存在一种信息分享制度,使得企业都能了解各行各业市场中的现有生产者数量、生产规模、预期未来产量等情况,就会减少盲目投资、过度投资的情况发生。但市场信息分享制度很难由单个企业自身独立完成,特别是新的市场进入者的相关信息更加难以获得。因此政府应承担起建立完善的信息分享机制的任务,以便企业能充分了解市场的有关信息,使市场机制能发挥调节供需行为的作用。

(七)改变地方政府的政绩考核方式,促进增长方式的尽快转变

从前面风险因素的分析中我们可以看到,粗放型的生产方式会给企业、行业甚至国家经济带来巨大的风险隐患。企业采取粗放型的生产方式,往往是由于企业自身过分追求生产数量导致的,而企业之所以会有动力过分追求生产数量,往往与政府的导向有着巨大的关系。长期以来,我国的企业和政府的关系非常密切,一方面政府可以给企业创造更优越的发展环境,如提供优惠税率、给予特别审批等,这使得企业愿意围着政府转,受政府的指挥;另一方面,企业的生产规模和数量影响着当地的 GDP 总量和增长速度,而我国的地方政府和官员考核制度中衡量政绩的重要指标就是当地的 GDP 总量和增长速度,这就使得地方政府和官员,特别是经济较不发达地区的地方政府和官员为了获得较好的政绩,鼓励企业尽最大努力提高生产数量和规模,在技术和资本条件有限的情况下,要实现这样的目标就只能采取高投入的生产方式,以致忽视了生产的其他方面,形成粗放型的增长方式和发展模式。因此要改变这种粗放型的经济增长方式,除了要从经济制度上加强企业生产的管理和监管之外,地方政府的官员考核制度也必须要改革,否则,地方政府仍然会有鼓

励数量而忽略整体效益的倾向。因此,转变经济增长方式的根本在于改变地方政府的政绩考核方式。

(八)大力发展金融衍生产品,为企业提供避险工具

西方发达国家的经验证明,成熟的金融市场必然拥有众多灵活多变、能够满足投资者不同需求的金融衍生工具。中国发展金融衍生产品起步较晚,但是正在逐步加快前进的步伐。

2004年2月4日,中国银监会发布了《金融机构衍生产品交易业务管理暂行办法》,这是中国第一部针对金融衍生产品的专门法规,对金融衍生产品的管理进行了统一规范,该办法已于同年3月1日起正式施行。2004年下半年,银监会批准中国民生银行和招商银行开办金融衍生产品交易业务,这是我国金融衍生产品经营的一个里程碑,也标志着我国的金融衍生产品交易专门监管的正式启动。由于金融衍生产品的平稳交易需要以成熟的资本市场为基础,以完善的法律法规来约束,所以资本市场建设对于金融衍生产品的顺利推出具有重要意义。证券监管部门2005年推出的股权分置改革,显示出了中国政府解决中国股市股权分置这一症结的巨大决心,中国的资本市场正朝着成熟的方向稳步迈进。伴随着股权分置改革的进行,金融衍生工具的创新也取得了进展,2005年10月推出的宝钢权证以及随后推出的一系列权证产品在资本市场上掀起了波澜。投资者对此的热情空前高涨,这使得我们对于中国金融衍生产品市场的进一步完善充满了信心。但同时也要看到,这样的热情已经超出了正常的水平,宝钢权证的日均换手率达到180%,日均成交金额约为10亿元左右。这种情况引起了监管部门的重视,上交所很快便对宝钢权证的异常交易发出了调查函,这从一个侧

面反映了目前市场投资者的不理性,对于金融衍生产品避险功能认识不足,投机理念过重的现实,这也是我们在大力发展金融衍生工具时要注意克服的问题。不过这次监管部门的迅速反应也说明了政府监管职能落实得很透彻、很具体,政府监管的成熟将推进金融衍生品的不断创新和发展。

中国金融衍生品市场应按照"满足市场需求、结构由简到繁、风险由低到高"的原则逐步推进。这就要求在进一步健全资本市场、规范相关制度的基础上,把握衍生产品的设计、推出时机,进一步加强企业的避险理念。因此,要发展好中国的金融衍生产品市场,首先要设计出符合中国实际情况、满足国内企业要求的衍生产品。其次要把握好推出时机,保持适度的节奏和速度,逐步推进。要在资本市场逐渐成熟和规范的基础上来推出衍生产品,不能一蹴而就,也不能放弃资本市场发展的契机。最后,还要为国内企业树立正确的避险理念,普及金融衍生产品知识,避免企业因理念偏差,操作不当而产生更为巨大的损失。

参 考 文 献

1. 哈继铭,《全球经济面临调整 热钱流入楼市趋缓》,《中国房地产报》,2006 年 1 月 18 日。
2. 余东华,《中国家电行业的市场集中:从过度竞争到有效竞争》,《石油大学学报(社会科学版)》,2005 年 8 月。
3. 詹姆斯·德阿克,《企业的泛风险管理 一种动态地处理风险与机遇的系统化策略》,吉林人民出版社 2001 年版。
4. 郑子云、司徒永富,《企业风险管理》,商务印书馆 2002 年版。

全国社会保障基金投资风险管理研究

刘子兰　严　明*

内容提要：本文采用均值—方差组合模型、VAR模型等分析工具，对全国社会保险基金投资的风险进行了度量，构建了社保基金投资组合模型并进行了实证分析，对社保基金可量化风险的管理提供了解决思路，此外，本文所提供的社保基金最优资产配置方法，对全国社保基金的投资管理实践具有现实指导意义。

关键词：全国社保基金　均值—方差组合模型　VAR模型　风险度量　最优资产配置

* 刘子兰，湖南师范大学商学院；严明，中共湖南省委办公厅。

本文所称的"全国社会保障基金"特指全国社会保障基金理事会负责管理的由国有股减持划入资金及股权资产、中央财政拨入资金、经国务院批准以其他方式筹集的资金及其投资收益形成的由中央政府集中的社会保障基金(本文简称社保基金)。截至 2005 年 12 月 31 日,基金资产总规模近 2 000 亿元人民币。

对于微观层次的社保基金投资风险管理而言,其管理的对象主要是基金管理公司面临的非系统性风险。[①] 在管理理论和技术方法上一般注重于对资产风险因素的数量分析,并采用风险分散、风险转移和加强内部控制等技术手段加强管理,其风险管理的理论基础是马柯维茨的资产组合理论、夏普等人的资本资产定价模型以及 VAR 模型等。

一、社保基金投资风险度量

马可维兹(Markowitz)在 1952 年创建投资组合理论时,明确使用收益波动离散程度的统计测度——方差和标准差作为风险的测量指标,并在期望收益与标准差两个变量的平面中构建了他的投资组合理论。假定我们用 $r_i(i=1,2,3,\cdots,n)$ 代表某种资产在第 i 期的收益率,u_i 表示资产 i 收益率的期望值,且假定该种资产的收益率 r_i 呈正态分布而且在各个时期是平稳的,则第 i 种资产的风险可用其收益率的方差 δ_i^2 来度量。即

① 非系统性风险是指只对某个行业或个别公司的证券产生影响的风险,又称为可分散风险。这种类型的风险的主要特点有:一是由特殊因素所引起;二是只影响某种证券的收益;三是可以通过证券投资多样化即投资组合来消除或回避。

$$\delta_i^2 = \frac{1}{n}\sum_{i=1}^{n}(r_i - u_i)^2 \tag{1-1}$$

把方差开平方后,这个结果即为常用的标准差,即

$$\delta_i = \sqrt{\frac{1}{n}\sum_{i=1}^{n}(r_i - u_i)^2} \tag{1-2}$$

那么投资于组合资产的风险怎样测度呢?影响投资组合资产风险的主要因素有两项,一项是各单个资产的风险,即方差;另一个是组合资产中两种资产间收益率变化的协方差。此外,单个资产的权重也影响投资组合资产的风险。马可维兹用组合资产方差模型回答了这个问题:

$$\begin{aligned}\delta_p^2 &= \sum_{i=1}^{n}\sum_{j=1}^{n} w_i w_j \operatorname{cov}(r_i, r_j) \\ &= \sum_{i=1}^{n} w_i^2 \delta_i^2 + 2\sum_{1<i<j<n} w_i w_j \delta_{ij} \end{aligned} \tag{1-3}$$

其中 $i,j=(1,2,3,\cdots,n)$,w_i 为第 i 种资产所占的权重,$\operatorname{cov}(r_i,r_j)$ 为资产 i 和资产 j 的协方差:

$$\operatorname{cov}(r_i, r_j) = \delta_{ij} = E(r_i - u_i)(r_j - u_j) \tag{1-4}$$

(一)样本选择

我们选取 2004 年 12 月 31 日全国社保基金入市投资持股数前十位的重仓股票作为样本,它们分别是长江电力、内蒙华电、太原重工、深能源 A、紫江企业、上海石化、招商地产、鞍钢新轧、中原高速、粤高速 A,[①]依次用 $x_1, x_2, \cdots, x_{10}$ 表示,本文中我们只考虑这十只股票组成的社保基金投资组合的具体表现。对于市场证券组合,我们选择上证综合指数。由于社保基金 2003 年 6 月才正式入市投资,我们把研究时

① 资料来源:证券时报信息部。

间段定为2003年6月30日至2004年12月31日,共371个交易日。另外,我们以每只股票收盘价的每日对数收益率为基本数据,[①]上证综合指数的日对数收益率由每日的收盘指数计算所得。

(二)置信水平的确定

置信水平又叫置信度,它是指根据某种概率测算结果的可以相信程度。对于不同的风险规避要求,置信水平的选择是不同的,风险规避要求越高,损失程度可能就越大。本文中我们选择95%与99%两种置信度,以便进行比较分析。

(三)相关数值的计算

1. 收益率的计算

计算股票日收益率 $r_i = \ln(p_{i,t}/p_{i,t-1})$,此处利用每日的对数收益率来近似实际的收益率,其中 $p_{i,t}$ 和 $p_{i,t-1}$ 分别表示在第 t 日和 $t-1$ 日的股票价格。2003年6月30日以后上市的股票,在上市日至6月30日这个时间段的对数收益率计为0。

2. 协方差矩阵的计算

根据公式(1-4),通过EXCEL软件中的COVAR函数,[②]我们可以求得社保基金十支重仓股票的每日对数收益率的协方差矩阵,如表1所示。

---

① 数据来源:深圳天软科技有限公司开发的天软数据库。

② COVAR函数的功能是求解两组数据之间的协方差。

表 1　社保基金重仓股收益率的协方差矩阵

	x_1	x_2	x_3	x_4	x_5	x_6	x_7	x_8	x_9	x_{10}
x_1	0.0002208	0.0001090	0.0000601	0.0001354	0.0000683	0.0001819	0.0000958	0.0001359	0.0000774	0.0000753
x_2	0.0001090	0.0002721	0.0000839	0.0001450	0.0000820	0.0001874	0.0001051	0.0001313	0.0000720	0.0000842
x_3	0.0000601	0.0000839	0.0007160	0.0001015	0.0001181	0.0000286	0.0001132	0.0000727	0.0000672	0.0001070
x_4	0.0001354	0.0001450	0.0001015	0.0003171	0.0000639	0.0002202	0.0001646	0.0001678	0.0000984	0.0001135
x_5	0.0000683	0.0000820	0.0001181	0.0000639	0.0011697	0.0000992	0.0000582	0.0001051	0.0000373	0.0000915
x_6	0.0001819	0.0001874	0.0000286	0.0002202	0.0000992	0.0005744	0.0001731	0.0003161	0.0000983	0.0001430
x_7	0.0000958	0.0001051	0.0001132	0.0001646	0.0000582	0.0001731	0.0004217	0.0001686	0.0000894	0.0001094
x_8	0.0001359	0.0001313	0.0000727	0.0001678	0.0001051	0.0003161	0.0001686	0.0005170	0.0000950	0.0001197
x_9	0.0000774	0.0000720	0.0000672	0.0000984	0.0000373	0.0000983	0.0000894	0.0000950	0.0002263	0.0000939
x_{10}	0.0000753	0.0000842	0.0001070	0.0001135	0.0000915	0.0001430	0.0001094	0.0001197	0.0000939	0.0002336

3. 股票权重的计算

股票权重以2004年12月31日的收盘价为基准,根据社保基金持股数和收盘价来计算其市值,从而得出股票投资权重,如表2所示。

表2 社保基金重仓股的投资比重

	长江电力	内蒙华电	太原重工	深能源A	紫江企业	上海石化	招商地产	鞍钢新轧	中原高速	粤高速A
持股数(万股)	4 000	1 945.91	1 823.53	1 747.23	1 516.19	1 417.87	1 397.5	1 380.9	1 355.05	1 308.05
收盘价(元)	8.79	4.35	6.80	7.86	3.55	5.02	7.89	5.68	7.39	4.87
所持市值(万元)	35 160	8 464.71	12 400	13 733.2	5 382.47	7 117.71	11 026.3	7 843.51	10 013.8	6 370.2
比重(%)	29.920	7.203	10.552	11.687	4.580	6.057	9.383	6.675	8.522	5.421

(四)社保基金投资组合与大盘指数风险度量值的计算

我们首先假设投资组合的总价值为1,则计算VAR可以转化为在给定的置信水平$1-a$下,计算Δt日(本文采用1日和10日)内的投资损失不超过投资总额的百分比。根据相关的计算公式,利用EXCEL软件的函数功能我们可以计算出社保基金投资组合和上证综合指数的三种风险度量值即方差δ_p^2、β系数和VAR,如表3所示。

表3 社保基金投资组合的风险度量值

	方差δ_p^2	β系数	VAR_1(95%)	VAR_{10}(95%)	VAR_1(99%)	VAR_{10}(99%)
社保基金组合	0.000139649	0.858066303	1.950%	6.165%	2.753%	8.706%
上证综合指数	0.000145823	1	1.992%	6.300%	2.814%	8.897%

1. 该计算结果的现实意义在于,我们对社保基金投资组合的可能损失值有了一个定性的认识,即在2004年12月31日的下一个24小时内,我们有95%的把握认为持有社保基金投资组合的损失值不会超过投资总额的1.950%,有99%的把握认为遭受损失的最大限度为投资总额的

2.753%;在未来10天(即两周交易日)的持有期内,我们有95%的把握认为损失值不会超过投资总额的6.165%,有99%的把握认为损失值不会超过投资总额的8.706%。

2. 社保基金投资组合的三种风险度量值均低于上证综合指数,说明社保基金投资组合的风险程度相对于市场平均水平而言偏低,从而可以看出在此时间段内社保基金投资组合具有较好的风险控制能力。

二、社保基金投资风险防范

社保基金在投资过程中一旦识别和测度出其所面临的风险,就应该采取一系列的措施尽可能减少这种偏差,基本的方法包括金融衍生工具的运用及通过投资组合来控制风险等。

(一)金融衍生工具的运用与社保基金风险管理

将不同执行价格的看涨期权与看跌期权进行组合会得到无数种期权类型。其中,被称为范围期权(或双限期权)的期权策略与我们的讨论紧密相关。

所谓范围期权是指,在某投资时间内,投资收益水平不断增加或减少或被确定在某一上下限范围内。利用这一结构主要想达到两个目标:通过购买投资收益范围期权,使投资者的现金流或投资收益维持在某一水平上;投资者根据自己对投资收益的预期,将其能承受的投资风险水平固定在某一水平上。

投资范围期权在帮助投资者规避投资收益下降风险的同时,从投资收益上涨中赚取好处。投资范围期权的买方在支付了一定的期权费之后,就可以在期权的期限内规避投资风险;而当投资出现对自己有利的收益率时,又可放弃期权,并从有利的投资收益中获利,他们的最大损失就是期权费。相反,卖方在收到买方的期权费之后,将承担无限大的风险。卖方之所以出售期权并得到一定数额的期权费,是因为他们的预期往往与买方相反,即预期买方将不会行使期权;或者,即使买方的预测准确并行使期权,那么,它们行使期权为卖方造成的损失也不会超过其先前收的期权费。总之,卖方最大收益是期权费,而风险损失往往是无限的。

假设某社保基金投资者持有大量的IBM股票,其现价为100美元/股。通过购买执行价格为90美元的保护性看跌期权可设定下限为90美元,但这需要投资者支付期权价格。为了支付期权价格,投资者可以出售看涨期权,假设执行价格为110美元。看涨期权与看跌期权的期权价格可能基本相等,即这两种头寸的净支出为零。出售看涨期权限定了资产组合的上限,投资者不能得到高于110美元的这部分收益,因为价格高于110美元时,看涨期权会被其持有者执行。于是,投资者通过看跌期权的执行价格得到下限保护,同时通过出售看跌期权受到上限的限制。这种投资策略能把资产组合的价值限定在上下两个界限内。

尽管范围期权这样复杂的衍生金融工具有望能够提供更有效的风险管理办法,但是,这需要有发育较为完善的金融衍生市场以及复杂的投资技巧。况且,在没有解决监管这个重要问题和其他问题之前,复杂的金融工程不可能适用于发展中国家及其金融市场(唐旭等,2001)。

所以,下面我们重点讨论可以减轻短期风险影响的多元投资组合策略。

(二)社保基金投资组合模式设计

Markowitz于1952年提出“均值—方差组合模型”,通过个别资产收益率的均值和方差找出投资组合的有效边界(Efficient Frontier),即一定收益率水平下方差最小的投资组合,他建立的均值—方差组合模型如下所示:

$$\begin{cases} \min \delta_p^2 = W'CW \\ r_p = \sum_{i=1}^{n} r_i w_i = W'R \\ \sum_{i=1}^{n} w_i = 1 \\ w_i \geqslant 0 \ (i = 1,2,\cdots,n) \end{cases}$$

其中 w_i 为第 i 种资产所占的权重,$r_i(i=1,2,3,\cdots,n)$ 代表资产 i 的收益率,列向量 $W=(w_1,w_2,\cdots,w_n)'$,列向量 $R=(r_1,r_2,\cdots,r_n)'$,δ_p^2 为投资组合方差,r_p 为投资组合收益率,C 为各类资产收益率的协方差矩阵。该模型为现代证券投资理论奠定了基础,此式可通过拉格朗日目标函数求解。其经济意义是,投资者可预先确定一个期望收益,并通过此确定投资者在每个投资项目上的投资比例,使其总投资风险最小。

假设社保基金投资管理者所能选择的资产种类有 n 个,各种资产在总投资中所占的比重分别为 $w_1,w_2,\cdots,w_n$,用向量表示 $W=(w_1,w_2,\cdots,w_n)'$,显然有 $w_1+w_2+\cdots+w_n=1$,且有卖空约束时 $w_i>0$,各种资产的投资收益率分别为 $r_1,r_2,\cdots,r_n$,用向量表示 $R=(r_1,r_2,\cdots,r_n)'$,则该证券组合的投资收益率 r_p 为各种证券收益率的加权平均数,即

$$r_p = \sum_{i=1}^{n} w_i r_i = W'R$$

根据 Markowitz 的投资理论,理性的投资行为应具有"非满足性"和"风险回避性"两个特征,即投资者在承受相同风险的条件下总是选择高收益率的证券投资组合,或者在具有

相同收益率的情况下选择较小风险的证券投资组合。投资者根据以上两个特征进行证券投资组合优化,构造自己满意的证券投资组合。根据证券投资组合的收益率和风险的表达式,证券投资组合的收益率和风险都是由证券投资比例向量 W 所决定的,因此投资者进行证券投资组合优化的关键是选择投资比例向量 W。

根据《全国社会保障基金投资管理暂行办法》第二十八条,划入社保基金的货币资产的投资,按成本计算,应符合下列规定:

第一,银行存款和国债投资的比例不得低于50%,其中,银行存款的比例不得低于10%;

第二,企业债、金融债投资的比例不得高于10%;

第三,证券投资基金、股票投资的比例不得高于40%。

我们用向量 $W=(w_1,w_2,w_3,w_4)$ 表示银行存款、国债、企业债、股票的投资比例,则有 $w_1>0.1$, $w_1+w_2>0.5$, $w_3<0.1$, $w_4<0.4$。根据社保基金投资目标,要求年投资收益要超过同期国债一年期平均收益率或同期银行一年期定期存款利率20%以上,本文中我们采取后一种标准,2003年银行一年期定期存款利率为1.98%,社保基金投资年收益率下限应为:$1.98\%\times(1+20\%)=2.376\%$。我们采用均值—方差组合模型,并将社保基金投资品种限定为银行存款、国债、企业债和股票四类,将银行存款定为无风险资产,其投资比例为 w_f,无风险利率为 r_f,国债、企业债、股票的投资比例分别为 w_2,w_3,w_4,根据均值—方差组合模型,可以得到社保基金投资组合优化模型:

$$\begin{cases}\min\delta_p^2 = W'CW \\ r_p = r_f w_f + r_2 w_2 + r_3 w_3 + r_4 w_4 \\ r_p \geqslant 2.376\% \\ w_f + w_2 + w_3 + w_4 = 1 \\ w_i \geqslant 0 \ (i = 1,2,3,4) \\ w_f > 0.1 \\ w_f + w_2 > 0.5 \\ w_3 < 0.1 \\ w_4 < 0.4 \end{cases}$$

上式消掉 w_f 可以得到:

$$\begin{cases}\min\delta_p^2 = W'CW \\ r_p = r_2 w_2 + r_3 w_3 + r_4 w_4 + (1 - w_2 - w_3 - w_4) r_f \\ r_p \geqslant 2.376\% \\ w_i \geqslant 0 \ (i = 1,2,3,4) \\ w_2 + w_3 + w_4 < 0.9 \\ w_3 < 0.1 \\ w_4 < 0.4 \end{cases}$$

由此可以得到投资比例 W 与收益率 r_p 的对应关系,选定 r_p,即可确定投资比例 W。在模型中,各类资产的收益率、方差、协方差作为输入量是常量,各资产类型的权重则是投资组合模型要求解的变量,也就是要调整这些权重,以使投资组合实现最优;改变其权重,则投资组合的期望收益率和风险将随之改变。

我们根据拉格朗日乘数法,以上最小值问题可转化为下列最小值问题:

$$\min Z = \delta_p^2 + \lambda(W'R - r_p)$$

如果 Z 存在最小值,则 δ_p^2 也存在最小值。可以通过对 $w_i(i=2,3,4)$、λ 求偏导得:

$$\begin{cases} \partial Z/\partial\lambda = 0 \\ \partial Z/\partial w_2 = 0 \\ \partial Z/\partial w_3 = 0 \\ \partial Z/\partial w_4 = 0 \end{cases}$$

令 $k_2=(r_2-r_f)/2, k_3=(r_3-r_f)/2, k_4=(r_4-r_f)/2, k_f=(r_p-r_f)/2$,可以得到下列方程:

$$\begin{cases} \delta_{22}w_2+\delta_{23}w_3+\delta_{24}w_4+k_2\lambda=0 \\ \delta_{32}w_2+\delta_{33}w_3+\delta_{34}w_4+k_3\lambda=0 \\ \delta_{42}w_2+\delta_{43}w_3+\delta_{44}w_4+k_4\lambda=0 \\ k_2w_2+k_3w_3+k_4w_4+0*\lambda=k_f \end{cases}$$

根据 EXCEL 软件中的规划求解功能,对于给定的 r_p,便可以得到投资最优比例 W 向量。

(三) 社保基金投资组合最优配置的实证分析

1. 数据的选择

由于我国证券市场尚不发达,没有期货、期权等金融衍生工具,可以投资的资产种类并不多,因此,根据《全国社会保障基金投资管理暂行办法》相关的投资政策规定,我们选取我国证券市场中几种最基本的金融资产——银行存款、国债、企业债和股票四类资产作为投资组合中的主要品种,把银行存款作为无风险资产,无风险利率为 2003 年银行一年定期存款利率 1.98%,国债、企业债、股票为风险资产。本文中我们把均值—方差组合模型运用到资产的最优配置上,确定社保基金投资在无风险资产和风险资产上的比重划分,通过分析各类资产的期望收益与风险水平来确定其最优配置权重。各类资产的预期收益率和标准差以及各大类资产的协方差如表4、表5所示。

表4　各类资产的收益率及标准差

	国　债	企业债	股　票
预期收益率(年)	3%	11%	15%
收益率标准差	0.02	0.1	0.2

表5　各类资产收益率的协方差矩阵

	国　债	企业债	股　票
国债	0.0004000000	0.0000896043	0.0000053660
企业债	0.0000896043	0.0100000000	0.0099856625
股票	0.0000053660	0.0099856625	0.0400000000

数据来源:孙建勇(2005)。协方差数据由作者根据相关系数和标准差数据计算所得。

2. 投资组合比例的测算

由上可知收益率向量 $U=(3\%,11\%,15\%)$

$$\text{协方差矩阵 } C=\begin{bmatrix}0.0004 & 0.0000896043 & 0.0000053660\\ 0.0000896043 & 0.01 & 0.0099856625\\ 0.0000053660 & 0.0099856625 & 0.04\end{bmatrix}$$

$k_2=(r_2-r_f)/2=0.51\%$,　$k_3=(r_3-r_f)/2=4.51\%$

$k_4=(r_4-r_f)/2=6.51\%$,　$k_f=(r_p-r_f)/2=0.198\%$

其中 r_p 定为最低年收益率2.376%。根据社保基金投资组合模型B,设投资组合比例为 $W=(w_f,w_2,w_3,w_4)$,通过拉格朗日乘数法和EXCEL规划求解功能可以求解得 $w_f=88.1846\%$, $w_2=8.6259\%$, $w_3=2.6815\%$, $w_4=0.5080\%$,满足约束条件:$w_2+w_3+w_4<0.9$, $w_3<0.1$, $w_4<0.4$,即银行存款、国债、企业债和股票的投资比重分别88.1846%、8.6259%、2.6815%和0.5080%时,投资组合年收益率为2.376%,此时投资组合的风险最小,$\min\delta_p^2=0.00001439$。

3. 不同投资比例下的投资收益与风险分析

根据均值—方差组合模型,通过拉格朗日乘数法和

EXCEL 软件的规划求解功能,给定组合收益率,可以求得各类资产的最优投资比例,实现最优的资产配置,如表 6 所示。

表 6　给定收益率下投资组合的投资比重与组合方差

	银行存款	国债	企业债券	股票	组合收益	组合方差
方案 1	88.1846%	8.6259%	2.6815%	0.5080%	2.376%	0.000014339
方案 2	84.4848%	11.3269%	3.5211%	0.6671%	2.5%	0.000024725
方案 3	75.5338%	17.8617%	5.5525%	1.0520%	2.8%	0.000061483
方案 4	69.5664%	22.2182%	6.9068%	1.3086%	3.0%	0.000095132
方案 5	54.6480%	33.1094%	10.2925%	1.9501%	3.5%	0.000211257
方案 6	45.6970%	39.6442%	12.3239%	2.3350%	3.8%	0.000302878
方案 7	39.7296%	44.0007%	13.6782%	2.5916%	4.0%	0.000373102
方案 8	24.8112%	54.8919%	17.0639%	3.2330%	4.5%	0.000580665
方案 9	9.8928%	65.7832%	20.4495%	3.8745%	5.0%	0.000833947
方案 10	-5.0257%	76.6744%	23.8352%	4.5160%	5.5%	0.001132948
方案 11	-19.9441%	87.5657%	27.2209%	5.1575%	6.0%	0.001477668

三、研究结论与政策建议

由表 6 可以看出:

方案 1 至方案 4 符合模型的约束条件,社保基金投资机构可根据各自的投资偏好在方案 1 和方案 4 中进行选择,但收益率相对较低。

方案 5 至方案 8 不符合模型的约束条件 $w_3 < 0.1$,即企业债投资比例不得超过 10%,但我们可以看出,企业债券投资比例的适当提高,将有利于提高组合收益率,在实际情况中,我们可能更愿意采用此种方案。

方案 9 不符合模型的约束条件 $w_f > 0.1$,即银行存款比例应大于 10%。

方案 10 和方案 11 尽管收益率相对较高,但由于存在卖空,风险相对较大,也不符合社保基金的投资偏好。

另据全国社保基金理事会提供的数据表明,2003 年底,全国社保基金总资产分布为三大类(项怀诚,2004):第一类是低风险低收益的投资,主要包括普通银行存款、协议存款和国债回购,累计投资总量为 777.2 亿元,占总资产的 58.7%;第二类为风险较低的债券投资,投资总量为 480.45 亿元,占总资产的 36.2%;第三类为风险较高收益也高的股票投资,投资总量为 67.36 亿元,占总资产的 5.1%。2004 年底,全国社会保障基金资产分布在四大类(项怀诚,2005):第一类为风险小的银行存款,占总资产的 39%;第二类为风险较小的债券投资,占总资产的 43%;第三类为有一定风险的股权投资,占总资产的 7%;第四类为风险较大的股票投资,占总资产的 11%。

在前述所有方案中,由于股票市场的风险较高,所以在理论模型中股票投资比例受到了严格控制,以求规避风险。然而,我们已经发现,全国社保基金理事会在一年之内大幅度提高了股票资产的投资比例,由 2003 年的 5.1% 提高到 2004 年的 11%。因此,我们建议,理事会在确定年度或某一阶段社保基金投资比例时应进行科学的风险评估与预测。在遵守《全国社会保障基金投资管理暂行办法》有关规定的同时,为了有效控制风险并获得相对较高的收益,可适当提高企业债券的投资比例,但股票投资比例应控制在 5% 左右。全国社保基金理事会曾经提出的社保基金战略资产配置设想应进行重新论证。①

---

① 全国社保基金理事会曾提出过战略资产配置设想。根据设想的安排,各类投资品种占总资产的投资比例分别是:固定收益部分,包括协议存款、国债和债券委托目标投资比例是 70%,可上下浮动 10%;现金等价物投资,包括普通银行存款和国债回购的目标投资比例是 5%,最高不超过 10%;股票的目标投资比例为 25%,可上下浮动 5%。参见项怀诚,《关于理事会 2003 年工作和 2004 年计划的报告》,http://www.ssf.gov.cn/web/Column.asp?ColumnId=5,2004-4-8。

参考文献

1. 孙建勇,《社会保障基金监管》,中国劳动社会保障出版社 2005 年版。

2. 唐旭,《中国养老基金的投资选择》,《金融研究》,2001 年第 11 期。

3. 项怀诚,《关于理事会 2003 年工作和 2004 年计划的报告》,http://www.ssf.gov.cn/web/Column.asp? ColumnId = 5,2004 年。

4. 项怀诚,《全国社会保障基金管理运营的几个问题》, http://www.ssf.gov.cn/web/Column.asp? ColumnId = 5,2001 年。

5. 于研,《金融互换交易—定价、运用、衍生产品及风险管理》,上海财经大学出版社 1999 年版。

中国寿险需求的影响因素研究

蔡秋杰　李　毅*

内容摘要：本文分析了寿险需求影响因素的作用机制并建立了时间序列模型对其进行实证检验和比较分析。结果表明，人们收入水平的增加和城市化进程是导致寿险需求增加的重要因素；死亡率、幼年和老年负担系数对寿险需求有着双重影响，但其综合效应并不显著；教育和名义利率也不显著，教育对寿险需求的影响仍有待进一步研究；前期保费收入对当期保费收入有着非常显著的影响。文章认为，制度性虚拟变量任何正相关或负相关的结果都需要具体解释。

关键词：寿险需求　影响因素　多元线性回归模型

* 蔡秋杰，武汉大学经济与管理学院保险与精算系博士研究生；李毅，湖北经济学院保险系。

引　言

中国寿险业自从1982年恢复发展以来,呈现出快速发展的势头。1982年寿险业的保费收入约为160万元,仅占全国总保费收入的约0.2%;而1997年寿险业实现保费收入602亿元,首次超过了财产保险业;2004年寿险保费收入更是占到总保费收入的74.8%。中国寿险业的快速发展引起了学者们的极大关注,一些人对影响寿险业发展特别是影响寿险需求的因素进行了实证研究。

阎建军和王治超(2002)采用1985—1997年的相关数据,分析了国民生产总值、名义利率对寿险需求的影响,结果表明,收入与寿险需求正相关,而利率变动对寿险需求的影响较小。陈之楚和刘晓敬(2004)运用1990—2001年之间的数据进行的实证研究表明,个人可支配收入、社会保障与寿险需求正相关;恩格尔系数、利率与寿险需求负相关;而储蓄对寿险需求同时具有收入效应和替代效应。杨舸等(2005)的寿险需求实证研究表明,GDP、寿险业自身的发展和实际利率对寿险需求有着显著的正面影响,少年儿童抚养率与寿险需求负相关,而老龄化、预期通货膨胀率和教育对寿险需求的影响并不显著。此外,还有一些成果对保险需求的影响因素从整体上进行了研究,如孙祁祥和贲奔(1997)、肖文和谢文武(2001)、吴江鸣和林宝清(2003)、张伟等(2005)等。但是,现有研究成果缺乏对寿险需求的影响因素及其影响机制的全面分析,如对城市化和死亡率这两个变量的影响还没有成果进行考察,而且大部分时间序列回归分析都没有考虑到时间序列的特殊性,没有进行序列平稳性检验,回归结果缺乏说服力,也缺乏不同回归模型之间的对比分析,从而导致不同的研究结论之间的差别很大。

国外对寿险需求的实证研究中对影响寿险需求的因素有较全面的分析,而且往往倾向于建立多个计量模型对这些影响因素的显著性进行实证检验,从而有效地避免了单个回归结果的武断性,突出了某些影响因素的显著性。如 Browne & Kim(1993)分别使用 1980 年和 1987 年的数据,用保费收入和有效保额作为寿险需求的度量分别建立了三个回归模型,分析了抚养率、宗教、国民收入和财富、政府在社会保障上的支出、通货膨胀率、教育、预期寿命和保单价格对寿险需求的影响。又如 Outreville(1996)采用 48 个发展中国家 1986 年的相关数据,分别建立了原数据和对数形式的多元线性回归模型对寿险需求的影响因素进行了实证研究。

本文就是在国内外现有研究的基础上,借鉴国外使用多个计量模型进行比较分析的方法,借鉴计量经济学的最新发展,对某些变量采用多种数据和多个衡量指标,在序列平稳性检验的基础上建立不同的回归模型进行比较研究。而且,本文除对常用的影响因素进行分析之外,还将城市化和死亡率这两个被国内研究成果所忽略的变量纳入模型进行考察。

一、中国寿险需求影响因素的选择

寿险需求受到多方面因素的影响,我们选取收入、利率、教育、通货膨胀、人口负担系数、死亡率、城市化、储蓄和制度等重要因素进行具体分析。

(一) 收入

收入水平与人寿保险需求有着紧密的联系。一是因为收入水平直接影响到对人寿保险的支付能力;二是因为随着收入的增加,人们的消费水平和相应的人力资本也会增加,为了保证较高消费预期的实现和持续的高收入水平,对寿险(特别是死亡保障)的需求就会增加。随着中国经济的发展,人们的收入水平快速增长。根据马斯洛的需求层次理论,人们在满足了基本的生存需要后,会更多地关注安全需求。特别是随着家庭生活水平的改善,父母对子女的教育成长以及自己的身心健康会更加关注,这都会促进寿险需求的增加。

Ward & Zurburuegg(2002)、Beck & Webb(2003)、Hwang & Greenford(2005)等进行的实证研究都采用人均GDP作为衡量收入水平的指标,而且结果表明收入与寿险需求正相关。但人均可支配收入似乎是衡量收入的更直接的指标,为了便于比较,我们同时使用这两个指标进行回归分析,并预期它与寿险需求正相关。

(二)利率

寿险产品的需求与金融市场利率的变化紧密相连。利率的变动一是通过与寿险预定利率的比较从而影响购买寿险的机会成本,二是影响到保险资金运用的收益。但是,正如Schlag(2003)所指出的那样,购买保险的不同动机以及对“实际”和“名义”利率的区分等都使得难以明确预测利率对寿险需求的影响。我们使用调息时间对一年期定期存款利率进行加权平均,并考察它对寿险需求的影响。

(三)教育

教育水平对寿险需求有着明显的影响。一是受过较高教育的人更加了解保险的经济保障作用,对人寿保险及其具体保单形式有着更加客观的认识,也较少受传统观念的影响;二是受教育的水平越高,人们越厌恶风险,也就更加重视通过保险的方式转嫁风险;三是较长的教育年限延长了年轻人的经济依赖时间,并且提高了受教育者的人力资本价值,更需要通过寿险为其提供经济保障或降低人力资本损失的不确定性;此外,受过较高教育的人往往都有较高的收入,其保险购买能力也较强。

很多实证研究都发现了教育与寿险需求的正相关关系,如 Zhu(2002)、Hwang & Greenford(2005)和 Browne & Kim(1993)等。我们采用中国平均每百万人中大学生数和每年普通高校毕业生数分别作为衡量教育的指标,并预期其与寿险需求正相关。

(四)通货膨胀

通货膨胀通过两个不同的途径影响金融资产的选择:一是通过提高价格水平从而减少未来任何固定金额给付的真实价值;二是通过降低实际利率水平,减少那些具有固定名义收益率的资产或负债(如寿险准备金)的实际收益率。此外,通货膨胀还会产生收入效应,它使消费者收入水平的实际增长速度慢于名义增长速度,甚至出现收入的负增长,而且通货膨胀还会导致其他商品价格的上升,从而产生替代效应(楚军红,1997)。一般而言,通货膨胀会对寿险需求产生负面影响。我们使用消费者价格指数来表示通货膨胀,并在回归模型中使用通货膨胀预期这一变量(过去3年通货膨胀率的加权平均值,权重依次取3/6、2/6、1/6),我们预期它与寿险需求负相关。

(五) 人口负担系数

人口负担系数包括幼年负担系数和老年负担系数,[1]它们与寿险需求之间存在着相关性。Lewis(1989)通过理论分析证明了配偶及子女消费的现值与寿险需求的正相关关系。Beck & Webb(2003)认为,社会中经济依赖的年轻人和经济依赖的老年人对寿险需求有着不同的影响:如果经济依赖的年轻人较多,对死亡保障的需求就会增加,而由于人口结构过于年轻,还不会考虑为退休进行储蓄的问题,通过寿险进行储蓄的需求会较低;相反,如果经济依赖的老年人较多,通过寿险进行储蓄的需求就会增加,而死亡保障的需求就会降低。这样,对幼年负担系数和老年负担系数任何一个指标而言,由于衡量寿险需求的指标(如寿险保费)中很难将出于保障目的和出于储蓄目的的寿险需求区分开来,也就难以确定它们对寿险需求的影响。所以,尽管中国的人口老龄化问题较为严重,但其对寿险需求的影响仍有待具体考察。

(六) 死亡率

死亡率决定着死亡风险的大小,因而对寿险需求产生直接影响。Fisher(1973)从理论上证明了死亡率与纯保障型的定期保险保费收入正相关。实际上,较低的死亡概率预示着较低的死亡风险,人们对纯保障型的寿险产品的需求也就会较低;但较低的死亡概率同时也预示着较长的寿命预期,导致对老年生活保障需求的增加,因而储蓄型寿险产品的需求会增加。但是,由于无法区分对死亡保障和储蓄型寿险产品的需求,死亡率对寿险需求的影响就是不确定的。

---

① 按照国际通行的标准,幼年负担系数为0—14岁人口占15—64岁人口的比例,而老年负担系数为65岁及以上人口占15—64岁人口的比例。

（七）城市化

一般而言，总人口中城市人口所占的比例越高，对寿险的需求也就越大。这是因为城市人口之间缺乏紧密的家庭联系，相对于农村人口紧密的联系而言，城市人口对外界较为正式的风险分散机制较为依赖。此外，城市人口居住较为集中，减少了保险分销渠道的成本，而成本和价格上的优势对寿险供给有正面影响，会进一步促进寿险需求。城市化进程本身也会增加风险，并提高人们的风险意识，这都会促进寿险需求。中国在漫长的农业社会进程中形成了典型的“农耕文化”，家庭和宗族关系以及传统中国家庭的保障功能占据了重要地位。Hwang & Greenford（2005）认为城市化改变了中国传统家庭模式以及个人和家庭的经济保障结构，寿险越来越被看作家庭理财计划的重要部分。我们借鉴 Hwang & Gao（2003）、Beck & Webb（2003）采用城市人口占总人口的比例来衡量城市化水平，并预期它与寿险需求正相关。

（八）储蓄

储蓄对寿险需求有着双重的影响，即收入效应和替代效应。收入效应是指储蓄和寿险需求所发挥的功能是相似的，[①]二者可以相互转化，较高的储蓄意味着较高的寿险需求潜力；替代效应是指在收入水平一定的情况下，二者之间又存在一定的替代关系。因而，储蓄对寿险需求的总体效应是不明确的，我们以城乡居民储蓄存款的年增加额代表储蓄，

① 马歇尔（1890）就认为寿险是为了“家庭情感”而进行的储蓄（《经济学原理》（上卷），商务印书馆 1964 年版，第 244 页）。Cummins（1973）认为，寿险准备金是储蓄的一个合理近似，因为它是消费者为了未来消费而延迟现期消费，从而形成的经济学意义上的储蓄概念（An econometric model of the life insurance sector of the U. S. economy, *Journal of Risk and Insurance* 40, pp. 533—554.）。

并检验它与寿险需求的关系。

(九) 制度性因素

随着中国社会主义市场经济体制改革的进行,养老、医疗等社会保障制度也进行了较大幅度的改革,从以前提供诸如退休、疾病、失业、养老、伤残等全方位的保障转变为只提供低水平的基本保障。由于单纯使用政府在社会保障领域的支出数据难以衡量国家所提供的无形保障以及居民强烈的依赖心理所发生的变化,而且中国经济体制转轨过程中各种宏观经济和政策因素也都会对寿险需求产生重要影响,因此我们用虚拟变量(1992 年之后取 1)来考察这些制度性因素的影响。

此外,尽管社会文化、心理方面的因素,供给方面的因素(如保险定价、产品设计、促销等)都对寿险需求有着重要影响,但由于难以量化以及数据方面的限制,我们无法对其进行实证检验。

二、中国寿险需求影响因素的实证分析

(一) 研究方法和数据

我们采用普通最小二乘法(OLS)对寿险需求进行多元线性回归分析,为了避免数据过大地波动,对各变量取自然对数,模型的基本形式如下:

$$\begin{aligned}\log(\text{Plife}) = {} & \beta_0 + \beta_1\log(Y) + \beta_2\log(\text{IR}) + \beta_3\log(\text{Edu}) \\ & + \beta_4\ln f + \beta_5\log(\text{Young}) + \beta_6\log(\text{Mort}) \\ & + \beta_7\log(\text{Urban}) + \beta_8\log(\text{Old}) + \beta_9\text{Dummy} + u\end{aligned}$$

其中,Plife 表示人均寿险保费;Y 为收入变量,分别以人均 GDP 和人均可支配收入 DI 表示;IR 为名义利率;Edu 为教育

水平，分别以每百万人中大学生数（Edu1）和每年高校毕业生数（Edu2）表示；Inf 为预期通货膨胀，考虑到可能为负值，不宜对其取对数；Young 为幼年负担系数；Mort 为死亡率；Urban 表示城市化；Old 为老年负担系数；Dummy 为代表制度性因素的虚拟变量。

本文使用寿险（广义的寿险概念）保费收入来表示寿险需求，但实际上保费收入并不是衡量保险需求的一个好指标。[①] 然而，由于其他数据（如有效保额、新单业务的首期保费等）不易获得，人们只是习惯于使用这一指标。就中国的寿险保费收入数据而言，由于资料的不完整以及统计口径的前后不一致，[②]不同文献中引用的数据存在很大的差异，主要表现在 1989 至 1996 年间《中国保险年鉴》公布寿险保费数据之前的一段时间。因此，我们在参考《中国统计年鉴》、《中国金融年鉴》、《中国保险年鉴》以及各种官方网站资料的基础上，整理加总了各保险公司在 1989 至 1996 年之间的寿险保费收入，见表 1 中的数据 1。数据 1 中 1982—1989 年的寿险保费数据来源于《中国保险史》（中国保险史编审委员会编，中国金融出版社 1998 年版），1997—2004 年间的数据来源于《中国保险年鉴》。同时，为了便于比较，我们也列出了杨舸等在“中国寿险需求影响因素的实证分析”（《中国软科学》，2005 年第 3 期）一文中所公布并使用的数据（见表 1 中的数据 2，其中，2003—2004 年的数据来源于《中国保险年鉴》）。

---

① 这是因为现实中的寿险保费收入数据通常是包括各种类型产品（如定期险、终身险、养老险、健康险和年金等）保费的一个综合性指标，而且保费是保险费率与保险金额二者的乘积。用保费收入来衡量保险需求，很难将这些因素与我们假定的影响寿险需求的因素所导致的保费差异区别开来。

② 1994 年后储金收入（一项以储金利息代替保费的业务）不再计入保费收入。

表1　1982—2004 年中国寿险保费收入数据　　单位:亿元

年份	数据1	数据2	年份	数据1	数据2	年份	数据1	数据2
1982	0.016	0.016	1990	49.093	59.970	1998	753.780	767.400
1983	0.100	0.100	1991	63.509	82.700	1999	885.080	872.100
1984	0.750	0.750	1992	94.908	143.530	2000	989.560	997.470
1985	4.160	4.160	1993	89.460	196.730	2001	1 424.040	1 423.960
1986	11.330	11.330	1994	151.091	202.790	2002	2 274.640	2 274.840
1987	25.000	25.000	1995	191.825	196.470	2003	3 010.990	3 010.990
1988	37.500	37.500	1996	320.786	301.730	2004	3 228.200	3 228.200
1989	46.000	46.000	1997	601.960	633.640			

此外,负担系数数据来源于《世界发展指标数据库》,其他数据均来源于《中国统计年鉴》和《国民经济和社会发展统计公报》。由于模型中既有受物价因素影响的名义量(如保费收入、GDP),也有实际量(如各种比率),因此我们把所有的名义变量以 1982 年为基年,使用居民消费价格指数转化为实际值。样本区间为 1982—2004 年。

(二) 模型的序列平稳性检验

时间序列的计量经济学分析通常要求序列是渐进不相关性的(可以理解为当 h 无限增大时,x_t 和 x_{t+h} 是近乎独立的),因为这一性质是大数定律和中心极限定理成立的基础,它保证了大样本的正态渐进性以及通常的 t 检验和 F 检验的渐进有效性。因而,为了保证 OLS 估计的有效性,避免变量间虚假的回归结果("伪回归"),在对时间序列进行回归分析前通常采用扩展的 Dickey-Fuller 检验(ADF 检验)对变量进行单位根检验,结果如表 2 所示。

表 2 变量单位根检验结果

变 量	检验形式(c,t,p)	(A)DF 统计量	临界值(显著水平)	是否平稳
lnPlife1	(c,t,1)	-5.654258	-3.644963	是
lnPlife2	(c,t,2)	-3.962191	-3.658446	是
lnGDP	(c,t,1)	-4.598423	-3.644963	是
lnDI	(c,t,0)	-0.562924	-3.632896	否
D(lnDI)	(c,0,0)	-3.191685	-3.012363	是
lnEdu1	(c,t,0)	0.277837	-3.632896	否
D(lnEdu1)	(c,t,0)	-3.600431	-3.261452*	是
lnEdu2	(c,t,1)	-2.654944	-3.644963	否
D(lnEdu2)	(0,0,1)	-2.464485	-1.959071	是
Inf	(c,0,2)	-1.443055	-3.020686	否
D(Inf)	(0,0,1)	-4.693587	-1.959071	是
lnIR	(c,0,1)	-1.145309	-3.012363	否
D(lnIR)	(0,0,0)	-2.276896	-1.958088	是
lnUrban	(c,t,2)	-2.668964	-3.658446	否
D(lnUrban)	(c,0,0)	-2.671513	-2.646119*	是
lnMort	(c,t,0)	-6.314892	-3.632896	是
lnYoung	(c,t,1)	-3.503995	-3.254671*	是
lnOld	(c,t,1)	-2.404158	-3.644963	否
D(lnOld)	(c,0,0)	-1.712704	-3.012363	否
D(lnOld,2)	(0,0,0)	-4.800729	-1.959071	是
lnSaving	(c,t,0)	-1.683580	-3.632896	否
D(lnsaving)	(0,0,0)	-2.759803	-1.958088	是

注:(1) lnPlife1, lnPlife2 分别表示保费数据 1 和数据 2 的自然对数值, *D*(·)表示对变量进行一阶差分, *D*(·,2) 表示对变量进行二阶差分;(2) 检验形式中的 *c* 和 *t* 分别表示常数项和趋势项, *p* 表示根据 AIC 和 SC 准则确定的滞后阶数, 0 表示检验方程中此处对应项不存在, 但滞后阶数 *p* 中的 0 表示进行的是 DF 检验;(3) 表中的临界值是由麦金农(Mackinnon)改进的单位根检验临界值, * 表示 10% 显著水平下的临界值, 其余为 5% 显著水平下的临界值。

从表 2 中可以看出, lnPlife1, lnPlife2, lnGDP, lnMort, lnYoung 是平稳的时间序列 I(0), 而 lnOld 是二阶单整序列 I(2), 其他变量都是一阶单整序列 I(1), 不符合协整关系检验的前提。但我们可以根据变量的单整性对其进行一阶或二阶差分, 以获得平稳的时间序列, 与 I(0) 序列一起进入回归方程。在此之前,我们还要进一步检验其是否为引起保费收入变化的原因,即进行格兰杰因果关系检验。

(三)格兰杰因果关系检验

格兰杰因果关系检验的目的是为了避免变量间的伪相关问题,即本来在经济意义上没有联系的序列之间可能会出现较大的相关系数。该检验的判断准则是:依据平稳性检验中的滞后期选定本检验的滞后期,根据输出结果的 P 值判定存在因果关系的概率。格兰杰因果关系检验的结果如表3所示。

表3 格兰杰因果关系检验的结果

因果关系方向	滞后阶数	F-统计量	P 值	是否有因果关系
lnGDP→lnPlife1	1	13.4279	0.00165	是***
	2	9.92663	0.00157	是***
	1	3.22374	0.08850	是*
lnPlife1→lnGDP	2	1.16534	0.33692	否
D(lnDI)→lnPlife1	1	10.7870	0.00412	是***
lnPlife1→D(lnDI)		0.23322	0.63497	否
D(lnEdu1)→lnPlife1	1	4.12252	0.05736	是*
	2	1.77311	0.20360	否
	1	4.33430	0.05190	是*
lnPlife1→D(lnEdu1)	2	3.89341	0.04346	是**
D(lnEdu2)→lnPlife1	1	0.27579	0.60588	否
	2	0.36432	0.70065	否
	1	0.02701	0.87129	否
lnPlife1→D(lnEdu2)	2	1.08757	0.36219	否
D(In*f*)→lnPlife1	1	0.28632	0.59914	否
	2	0.25022	0.78182	否
	1	0.07533	0.78685	否
lnPlife1→D(In*f*)	2	0.79958	0.46778	否
D(lnIR)→lnPlife1	1	2.28882	0.14767	否
	2	0.15338	0.85913	否
	1	0.55101	0.46748	否
lnPlife1→D(lnIR)	2	0.91631	0.42126	否

（续表）

因果关系方向	滞后阶数	F-统计量	P 值	是否有因果关系
D(lnUrban)→lnPlife1	1	16.0123	0.00084	是***
	2	3.19500	0.06984	是*
	1	0.55795	0.46473	否
lnPlife1→D(lnUrban)	2	1.36443	0.28548	否
lnMort→lnPlife1	1	0.15550	0.69773	否
	2	8.62315	0.00288	是***
	1	31.8224	1.9E-05	是***
lnPlife1→lnMort	2	2.33427	0.12897	否
lnYoung→lnPlife1	1	1.92718	0.18113	否
	2	3.89558	0.04184	是**
	1	0.65612	0.42796	否
lnPlife1→lnYoung	2	0.10897	0.89741	否
D(lnOld,2)→lnPlife1	1	0.61068	0.44528	否
	2	2.96503	0.08440	是*
	1	1.11608	0.30555	否
lnPlife1→D(lnOld,2)	2	1.50005	0.25688	否
D(lnSaving)→lnPlife1	1	1.9E-05	0.99655	否
	2	0.02841	0.97204	否
	1	1.31374	0.26673	否
lnPlife1→D(lnSaving)	2	1.04143	0.37712	否

注：(1)“→”表示因果关系方向，表示原假设为前一变量不是后一变量的格兰杰原因；(2) P 值为伴随概率，如果 $P<0.05$，表示因果关系在5%的显著水平上成立；(3) *、**、***分别表示因果关系在10%、5%、1%的显著水平上显著。

从表3可以看出，平稳序列人均GDP、死亡率(Mort)和幼年负担比率(Young)、一阶差分平稳序列人均可支配收入(DI)、平均每万人中在校大学生数(Edu1)、城市化(Urban)以及二阶差分平稳序列老年负担比率(Old)是寿险保费收入(Plife1)的格兰杰原因；而一阶差分平稳序列普通高校毕业生数(Edu2)、通货膨胀预期(In*f*)、名义利率(IR)和储蓄(Saving)并不是寿险保费收入的格兰杰原因。这主要是因为进行一阶差分后这些变量失去了对保费收入的解释意义，但通货膨胀预期无论是否进行差分,都不是寿险保费收入的格兰杰原因,这可能是由于人们还未形成明确的预期或者对其不敏感。

对寿险保费收入(Plife2)进行同样的检验,发现名义利率是其格兰杰原因,而老年负担比率并不是 Plife2 的格兰杰原因,除此之外,其他变量的检验结果与表 3 中 Plife1 的结果相同。

(四)回归模型的确定

我们在平稳性检验和格兰杰因果关系检验的基础上选择平稳时间序列进入回归模型,并且剔除没有通过格兰杰因果关系检验的变量。尽管 lnPlife1、lnGDP、lnMort 和 lnYoung 都是平稳时间序列,但都含有趋势(如表 2 所示),即都是趋势平稳过程,仍然可能因为共同的时间趋势 T 而出现虚假回归,所以应在回归分析中消除其趋势。考虑到保费收入可能具有滞后效应,我们使用含有时间趋势的寿险保费的一阶滞后值 lnPlife(-1)作为时间趋势 T 的代理变量。此外,为了避免变量的单个衡量指标可能带来的片面性,我们将衡量收入的两个指标(人均 GDP 和人均可支配收入)分开纳入模型之中,建立如下 4 个最终模型:

模型 1:使用寿险保费收入数据 1,并使用人均 GDP 作为衡量收入的指标,回归模型为

$$\begin{aligned}\log(\text{Plife1}) = {} & \beta_0 + \beta_1 \log(\text{GDP}) + \beta_2 d\log(\text{Urban}) \\ & + \beta_3 d\log(\text{Edu1}) + \beta_4 \log(\text{Mort}) \\ & + \beta_5 \log(\text{Young}) + \beta_6 d(d\log(\text{Old})) \\ & + \beta_7 \text{Dummy} + \beta_8 \ln \text{Plifel}(-1) + u\end{aligned}$$

模型 2:使用寿险保费收入数据 1,并使用人均可支配收入 DI 作为衡量收入的指标,回归模型为

$$\log(\text{Plife1}) = \gamma_0 + \gamma_1 d\log(\text{DI}) + \gamma_2 d\log(\text{Urban}) + \gamma_3 d\log(\text{Edul}) + \gamma_4 \log(\text{Mort}) + \gamma_5 \log(\text{Young}) + \gamma_6 d(d\log(\text{Old})) + \gamma_7 \text{Dummy} + \gamma_8 \ln \text{Plifel}(-1) + v$$

模型 3:使用寿险保费收入数据 2,并使用人均 GDP 作为衡量收入的指标。由于名义利率是数据 2 寿险保费数据的格兰杰原因,而老年负担系数不是,所以回归模型为

$$\log(\text{Plife2}) = \alpha_0 + \alpha_1 \log(\text{GDP}) + \alpha_2 d\log(\text{Urban}) + \alpha_3 d\log(\text{Edul}) + \alpha_4 \log(\text{Mort}) + \alpha_5 \log(\text{Young}) + \alpha_6 d\log(\text{IR}) + \alpha_7 \text{Dummy} + \alpha_8 \ln \text{Plife2}(-1) + \tau$$

模型 4:使用寿险保费收入数据 2,并使用人均可支配收入 DI 作为衡量收入的指标,回归模型为

$$\log(\text{Plife2}) = \varphi_0 + \varphi_1 d\log(\text{DI}) + \varphi_2 d\log(\text{Urban}) + \varphi_3 d\log(\text{Edul}) + \varphi_4 \log(\text{Mort}) + \varphi_5 \log(\text{Young}) + \varphi_6 d\log(\text{IR}) + \varphi_7 \text{Dummy} + \varphi_8 \ln \text{Plife2}(-1) + \varepsilon$$

其中,$d\log(\cdot)$表示对变量的对数值的一阶差分,$d(d\log(\cdot))$表示对变量对数值的二阶差分。

(五) 实证分析的结果

直接对模型进行多元线性回归,发现多个变量不显著,考虑到模型可能存在多重共线性,在 Testdrop 检验的基础上,模型 1 剔除了死亡率和老年负担比率这两个不显著的变量,模型 2 剔除了教育、幼年负担比率、老年负担比率和虚拟变量,模型 3 剔除了教育、幼年负担比率和名义利率,而模型 4 剔除了教育、幼年负担比率、名义利率和虚拟变量。回归

结果如表 4 所示。

表 4　回归分析的结果

		模型 1 回归系数及 t 值	模型 2 回归系数及 t 值	模型 3 回归系数及 t 值	模型 4 回归系数及 t 值
模型中的解释变量	Log(GDP)	1.446142 (2.207972)**	—	0.925476 (2.254044)**	—
	Dlog(DI)	—	1.135336 (0.847533)	—	1.263741 (0.878778)
	Dlog(Urban)	10.78889 (2.348472)**	16.77385 (4.37683)***	11.53586 (2.523574)**	14.71606 (3.578331)***
	Log(Young)	2.096681 (0.711584)	—	—	—
	Dlog(Edu1)	-0.679694 (-1.083980)	—	—	—
	Log(Mort)	—	0.028259 (0.428358)	7.130309 (1.180565)	0.067610 (0.949804)
	Dummy	-0.317949 (-1.888901)*	—	-0.246286 (-1.294164)	—
	lnPlife(-1)	0.739676 (12.4303)***	0.808423 (45.6671)***	0.757511 (14.78065)***	0.806779 (42.82118)***
	C(截距)	-7.785672 (-2.9695)***	无	-19.53903 (-1.509436)	无
调整后的 R^2		0.992519	0.990126	0.989896	0.988628
样本数(n)		22	22	22	22
收入弹性 95% 的置信区间		(0.0500—2.8422)	—	(0.0551—1.7959)	—

注:括号内的数值为 t 统计量的值,*** 表示回归系数在 1% 的显著性水平上显著,** 表示回归系数在 5% 的显著性水平上显著,* 表示回归系数在 10% 的显著性水平上显著。

从表 4 中可以看出,每个模型调整后的判定系数都在 0.99 左右,说明模型的拟合优度较高。每个模型的 F 统计量的取值都非常大,P 值都非常接近于 0,说明模型整体是有显著意义的。对四个模型分别进行序列相关和异方差检验,发现检验都可以通过,模型有着优良的统计性质。模型结果显示收入、城市化和上年的保费收入对寿险需求的变化普遍有着较好的解释能力。

三、结论及政策建议

通过对比表4中四个模型的回归分析结果,我们得出以下结论及政策建议:

1. 人们收入水平的增加是寿险保费收入增长的重要原因。从表4可以看出,人均GDP对寿险需求有着显著影响,寿险需求的收入弹性在模型1和模型3中分别为1.4461和0.9255,收入弹性95%的置信区间分别为0.0500—2.8422和0.0551—1.7959。这与Hwang & Gao (2003)、Hwang & Greenford (2005)以及Zhu(2002)对中国寿险需求的分析是基本一致的(其模型的寿险需求收入弹性分别为1.90—2.04,2.33—3.73,1.29—1.42),即寿险需求与收入之间有充分的弹性,收入水平每增加1%,寿险需求就会增加2%左右。Enz(2000)指出,寿险需求的收入弹性在不同的收入水平上有不同的值,而且随着收入的上升先上升后下降,并在人均GDP达到15000美元时达到最大。目前中国人均GDP刚刚超过1000美元,说明寿险需求的收入弹性仍存在较大的上升空间,随着经济的增长和人们收入水平的增加,中国寿险业在未来一段时间内仍会保持高速增长的势头。

模型中的个人可支配收入(DI)对寿险需求也有着正的影响,但并不显著。这很可能是由于我们为了取得平稳的时间序列对个人可支配收入取了一阶差分,人为消除了它的显著影响。

2. 城市化进程是中国寿险业发展的重要源动力。城市化进程是中国寿险业发展的重要源动力。城市化变量在所有模型中都与寿险需求显著正相关,这与我们的预期是一致的。模型显示,中国的寿险需求对城市化进程较为敏感,

$d\log(Urban)$的回归系数都较大,分别为10.79、16.77、11.54和14.72。这说明中国城市化进程的加快、风险的增加以及人们风险意识和保险意识的提高大大促进了寿险需求,城市化进程还打破了中国传统家庭模式以及个人和家庭的经济保障结构,使得人们对外界较为正式的风险分散机制较为依赖,从而提高了寿险需求。寿险公司要抓住中国的城市化进程所带来的重要发展机遇,通过促进与城市化进程相适应的寿险需求的转化而不断提高自身的竞争优势。

3. 死亡率、幼年负担系数和老年负担系数在回归模型中都不显著。如前所述,死亡率的降低会导致纯保障型寿险产品的需求下降,而储蓄型寿险产品的需求上升;幼年负担系数的下降也会导致以死亡保障为目的的寿险需求的下降,而以储蓄为目的的寿险需求则会上升,它们都对寿险需求有双重影响。但是,由于无法在寿险保费中区分以保障为目的的需求和以储蓄为目的的需求,其综合效应也就难以确定。死亡率和负担系数在回归模型中都不显著,这验证了我们的预期。

4. 教育对寿险需求的影响并不显著,这可能是由于中国1999年之后高校大量扩招,导致大学生数过快地增长,而这些大学生尚未形成相应的寿险购买能力,有必要对二者之间的关系进行进一步验证。

5. 名义利率变量在我们的所有模型中都不显著(在模型中被剔除掉),这与Outreville(1996)以及阎建军、王志超(2002)的研究结论是一致的。这主要是因为中国寿险预定利率经常随一年期定期存款利率的变动而相应调整,二者的利差空间并不大(卓志,2001)。此外,也可能是由于中国长期以来的管制利率体制使得人们对利率的变化并不敏感。

6. 前期保费收入对当期保费收入的影响非常显著,4个回归模型的系数(弹性)都在0.8左右,说明前期寿险保费收入每增加10%,在其他条件相同的情况下,当期寿险保费就会增加8%。这是因为寿险保费收入具有延续性,特别是长期寿险保费采用均衡保费的形式分期缴纳,具有较大的滞后效应(杨舸等,2005)。

7. 代表制度性因素的虚拟变量 Dummy 对寿险需求的影响并不显著,而且模型1显示,Dummy 在10%的显著水平上与寿险需求负相关。这与我们的预期是不一致的,这是因为在1989年以前,中国的寿险业基本上都是一种恢复性的高增长,如1984年的增长率就高达640%,到1988年增长率才降为两位数,这与90年代后寿险业相对稳定的快速增长形成了鲜明的对比。这也启示我们,制度性因素对中国寿险需求的影响尽管至关重要,但也相当复杂,单纯进行定量分析难以描述前期的恢复性增长与后期的制度性变迁。对于中国寿险需求的时间序列模型而言,制度性虚拟变量任何正相关或负相关的结果都需要具体解释。

参考文献

1. 陈之楚、刘晓敬,《中国寿险需求决定因素分析》,《保险研究》,2004年第6期。
2. 孙祁祥、贲奔,《中国保险产业发展的供需规模分析》,《经济研究》,1997年第3期。
3. 吴江鸣、林宝清,《中国保险需求模型的实证分析》,《福建论坛(经济社会版)》,2003年第10期。
4. 肖文、谢文武,《中国保险费收入增长的模型分析》,《上海金融》,2001年第4期。
5. 阎建军、王治超,《转轨时期中国寿险需求的实证分析》,《保险研究》,2002年第11期。
6. 杨舸、田澎、叶建华,《我国寿险需求影响因素的实证分析》,《中国软科学》,2005年第3期。
7. 张伟、郭金龙、张许颖、邱长溶,《中国保险业发展的影响因素及地区差异分析》,《数量经济技术经济研究》,2005年第7期。
8. Beck, T. and I. Webb, 2003, Economic, demographic, and institutional determi-

nants of life insurance consumption across countries, *World Bank Economic Review* 17, pp. 51—88.

9. Browne M. J. and K. Kim, 1993, An international analysis of life insurance demand, *Journal of Risk and Insurance* 60, pp. 616—634.
10. Enz, R., 2000, The s-curve relation between per-capita income and insurance penetration, *The Geneva Papers on Risk and Insurance* 25, pp. 396—406.
11. Fischer, S., 1973, A life cycle model of life insurance purchases, *International Economic Review* 14, pp. 132—152.
12. Fortune, 1972, Inflation and saving through life insurance: comment, *Journal of Risk and Insurance* 39, pp. 322—323.
13. Hammond, J. D., D. B. Houston and E. R. Melander, 1967, Determinants of household life insurance premium expenditures — an empirical investigation, *The Journal of Risk and Insurance* 34, pp. 397—408.
14. Hwang, T. and Brian Greenford, 2005, A cross-section analysis of the determinants life insurance consumption in Mainland China, Hong Kang, and Taiwan, *Risk Management and Insurance Review* 8, pp. 103—125.
15. Hwang, T., and S. Gao, 2003, The determinants of demand for life insurance in an emerging economy—the case of China, *Managerial Finance* 29, pp. 82—96.
16. Lewis, F. D., 1989, Dependents and the demand for life insurance, *American Economic Review* 79, pp. 452—467.
17. Outreville, J. F., 1996, Life insurance markets in developing countries, *Journal of Risk and Insurance* 63, pp. 263—278.
18. Schlag, Carsten-Henning, 2003, Determinants of demand for life insurance products: theoretical concepts and empirical evidence, Swiss Re, Economic Research and Consulting.
19. Truett, D. B. and L. J. Truett, 1990, The demand for life insurance in Mexico and the United States: a comparative study, *The Journal of Risk and Insurance* 57, pp. 321—328.
20. Ward, D., and R. Zurburuegg, 2002, Law, politics and life insurance consumption in Asia, *The Geneva Papers on Risk and Insurance* 27, pp. 395—412.
21. Zhu, Minglai, 2002, An analysis of demand for individual life insurance in China, *Journal of Risk Management and Insurance* 7, pp. 28—43.

农业保险保险人主体探讨

——由商业保险公司实施的可行性研究

李明强　沈双莉　叶文嫣*

中文摘要：农业保险需要政策扶持已经成为共识，一般认为农业的高风险以及道德风险和逆向选择等因素导致了农业保险的市场失灵。本文没有从市场失灵的角度出发，而是把关注的焦点集中在应当使商业保险公司成为农业保险市场中的主角上。我们不但引用大量事实印证这一观点，同时运用数理方法证明了商业保险公司可以建立有效的风险集合来承保农业风险。本文同时指出，商业保险公司经营农业险业务时可能遇到的困难与解决办法。我们同样认为，即使是以商业保险公司为主体的农业保险模式也需要政府在

* 李明强、沈双利，北京大学经济学院风险管理与保险学系；叶文嫣，北京大学经济学院财政学系。

政策与财力上予以支持。在文章的最后我们从农业保险带有准公共品性的角度出发说明上述观点,并对政府为农业保险提供补贴的方案提出一些建设性意见。

关键词:农业保险　商业保险　政策性保险

1. 引　　言

自从农业保险于1982年在中国人民保险公司恢复开办以来,在20世纪80年代末、90年代初经历了一段时期的较快发展,但在过去的十多年里,与蓬勃发展的城市保险相比,农业保险日渐萎缩。到2003年年末,农业保险赔款额仅占农业自然灾害总损失的0.16%,占总补偿额的5%。[①] 我国基本上还是依靠政府救济与灾害扶持对农业的天灾损失进行补偿,而且补偿率也仅在总损失额的2%—6%之间。这种现状与我国社会经济的发展状况极不相称,农民承担农业生产中的绝大部分风险,阻碍了农民生活水平的提高与农业投入的增长。农业保险发展的滞后已成为制约农村经济发展的瓶颈。

为了加快农业保险在我国的发展,在过去的几年里,多种农业保险主体获准经营,其中包括中、外资的专业性股份制保险公司、相互保险公司等。这表明相关部门已经注意到我国发展农业保险的紧迫性,正积极探索一条有中国特色的农业保险之路。

长久来看,多模式运作的农业保险模式必然统一为一种最优的模式。本文的研究带有一定的预见性,认为商业保险公司可以成为主要的农业险保险人,在农业保险市场上发挥主体作用。与此同时,政府需要对农业保险提供政策与财税

---

① 作者根据《中国保险年鉴2004》,《中国统计年鉴2004》上的相关数据计算得出。

上的支持,以保证农业保险市场的有效运行,不至于使财政背负沉重负担。

2. 我国农业保险市场供求现状

农业保险是指专为农业生产者在从事种植业和养殖业生产过程中,对遭受自然灾害和意外事故造成的经济损失提供保障的一种保险。农险保险人与农险投保人作为农业保险的供求双方,在农业保险市场中是最为主要的两个主体。

一、农业险保险人

农业险保险人的角色可以由商业保险公司担当,也可以由政府来担任。在我国,从 1982 年中国人民保险公司恢复农险业务起,一直由商业保险公司充当农业险的保险人。在十几年的发展过程中,农险业务虽然在 20 世纪 90 年代初期有过较快增长,但随着保险公司运作市场化程度的加深,近些年来,农业险业务量不断萎缩(如表 1 所示)。与此同时,农业险的种类也在不断减少,从最初的 60 多种,下降到如今的 30 多种。农业保险不振的原因,一方面是农业险本身带有的高风险、难精算、难定损特性,使保险公司不敢轻易涉水;另一方面也存在着制度上的原因,无论是从政策还是立法方面,都没有给农业险以最为有效的支持。基于以上原因,在市场竞争的条件下,我国农业险市场出现供给不足的状况。如果保险公司要用保费收入弥补经营损失,那么它的唯一做法就是提高保费,而过高的保费使农民无法承担,必然抑制对农业险的需求,最终的结果是农业险业务售出更少的保单,而以大数定理为基础的保险需要有足够多的标的以分散风险,售出更少的保单对保险公司而言,意味着聚积了更高的风险,这将引起保险公司进一步抬高保费,最终的结果是整个农业险市场萎缩。

表 1

年份	财产保险公司保费收入(亿元)	财产保险公司保费收入农业险(亿元)	农业险保费收入占财产险总保费收入百分比(%)
1997	382.23	5.76	1.51
1998	505.74	7.15	1.41
1999	527.22	6.32	1.20
2000	608.00	4.00	0.66
2001	685.00	3.00	0.44
2002	780.00	5.00	0.64
2003	869.00	5.00	0.58

数据来源:中国经济信息网综合年度数据库。

二、农业险投保人

构成农业险投保人的主体是农民。作为农业险的需求方,其行为直接对农业险市场的均衡产生影响。农民的保险行为与预期紧密相关,农业险中的一个典型的情况是,如果前一年的自然灾害很少发生,当年的承保范围和承保额就会大幅下降。预期不合理直接导致的结果有两个:一个是富有弹性的需求曲线;另一个是严重的逆向选择。当对农业险的需求富有弹性时,费率的增加将在更大程度上抑制需求,从而强化上面供给分析中农业险市场的萎缩过程。而如果只有高出一般风险的农民有购买农业险的愿望,而大多数人因为侥幸心理不购买保单时,农业险市场的萎缩就会加剧。

我国农民长期处于分散封闭的小生产状态下,自给自足的自然经济传统观念根深蒂固,加之农民的文化素质普遍较低,往往比较注重眼前的既得利益,而对未来缺乏全面周详的考虑,并时常抱有侥幸心理,同时社会上对保险存在着各种各样的认识偏差和不理解,使得农民的风险意识淡薄,缺乏参加保险的主动性,而且农民收入偏低,不能承受较高的保费。因此要使得我国农业险市场的需求达到理想水平,从经济学意义上讲,一方面要培养农民的保险意识,使农民的风险偏好更趋于理性;另一方面要增加农民收入,使预算约束得到改善。

3. 农业保险中保险人主体的选择

农业保险长期以来在世界各主要国家都得到了开展,并积累了丰富的经验,其中比较典型的模式有:(1) 前苏联的政府主导的社会保障型模式;(2) 西欧的政策优惠模式;(3) 由民间非营利团体经营、政府补贴并提供再保险扶持的日本模式;(4) 美国的政策性商业化运营模式。在以上四种模式中出现的农业保险经营主体的组织形式分别有:国家或政府保险组织、股份保险公司、相互保险公司、保险合作社等。各种组织形式不论从属性上还是从职能上都存在显著不同,在一些国家处于优势地位的农业险经营主体,在其他国家的社会条件下可能是无效率的。我们结合我国实际情况,对各种组织形式进行仔细比较之后,得到以下几点认识:

一、依靠政府主办、成立统一的政策性农业保险公司,垄断经营农业险的方法,虽然曾经应用于社会主义国家的农业保险领域,但就中国现实而言已经不太可行。完全由国家垄断的行业一般只涉及商业性公司在正常市场环境下难以进入的领域,政府不仅参与宏观决策,而且要介入微观经营管理活动。一般来说,政府要给这类业务大额的经营补贴和其他财政优惠措施以及行政便利措施,才能使这种行业的经营既保持非营利性特点又具有可持续性。由此可以看出,一方面,以我国目前的综合国力,进行规模庞大的补贴和优惠是有困难的,另一方面建立一个自上而下的政府主办、政府专卖的政策性保险体系,必然牵扯到国家的财政、农业、金融、民政等数个部门的政策制定,运行监督成本之高可想而知,而且政府垄断也不符合市场经济条件下政府转变职能的要求,与市场经济背道而驰。

二、相互保险公司广泛存在于西欧的农业保险模式下,它虽然不以赢利为目的,其成员既是投保人又是保险人,参与分享利润,在理论上有利于保护投保农民的利益,但在农业保险领域的具体实施中,相互保险有很多弊端与阻碍。首先,相互保险公司主要依靠会员自我管理,其运作和经营的社会透明度较低。相互保险组织发展壮大之后,由于管理权和经营权移交给少数代理人,难免发生“客大欺主”的现象。加之我国目前保险监管体系在相互保险方面缺位,无序发展的后果不仅会使投保农民利益受损,还会影响农业保险事业的长期发展。其次,在经营目标和分配机制方面,相互保险公司虽然不以赢利为目的,只是会员内部之间开展相互保险,但要对保费收入盈余进行分配。如果农业保险始终带有政策性,政府给予农业险以相当额度的补贴,那么在将保费收入盈余部分配给相互保险公司成员的同时,也把国家对农业保险的补贴以公司利润的形式分给了投保农民,这不但有悖于政策本来的目标,也使相互保险公司承受农民要求分享利润的压力,而难以积累足够的抵御风险的基金。最后,因为相互保险公司结构封闭,在大规模损失发生时,难以向资本市场融资,为了克服这一缺陷,从 1998 年起,相互保险公司出现了世界性的转制为股份公司的趋势,这不能不引起我们的冷静思考。基于以上考虑,我们不认为农业相互保险公司可以成为我国新农险体系下的主导力量;但可以鼓励城市郊区、农垦地区等有条件的地区试办。

三、农业保险合作社也带有一定的共济互助的性质,以日本模式中的共济组合为代表。我国目前正在进行的农村新型合作医疗改革就是采取这样一种方式。但与人身风险不同,农业风险的风险单位非常大,一次中等规模灾害就足以使地方建立起的基金损失殆尽;倘若每家每户损失特别大,靠小额资金汇聚起来的地方基金,即使以全额平均分配,也仅仅是返还了农民所交纳的保费,根本起不到应有的保障作用。以农业保险合作社为基础的模式在日本得以推行,得益于强制保险制度与多级分保、财政保底的农险体系,而我国若要以日本为范本发展农业险,就要面对两个严峻的问题:一是另设县级机构导致成本过高。二是我国县一级的合作组织经济实力较弱,无法承受大额分保;况且,由于农民保险意识淡薄,保险合作社面临筹集保险基金的困难;而且保险合作社赔偿能力有限,对农民吸引力不大。

四、股份制商业保险公司是保险市场中最常见的主体,在美国模式中,农业保险的全部销售任务都由这一类公司完成。在我国,在农业保险体系中占有主体地位的中国人民保险公司,如今也为这一组织形式。商业股份公司一般拥有比较完善的保险营销网络,能够在全国范围内进行保险业务,在风险管理方面的专业优势明显,能够充分利用再保险市场和资本市场来转移风险。然而商业保险公司的商业性使其关注于自身的经济效益,缺乏积极发展农业保险的动力,因此需要政府加以引导并提供必要的资金支持,也正因为这一点,在美国国内,政府对农业险的巨额补贴饱受诟病。但事实上即使在美国,商业股份公司在农业风险转移方面的作用也没有得到充分的发挥。我们相信在中国这样的发展中国家,在政府财力有限的条件下,充分发挥商业股份保险公司的作用,会大大减轻财政负担,也更加有利于农险事业与整个社会经济的发展相协调。

经过以上的比较分析,本文比较赞同建立一种类似于美国现行模式下的、以股份制商业保险公司为主体的农业保险模式。但与政府高额补贴下的美国模式存在显著不同,应充分考虑到中国作为发展中国家财力有限,合理的补贴是必要的,但更主要的是发挥保险公司的作用,保险公司不能仅仅充当农业险的政府代理人,而要真正参与到风险管理的过程中去,利用现代的风险管理技术管理农业风险。需要说明的是,我们并不认为多种主体并存更有利于发展农业保险。虽然因自然、地理条件的差异,农业在全国范围内呈现出差别性、不平衡性、地域性,但就其本身而言,无论从所有制形式与经营方式上,还是从国家农业政策与农业科技推广上讲,农业都具有内在的统一性。农业的统一性要求农业保险的统一发展模式与之相适应,也就是说全国的农业保险制度就其主要内容来说必须是统一,这包括农业保险的操作程序、保险险种的设立、保险费的提取比例、给付标准与计算方法、管理经办机构以及保险基金的使用办法等,全国应作统一的规定。一个国家只能有一种基本的农业保险制度,农业保险制度改革与健全在基本原则和方法上应达到统一。在统一制度的基础上,赋予个别地区一定的自主权。在统一管理、统一制度的基础上,经营模式应允许多元化,但这与当前多模式并存的局面是完全不同的。

4. 以商业保险公司为主体的可能性与潜在问题

保险最主要的功能是风险集合,风险集合的作用是将大量风险单位组合在一起,形成保险基金,使参与集合的个体的风险具有可预见性,并在出险后得到补偿。一旦损失规模大到使所有保险基金耗尽,风险集合就不能再发挥作用,这种情况被称为“崩溃(Ruin)”。有效的风险集合要拥有足够的保险基金来尽量减少崩溃发生的概率,为应对崩溃而多出的那部分基金被称为缓冲基金(Buffer Fund),带有缓冲基金的风险集合方法也被称为“安全第一标准”(Roy 1952)。农业保险能否以商业保险公司作为主体得以实施,关键看其风险集合是否有效,然而由于农业风险事故往往不是独立的,有很强的伴生性,加之农业风险单位很大,在一个风险单位内,承保的农户越多,面积越大,风险反而越集中,风险损失会越大,保险人的经营风险就越大。在这样的条件下,用传统的精算方法计算会使为建立缓冲击金而收取的附加保费相当高,从而得出农业保险具有商业上的不可行性这一结论。这里我们尝试采用“空间过程统计学”(Spatial Statistics)的方法来从理论上为商业保险公司作为农业险保险人的可能性提供依据。[①]

首先我们来回顾这一方法的几个关键概念:$X(s)$指的是一个“空间过程”(Spatial Process),它是二阶连续的,如果其平均值是一个常数且对于任意两列向量 s 和 h 有:

$$\mathrm{Cov}(X(s),X(s+h)) = C(h) \tag{1}$$

这里 $C(\cdot)$一般被称为协方差阵,它衡量了空间过程之间关系的结构。利用数据 $X(s_i)$,$i=1,2,\cdots,N$,我们可以估计出:

$$\hat{C}(h) = (1/|N(h)|)\sum_{i,j\in N(h)}(X(s_i)-\hat{\mu}_i)(X(s_j)-\hat{\mu}_j) \tag{2}$$

这里 $N(h)$表示了在给定了 h 后所有使得 $h=s_j-s_i$ 得到满足的数对(i,j),而$|N(h)|$表示数对的数目。$\hat{\mu}_i$ 为所估计的

① 这一方法在农业保险领域的应用始见于 Wang, H. Holly, On the possibility of a private crop insurance market: a spatial statistics approach, *Journal of Risk & Insurance*, Mar 2003, Vol. 70, Issue 1, pp. 111—124.

s_i 平均值。我们说 $X(s)$ 带有"异向同异性"是说 $C(h)$ 只取决于距离而不取决于方向。这时协方差阵就仅仅是距离 h 的函数。这样(2)式中的向量符号就可以去掉,我们有:

$$\hat{C}(h) = (1/|N(h)|)\sum_{i,j\in N(h)}(X(s_i)-\hat{\mu}_i)(X(s_j)-\hat{\mu}_j) \tag{3}$$

如果 $X(s_i)$ 在有限范围内不是独立的同分布的,不妨假设其属于有限正相关分布,即对于任意两地距离小于 d 时,它们的相关系数不为零,对任意一个地点 s_i,设 $O_i=\{s_j:0\leqslant\|s_j-s_i\|\leqslant d\}$,$|O_i|$ 为集合中元素的个数,而且每一个 $X(s)$ 的方差不大于一个固定的值 σ_m^2,那么总体的方差可以通过"空间统计学"中的方法进行推算,具体过程如下:

$$\begin{aligned}\mathrm{Var}(\hat{X}_N) &= (1/N^2)\left[\sum_{i=1}^{N}\mathrm{Var}\left(X(s_i)+\sum_{i=1}^{N}\sum_{j=1,j\neq1}^{N}C(s_j-s_i)\right)\right]\\ &\leqslant (1/N^2)\left[N\sigma_m^2+\sigma_m^2\sum_{i=1}^{N}\sum_{j=1,j\neq1}^{N}\rho(X(s_j),X(s_i))\right]\\ &\leqslant \sigma_m^2/N+(\sigma_m^2/N^2)\sum_{i-1}^{N}|O_i|\\ &\leqslant \sigma_m^2(1+\max_i|O_i|)/N \end{aligned} \tag{4}$$

在(4)式中,$\max_i|O_i|$ 总是有限的,事实上,在村落、农场等农业生产单位间总会有一个最小数量的占地面积 a,那么 $\max_i|O_i|\leqslant\pi d^2/a$。这一数值只与 d 有关系,而与 N 与 i 都没有关系。在 d 确定的条件下,当 N 增大时,同样可以使 $\mathrm{Var}(\hat{X}_N)$ 减少,若 $X(s)$ 代表一个地区的农业损失,那么这种减少意味着对于一个比较大的 N 来说,为维持缓冲基金加收的保费费率将会降低,因此,在一个大的地理范围内如果有足够的单位参保,农业保险就能够得以推行。

上述在数理上得到证明的结论对我国农业保险的实践

具有重要的指导意义,从理论上看,如果能利用商业保险公司在保险营销上的优势扩大参保面,商业保险公司在全国范围内建立起来的风险集合将有可能是有效的,其价格最终也会降到投保人可以支付的水平上。但从以往的经验来看,保险公司一旦承保农业风险,将直接面对以下几个问题:

一、逆向选择与道德风险

由于人们根据自己对未来损益的期望投保,因此在保险市场中总是只有风险较高的人购买保险,这使得保险费率无法真实地反映风险在不同标的间的分布情况,这就是逆向选择问题,该问题在农业保险的商业化模式中将十分显著。农业生产者对产量及收入的判断带有很强的主观性,而保险费率的确定往往是基于一定地理范围内的历史平均值, 这样的话,只有风险高于平均水平的农民才会购买保险,而低风险的农民因为过高的保费而不愿参保。表 2 中为 1998—2002 年的农业险保险金额、保费收入与赔付情况,经过计算,我们发现保险费率有逐年上升的趋势,而赔付率仍然稳定在一个较高的水平上。这一现象的出现恰好与市场上逆向选择产生的结果相吻合,其结果是农业保险有效供给不足,商业保险公司纷纷退出农业险市场,引起农业险市场萎缩。

表 2

	保险金额（亿元）	保费收入（万元）	赔款（万元）	平均费率（%）	赔付率（%）
1998	782	71 472	56 304	0.914	78.8
1999	794	63 228	48 556	0.8442	76.8
2000	449	40 000	30 000	0.8909	75
2001	311	30 000	30 000	0.9646	100
2002	270	50 000	40 000	1.8519	80

数据来源:《中国统计年鉴(1999—2003 年)》,保险公司业务经济技术指标,其中 1998 年仅为中资保险公司。

降低逆向选择的最佳办法就是扩大承保面,如果政府不打算使用强制所有农户参加保险的办法,就应该充分发展商业保险公司在营销方面的优势,使更多的农业生产者加入到农险保障体系中来。政府的补贴也可以起到降低逆向选择的作用,如果一个农民每交1元保费却只能期望得到0.5元的补偿,我们说,这个农民因为被收取了过高的保费会退出市场,但如果国家提供了59%的补贴,相当于这一农民交0.41元的保费得到了0.5元的补偿,这样,农民就会愿意参与保险。综上所述,利用商业保险的营销方法辅之以国家补贴会大大减少农业险市场中的逆向选择问题。

农业保险中所出现的道德风险问题可以由参保率与农业投入的数据的对比很好地表现出来,遗憾的是,由于我国农业保险起步较晚,发展不够充分,难以得到这方面的数据。根据国外学者的研究,证实了保率与农业投入确实存在一定的负相关性。①

解决农业保险中的道德风险问题最主要的方法是加强监督,与公共保险机构相比,出于自身利益考虑的保险公司更愿意去履行监督职责。另一个重要的方法是合理设计保险合同,以减少由保险合同条款的设定诱发的道德风险。比如在免赔额设定上,过高的免赔额可能诱发投保农民在保险标的发生没有达到这一额度的损失时,人为扩大损失程度,以此向保险公司求得赔偿。

二、农业保险的费率精算中遇到的问题

造成农业损失的原因是非常复杂的,每年农业产量的波

① 相关的研究可以参见Goodwin, B. K. 与 V. H. Smith分别于1996年与2003在*American Journal of Agricultural Economics*与*Journal of Agricultural and Resource Economics*发表的论文Crop insurance, moral hazard and agricultural chemical use和An ex post evaluation of the conservation reserve, federal crop insurance and other government programs: program participation and soil erosion。

动不但取决于气候因素、自然灾害发生程度，而且包含一些人为因素，保险费率精算的准确性会因此大打折扣。为了使保费率的计算更贴近现实情况，至少需要更长时间的历史数据。举例来说，如果损失的计算分布以最近十年为期，而百年一遇的灾害在这一期间发生，那么原本可以是1%的概率将被视为1/10，这就使依此确定的保费偏高。图1反映了1985—2003年间我国农业保险赔付率的变动情况。在1994年以前，我国农业险赔付率出现较大的波动，总体赔付率达到106%（1985—1993年），这说明保费收入不足以弥补赔偿金额，农险费率设定存在缺陷。自1994年以来，长期承担农业险绝大部分业务的中国人保，开始了以追求经济效益为目标的改革，在农业险市场上进行战略收缩，由于保险标的更集中于低风险的种类，在一定程度上掩盖了费率精算上存在的问题。事实上，像我国这样地域辽阔、自然条件多变的国家，农业保险开办范围越窄，对农业保险的损失情况的统计数据就会越缺乏，保险费率厘定也就越缺少精算数据的基础，最终使我国农业保险事业停滞不前。

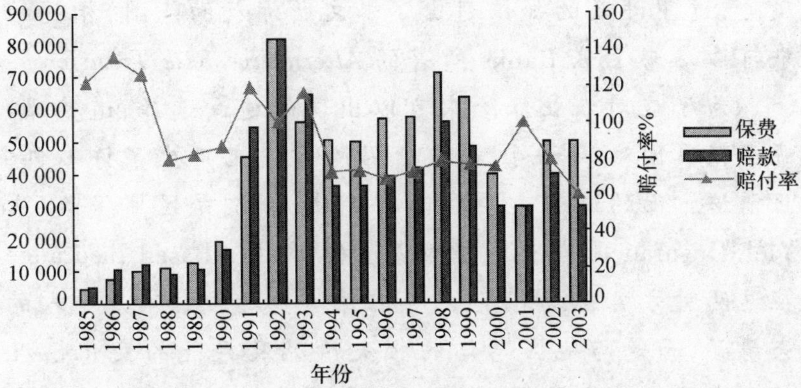

图1 各年保费与赔款情况

数据来源：《中国统计年鉴（1986—2004年）》，保险公司业务经济技术指标。

在我们所倡导的“政府支持下由商业保险公司经营农业

险”的模式下,由谁来确定保险费率是一个关键问题。如前所述,农业损失的发生因时不同、因地而异,而我国又是一个地理条件十分复杂的国家,如果由政府相关部门制订统一费率,很难充分反映各地区的差异。在这样的情况下,为了保证农民的利益,政府可以确定一个与当地农民收入挂钩的最高限价,而具体的保费厘定由保险公司根据实际情况进行调整。

三、保险公司的风险分散与保险方案设计

对于承保农业风险的原保险公司来说,合理安排再保险方案来分摊风险是十分重要的,而风险分摊比例的确定是再保险方案中的关键环节。以美国农业保险模式为例,商业保险公司与政府通过标准再保险协议(Standard Reinsurance Agreement)分摊风险。在协议下,保险公司通过在相互独立的基金间进行选择决定风险自留与分出的比例,按照风险分担的比例,[①]保费收入也在保险公司与政府间进行分摊。除再保险外,保险公司也可以借助资本市场上的金融工具分散风险,这里涉及的知识超出了本文所涉及的范围,相关的文献可以参考 Erik Banks 所著的 *Alternative Risk Transfer*。

为了应对农业保险中可以出现的逆向选择、道德风险、费率精算困难等问题,在农业保险方案上产生了许多创新。目前这方面的进展主要在两个领域,分别是区域保险(Area Yield Insurance)与天气指数保险(Weather Based Insurance)。在这两种方案中,被保险人领取保险金的依据不是个人的损失情况,而是与地区总体的损失情况及天气的变化情况挂钩。在这样的方案下,道德风险与逆向选择的问题在很大程

① 在 SRA 中的各种基金中都包括比例再保险与非比例再保险,但无论是哪一种方式,都是风险分出的比例越高,保费收入分出的越多。

度上会得到缓解,同时保险人的监督管理成本与理赔费用也大大降低。它们的缺点是在减小保险公司成本的同时增加了“基差风险”,即一旦投保农民的个人损失与指数化的标准出现不一致,他的利益就得不到保障。尽管如此,上述两种方案作为个人保险的低成本替代品,对我国发展农业保险还是有特殊的价值的。商业保险公司作为市场主体具有较强的创新能力,通过商业保险公司对农业保险方案的创新,不但可以扩大参保率,提高保险公司的赢利能力,还可以大大减轻开展农业保险计划为国家带来的负担。

5. 农业险的准公共品性与政府的角色

如前所述,农业保险是一个经营具有高风险、高成本特性的行业,这直接导致了农业保险的高费率。各国的农业保险中的一切险费率最低也在 2% 左右,高的达到 15%—20%,在自愿投保的情况下,农民对保险的购买受到支付能力的约束,也受到农业本身预期收益和农业保险预期收益不高的约束,因此农民对农业保险的有效需求很低。如果按私人物品在竞争性市场上进行交易,农业保险的供给和需求曲线不可能相交(如图 2 所示)。

在图 2 中,需求曲线是 D,商业性保险公司根据其经营农业保险的成本和平均利润所确定的供给曲线是 S,二者在正常情况下难以相交。国内外的经验表明,当政府愿意为农民提供一定的保费补贴,使农民实际支付的保费降低时,需求曲线将向右上方平行移动到 D',此时需求曲线和供给曲线相交于 A 点,成交数量为 OQ_1。政府如果给保险公司补贴经营管理费、减免相关赋税,供给曲线将向右下方平行移动到 S',此时需求与供给曲线会相交于点 B,成交数量为 OQ_2。

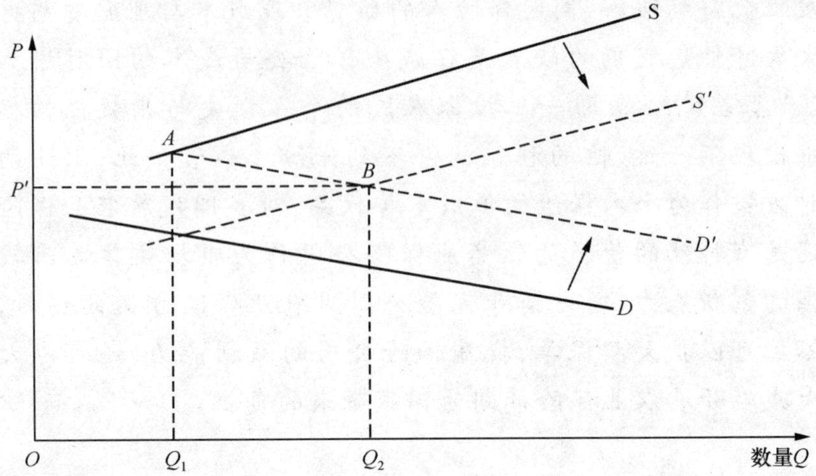

图　2

在20世纪90年代以前,美国政府给农业保险的保费补贴占保费总额的1/3且支付全部管理费,但自愿投保的农场不过一半。1994年以后政府采取其他强制性措施并增加了保险费补贴,参加保险的农民人数才有了明显的增加。同样,加拿大中央和省财政给农业保险补贴全部管理费和保费的一半,农民的自愿参与率才达到54%。可见农业保险的顺利运行与政府的财政支持是密不可分的。

另外从经济学的角度看,政府对农业保险的干预还存在着如下的理由:首先,保险的收益具有外在性。从福利经济学的角度分析,农民在购买农作物保险后,由于增加了农产品的有效供给和降低了价格,供给曲线会下移,但对全社会来说,社会福利即生产者剩余和消费者剩余之和总是增加的。其次,农业保险产品在某种程度上还存在搭便车现象。单从购买保险享有保障上来看,农业保险的消费是排他的,但保险公司在为投保农户进行防灾防损服务时,是无法排除不买保险农户受益的。例如,保险公司为投保雹灾的农户专门购置了防雹高射炮,一旦发现可能降雹的乌云,就用炮轰击,减少了雹灾发生的次数和强度,而这种好处其他农户同样会搭便车享受到。

因此我们得出的一个结论是:农业保险产品是介于私人物品和公共物品之间的一种物品,更多地趋向于公共品,这种产品的性质从目前我国保险市场上农业险的表现上也可以直觉地感觉到。所以,作为准公共品的农业保险,仅靠自由市场经营是行不通的,农业保险的经济学特性决定了农业保险经营离不开政府的支持,也就是必须采取国家财政支持下的政府经营方式或国家财政支持下的商业保险公司经营模式,并使之服务于政府给定的经济和社会政策。

目前,农业保险在我国基本上是按照完全商业保险模式经营的,政府以较小的力度(如免征营业税、所得税等)支持和鼓励商业性保险公司按照市场经济规律,根据农村的实际需求经营农业保险业务。这种模式造成的后果就是,恢复商业保险的二十多年来,商业性保险公司成立了三十多家,但在广大农村开展保险业务的,基本上只有中国人民保险公司和中华联合财产保险公司两家。

总结国际农业保险的实践,政府通过建立初始资本和准备基金、补贴经营管理费和保险费、再保险和充当最后保证人等综合手段进行扶持,对农业保险的健康发展具有决定性的作用。同时,国家应尽快出台农业保险法,加快组建适合我国国情的政策性农业保险行政管理体系,对农业保险经营机构实行税收减免政策,积极制定和推行农业保险与享受农业信贷投放、农业基础建设、农业灾害救济和科技服务等相关联的政策。

6. 结　论

本文的主要目的在于为我国农业保险的发展寻找一条

比较切实可行的途径。我们经过对农业特点与农业风险特征的深入理解,对我国农业险市场现状的调查研究,以及对各国农业保险模式的仔细甄别比较,最终得到的结论是应建立带有一定政策性的、以商业保险公司为主体的农业保险模式,这不但在理论上能够站得住脚,而且符合我国的现实,在我国现行农业保险体系上实施起来阻力小、成本少,不论从近期还是远期来看,都容易收到良好的效果。我们同样认识到,农业保险带有一定准公共品的性质,需要政府加以引导与扶持,才能使农业保险事业持续稳定地发展下去,并为农村经济的腾飞保驾护航。

参考文献

1. 孙文军,《中国农业保险模式的比较与选择》,《理论与改革》,2000 年第 1 期。
2. 庹国柱、李军,《我国农业保险试验的矛盾及出路》,《首都经济贸易大学学报》,2003 年第 4 期。
3. 庹国柱、王国军,《中国农业保险与农村社会保障制度研究》,首都经济贸易大学出版社 2004 年版。
4. 王和、皮立波,《论发展我国政策性农业保险的策略》,《保险研究》,2004 年第 2 期。
5. Goodwin, B. K., V. H. Smith., 2003, An ex post evaluation of the conservation reserve, federal crop insurance and other government programs: program participation and soil erosion, *Journal of Agricultural and Resource Economics*, Vol. 28, pp. 201—216.
6. Smith, V. H., B. K. Goodwin, 1996, Crop insurance, moral hazard, and agricultural chemical use, *American Journal of Agricultural Economics*, Vol. 78, pp. 428—438.
7. Wang, H. Holly, On the possibility of a private crop insurance market: a spatial statistics approach, *Journal of Risk and Insurance*, Mar 2003, Vol. 70, Issue 1, pp. 111—114.

后　记

2006 年 4 月 12 日，由北京大学中国保险与社会保障研究中心（CCISSR）举办的第三届“北大 CCISSR（赛瑟）论坛”在北京大学英杰交流中心隆重举行。北京大学中国保险与社会保障研究中心顾问、研究员和理事单位代表，保险、金融、社会保障及相关领域的学界专家、政界高层人士、业界高管人员以及数十家新闻媒体的记者朋友共 300 余人出席了本届论坛。

本届论坛的主题是“风险管理与经济安全：金融保险业的视角”。金融保险业是国家重要的经济产业，是现代市场经济的核心产业，如何通过它们对经济风险进行有效管理，以及如何对它们自身的风险进行有效管理，是当前我国经济发展与改革中面临的重大问题。论坛分“大会演讲”与“学术分会场演讲”两个部分。大会演讲者是来自于我国金融保险业政产学界的资深人士，他们的演讲高瞻远瞩、立意高远、分析独到、引人深思。学术分会场共设 6 个，近 40 篇论文经过前期匿名评审挑选出来在分会场上进行报告交流。为了让更多的人分享 2006 年“北大 CCISSR（赛瑟）论坛”的成果，我们将大会演讲和部分优秀论文结集成册，希望大家能从中获得一些有益的信息与启迪。

“北大 CCISSR（赛瑟）论坛”已经成功举行了三届，得到了多方人士的高度评价。回想起来,当初我们创办这个论坛时就是想在国内保险、社会保障和风险管理领域搭建一个规范、稳定、各方受益的学术交流平台。万事开头难,经过这几年的摸索和实践,“北大 CCISSR(赛瑟)论坛”初步找到了一条既与国际接轨又符合中国背景的学术交流模式,并且得到了许多方面的高度关注、肯定、鼓励和支持,对此我们倍感欣慰。

感谢英杰华(AVIVA)集团对2006年“北大 CCISSR(赛瑟)论坛”的大力支持。感谢韩国教保生命保险株式会社对本书出版的大力支持。感谢北京大学保险与社会保障研究中心的各理事单位对中心各项活动的积极参与和热心支持。我们相信,在社会各界的关心和支持下,“北大 CCISSR(赛瑟)论坛”能够不辱使命、越办越好!

郑 伟
北京大学中国保险与社会保障中心秘书长
2006年8月22日于北京